山东女子学院优秀学术著作出版基金资助

基于企业绩效的创新驿站风险管理研究

秦善勇 著

中国财经出版传媒集团
经济科学出版社
Economic Science Press

图书在版编目（CIP）数据

基于企业绩效的创新驿站风险管理研究/秦善勇著.
—北京：经济科学出版社，2018.6
ISBN 978-7-5141-9466-1

Ⅰ.①基… Ⅱ.①秦… Ⅲ.①企业绩效-
企业管理-研究 Ⅳ.①F272.5

中国版本图书馆 CIP 数据核字（2018）第 136631 号

责任编辑：申先菊　王新宇
责任校对：靳玉环
版式设计：齐　杰
责任印制：王世伟

基于企业绩效的创新驿站风险管理研究
秦善勇　著
经济科学出版社出版、发行　新华书店经销
社址：北京市海淀区阜成路甲 28 号　邮编：100142
总编部电话：010-88191217　发行部电话：010-88191522
网址：www.esp.com.cn
电子邮件：esp@esp.com.cn
天猫网店：经济科学出版社旗舰店
网址：http://jjkxcbs.tmall.com
北京季蜂印刷有限公司印装
710×1000　16 开　15 印张　280000 字
2018 年 8 月第 1 版　2018 年 8 月第 1 次印刷
ISBN 978-7-5141-9466-1　定价：52.00 元
（图书出现印装问题，本社负责调换。电话：010-88191510）
（版权所有　侵权必究　举报电话：010-88191586
电子邮箱：dbts@esp.com.cn）

前　言

在全球化市场竞争大环境下，技术创新和创新技术产业化能力成为企业可持续发展和提高竞争力的基本保障，而技术转移是技术创新和创新技术产业化的催化剂，是创新技术赖以生存和提高竞争力的内生因素。技术转移在高新技术企业技术创新中的价值与日俱增，并成为提高企业竞争优势和企业技术创新的推动者。技术中介机构在技术创新和技术转移中的作用长期以来备受关注，中小企业在技术创新，尤其是自主创新中更需要技术中介机构的支持。

近年来，随着网络化发展，传统的技术中介结构表现出缺乏促进技术转移的有效机制，难以实现区域合作，导致大学、科研院所和中小创新企业的科技成果难以转化，这些普遍存在的问题在很大程度上阻碍了我国技术转移的发生和发展，要解决这些问题就必须寻找一个促进技术转移的有效模式，创新驿站（Innovation Relay Centre，IRC）就是在国际技术中介机构网络化发展趋势下产生的一种实施技术转移的高效平台，并凭借自身特点和优势受到许多国家技术中介行业的认可。

然而，创新驿站作为一种全新的中介转移组织展现了许多新的特性，同时也增添了不少新风险。如果不能驾驭风险因素引发的风险后果，将给创新驿站带来不可估量的损失。创新驿站大多由不同的中介组织组成，当不同中介组织或同一组织中的成员试图最大化自己的绩效时，创新驿站整体绩效将不可避免地受到损害，基于企业绩效的创新驿站风险管理是为了减少这种损害而提出的一种解决方法。创新驿站企业绩效是创新驿站适应市场环境、提高企业获利能力和增强企业竞争优势的综合表现，也是创新驿站对生产经营目标和社会责任的一种综合追求，体现了创新驿站已获成果和未来所获成果的潜力，本书采用财务绩效和非财务绩效作为企业绩效指标。

本书通过实地调研，结合中外学者研究成果，采用调查问卷方式从风险因素调查、测量工具检验和模型检验三个方面对关键风险因素及风险因素对企业绩效的影响进行识别，建立了创新驿站风险结构模型和企业绩效模型，把风险因素分为战略风险、技术和市场风险、人员风险、财务风险、创新技术转移过程风险五个维度；企业绩效分为财务绩效和非财务绩效两个维度。利用 AMOS 软件对风险因素及其与企业绩效的关系进行验证性因子分析，在拟合度检验的基础上，采用路径分析说明了创新驿站风险因素对企业绩效的直接影响、间接影响，以及交互作用对企业绩效的影响。开拓性地建立了创新驿站风险评估体系，应用风险矩阵评估技术，在风险矩阵中引入改进的层次分析方法并建立了"风险矩阵——改进的层次分析法"模型，结合创新驿站风险实践，对风险因素影响企业绩效的程度从不同维度和整体上进行了评估，提高了创新驿站风险评估质量。建立了创新驿站风险预警机制，使创新驿站以预控为中心，尽早采取措施对风险进行有效控制；探讨了风险防范的不同方法及其适用性，为风险控制提供了理论参考；论述了风险因素各维度不同的风险性质和影响，结合实际情况制定了科学的风险控制措施和防范机制，为创新驿站降低风险、提高创新驿站绩效、保证创新驿站正常运营奠定了良好的基础。

本书研究的创新点可以归纳为以下几个方面。

（1）拓展了风险管理理论应用领域。针对全球对技术转移模式探索过程中面临的关键问题，结合我国技术转移市场的特征，选取具有典型代表性的技术转移中介组织——创新驿站进行了研究，并选取影响企业绩效的创新驿站风险因素作为研究内容，通过基于企业绩效的风险因素识别、评估和防范研究，将风险管理理论应用于指导创新驿站进行技术转移的实践，有利于降低创新驿站运营过程中不确定性事件发生的概率，提升创新驿站技术转移能力和企业绩效，保障创新驿站模式在我国健康、稳定的发展，提高我国创新技术商业化成功率。

（2）侧重于不同风险因素对创新驿站企业绩效的全方位影响分析，提出了创新驿站风险的五个维度和企业绩效的两个维度，特别是将人员因素和创新技术转移项目过程因素作为两个独立的风险维度进行考虑。由于人的行为容易受到内外环境和主观因素的影响，而创新技术转移项目过程风险有别于传统的技术转移中介模式，因此，将人员因素和创新技术转移项目过程因素作为独立的两个风险维度考虑能够拓宽视野，弥补了以往对收集风险因素不完全、缺乏系统性的问题。

（3）提出了从企业绩效的角度构建创新驿站风险因素概念模型和结构方程模型，综合考虑风险因素对企业绩效的直接作用、间接作用和交互作用。首先，进行了风险因素与企业绩效的关系假设；其次，运用主成分分析方法进行因子萃取，提取有效因子并通过结构方程模型进行了验证性因子分析。查阅以前文献，还没有发现对这方面系统的研究，本书对基于企业绩效的风险管理领域的进一步研究作出了一定的贡献。

(4) 建立了风险评估系统，改进了评估模型。通过实地调研，发现多数企业对风险评估只注重风险评估结果而不注重风险评估过程；同时，鉴于面向创新驿站风险评估领域的局限性问题，建立了基于企业绩效的风险评估系统，以风险评估系统为保障基础进行风险评估，能够有效提高风险评估的效率和可靠性，提高创新驿站风险评估质量。对层次分析法进行了改进，将改进的层次分析方法融入风险矩阵技术，创建了"风险矩阵——改进的层次分析法"评估模型，结合创新驿站风险实践，详细探讨了运用新模型进行风险因素对企业绩效各维度的权重和风险等级评估过程。

(5) 丰富了创新驿站风险管理防范理论和实践研究。建立了创新驿站风险预警机制，对可能影响创新驿站企业绩效的风险和危机进行事先预测，尽早发现风险源，使企业以预控为中心，有利于对创新驿站进行全方位风险管理和全过程风险管理。探讨了不同的风险防范策略在创新驿站风险防范过程中的适用性，并根据风险不同维度的具体特征，有针对性地提出了风险防范措施，为创新驿站风险管理提供了一套全面性、全新化的风险防范方法和策略。

按照逻辑关系和文章结构，本书的研究分为四大部分。

第一部分，阐述了研究背景、研究目的和意义、研究内容及研究方法；对国内外相关理论进行了综述；界定了基于企业绩效的创新驿站风险管理相关概念；分析了基于企业绩效的创新驿站风险管理的属性、目标和作用；设计了风险管理支撑体系；探讨了创新驿站风险产生的原因；详述了创新驿站风险分类、风险本质和风险特征。

第二部分，基于企业绩效的创新驿站风险因素识别研究，这一部分是本书研究的重点。首先，明确了风险识别的理论基础，建立了创新驿站风险因素结构模型和企业绩效因素结构模型，提出了创新驿站风险因素对企业绩效影响的研究假设；其次，设计出以创新驿站风险因素对企业绩效影响为内容的调查问卷并进行调查，运用主成分相关分析得到了创新驿站风险因素与企业绩效因素相关显著性程度；最后，进行了基于企业绩效的创新驿站风险因素假设模型检验，利用结构方程模型验证了创新驿站风险因素对企业绩效的影响，通过路径分析和因子分析，得到了创新驿站风险因素对企业绩效影响的直接效应、间接效应和未分解效应。

第三部分，基于企业绩效的创新驿站风险评估研究。首先，分析了创新驿站风险评估的难题和困境，构建了基于企业绩效的创新驿站风险评估框架；其次，对常用风险评估方法进行了回顾和评价；最后，介绍了风险矩阵，将层次分析法进行改进，并将改进的层次分析法融于风险矩阵，建立了新的风险评估模型，以人员风险因素对创新驿站绩效影响为例利用新模型进行了评估，得到了人员风险因素各维度对创新驿站企业绩效影响的权重及人员风险的风险等级，为下一步进行风险防范提供了理论基础。

第四部分，基于企业绩效的创新驿站风险防范研究。首先，建立了创新驿站风险预警系统，有利于尽早发现风险源，采取适当的措施进行风险防范；其次，探讨了创新驿站风险防范可选择的策略；最后，就风险因素各维度不同的风险性质和影响分别进行了探讨，结合实际情况制定了不同的风险控制措施和科学的风险防范策略，为创新驿站降低风险、提高企业绩效、保证创新驿站正常运营奠定了良好的基础。

本书的编著得到国家社科基金项目（17BJY104）、山东省社科基金（18CSJJ32）、山东省软科学（2017RKB01256）、全国商科教育培训科研"十三五"规划（SKKT-17037）、山东省人文社会科学（17-ND-SH-5）及山东女子学院优秀学术著作出版基金资助。在本书撰写过程中，还参考和引用了大量的国内外相关珍贵文献和学术观点，在此一并表示衷心的感谢！

由于作者受理论水平、时间条件等因素的限制，书中不足之处在所难免，敬请专家、读者不吝赐教和批评指正，提出宝贵意见和建议，共同探讨，以促进和改善我们今后的研究工作。

秦善勇

2018年5月于济南

目 录

第1章 绪论 ………………………………………………………………… 1
  1.1 研究的背景 ………………………………………………………… 1
  1.2 研究的目的和意义 ………………………………………………… 3
    1.2.1 研究的目的 ………………………………………………… 3
    1.2.2 研究的意义 ………………………………………………… 3
  1.3 国内外研究综述 …………………………………………………… 4
    1.3.1 风险理论概述 ……………………………………………… 4
    1.3.2 风险管理理论概述 ………………………………………… 7
    1.3.3 创新驿站风险相关理论研究概述 ………………………… 11
    1.3.4 风险因素对企业绩效的影响理论概述 …………………… 14
    1.3.5 以往研究存在的问题 ……………………………………… 20
  1.4 研究内容和框架 …………………………………………………… 22
    1.4.1 研究内容 …………………………………………………… 22
    1.4.2 研究方法 …………………………………………………… 23
    1.4.3 创新点 ……………………………………………………… 24
    1.4.4 技术路线 …………………………………………………… 25

第2章 基于企业绩效的创新驿站风险管理理论基础 ………………… 27
  2.1 基于企业绩效的创新驿站风险管理相关概念 ………………… 27
    2.1.1 创新驿站企业绩效概念 …………………………………… 27
    2.1.2 创新驿站风险概念 ………………………………………… 28
    2.1.3 基于企业绩效的创新驿站风险管理研究 ………………… 29
  2.2 基于企业绩效的创新驿站风险管理的基本特征和作用 ……… 31
    2.2.1 创新驿站风险组成的要素 ………………………………… 31

2.2.2 创新驿站风险管理的绩效属性 …… 34
2.2.3 创新驿站风险管理的绩效目标 …… 36
2.2.4 基于企业绩效的创新驿站风险管理的作用 …… 38
2.3 创新驿站风险分析 …… 40
2.3.1 创新驿站风险产生的原因 …… 40
2.3.2 创新驿站风险分类 …… 44
2.3.3 创新驿站风险特征 …… 49
2.4 创新驿站风险管理支撑体系 …… 51
2.4.1 典型的风险管理体系分析 …… 51
2.4.2 创新驿站风险管理支撑体系 …… 53
2.5 本章小结 …… 62

第3章 基于企业绩效的创新驿站风险识别研究 …… 64
3.1 创新驿站风险识别的理论基础 …… 64
3.1.1 创新驿站风险识别概念 …… 64
3.1.2 创新驿站风险识别的目标和作用 …… 65
3.1.3 创新驿站风险识别的原则 …… 66
3.1.4 创新驿站风险识别的流程 …… 66
3.2 基于企业绩效的创新驿站风险因素结构模型及研究假设 …… 69
3.2.1 创新驿站风险因素结构模型 …… 69
3.2.2 创新驿站绩效因素结构模型 …… 86
3.2.3 风险因素对创新驿站绩效的影响 …… 88
3.3 基于企业绩效的风险识别研究方法 …… 94
3.3.1 风险因素调查 …… 94
3.3.2 风险因素测量工具效度检验 …… 100
3.3.3 测量工具信度检验 …… 124
3.3.4 创新驿站风险因素与企业绩效相关分析 …… 133
3.4 基于企业绩效的创新驿站风险识别模型检验 …… 136
3.4.1 结构方程模型 …… 136
3.4.2 创新驿站风险因素对企业绩效影响拟合度检验 …… 137
3.4.3 创新驿站风险因素对企业绩效影响路径分析与因子分析 …… 139
3.4.4 路径结果分析和假设验证结果 …… 141
3.5 本章小结 …… 147

第4章 基于企业绩效的创新驿站风险评估研究 …………… 149
4.1 基于企业绩效的创新驿站风险评估框架 …………… 149
4.1.1 创新驿站风险评估面临的难题和困境 …………… 149
4.1.2 创新驿站风险评估框架的构建 …………… 150
4.2 常用评估方法回顾及评价 …………… 153
4.3 风险矩阵——改进的层次分析法模型 …………… 160
4.3.1 风险矩阵方法介绍 …………… 160
4.3.2 改进的层次分析方法介绍 …………… 165
4.4 基于风险矩阵——改进层次分析法模型的实例研究 …………… 173
4.5 本章小结 …………… 178

第5章 创新驿站风险防范研究 …………… 179
5.1 创新驿站风险预警系统 …………… 179
5.1.1 预警流程和预警系统构建原则 …………… 179
5.1.2 建立创新驿站风险预警系统 …………… 181
5.2 创新驿站风险防范策略 …………… 185
5.2.1 创新驿站风险回避策略 …………… 185
5.2.2 创新驿站风险转移策略 …………… 185
5.2.3 创新驿站风险分散策略 …………… 186
5.2.4 创新驿站风险分摊策略 …………… 187
5.2.5 创新驿站风险自留策略 …………… 190
5.3 基于风险各维度的风险防范措施 …………… 191
5.3.1 创新驿站战略风险防范措施 …………… 191
5.3.2 创新驿站技术风险防范措施 …………… 193
5.3.3 创新驿站市场风险防范措施 …………… 195
5.3.4 创新驿站人员风险防范措施 …………… 197
5.3.5 创新驿站财务风险防范措施 …………… 199
5.3.6 创新驿站项目转移过程风险防范措施 …………… 202
5.4 本章小结 …………… 204

第6章 结论与展望 …………… 206
6.1 研究的主要结论 …………… 206

6.2 研究的局限性 ………………………………………………………… 207
6.3 研究建议 ……………………………………………………………… 208
6.4 未来研究展望 ………………………………………………………… 209
6.5 本章小结 ……………………………………………………………… 210

附录 创新驿站风险因素及其对企业绩效的影响调查问卷 ……………… 211
参考文献 ………………………………………………………………………… 218

第 1 章

绪 论

1.1 研究的背景

技术转移是技术创新和创新技术产业化的关键前提与基本保障,技术创新离不开技术转移,技术转移是创新技术赖以生存和提高竞争力的内生因素。技术转移在高新技术企业技术创新中的价值与日俱增,并成为提高企业竞争优势和技术创新的推动者。技术中介机构在技术创新和技术转移中的作用长期以来备受关注,中小企业在技术创新,尤其是自主创新中更需要技术中介机构的支持。

技术中介机构是国家和区域创新体系的重要组成部分,对资源投入有限的中小企业充分利用已有的科技成果起着黏结剂和催化剂的作用。技术中介机构活跃于技术需求者和技术输出者之间,通过对技术搜寻、评估和传播,实现创新体系内在的联系和知识流动,为科技创新活动提供重要的、关键性的桥梁支撑服务。我国的技术中介机构大多成立于 20 世纪 80 年代,在促进中小企业与科研机构科技创新和科技成果转移方面发挥着重要的作用。目前,在全国各大中城市中共有生产力促进中心、科技企业孵化器、创业投资服务机构、技术咨询和评估机构、技术交易机构等各类技术中介机构约六万多家[1]。2002 年国家科技部在全国技术中介会议上通过了《关于大力发展技术中介机构的若干意见》文件。为贯彻落实十七大精神和《国家中长期科学和技术发展规划纲要(2006~2020)》,大力推进技术创新(尤其是自主创新),积极发展技术市场,建立以企业为主体、市场为导向、产学研相结合的技术创新体系,引导和支持创新要素向企业汇聚,促进技术创新成果向现实生产力转化,科学技术部、教育部、中国科学院联合下发了《关于实施国家技术转移促进行动的通知》。根据《国家技术转移促进行动实施方案》和《国家技术转移示范机构管理办法》的规定，科技部于2008年8月开展了首批国家技术转移示范机构试点工作，确定了大学、科研机构、技术交易机构等76家技术转移机构为首批示范机构。2009年9月，经省市及国务院有关部门推荐和专家评审，又确定了58家机构为第二批国家技术转移示范机构。技术转移机构通过产学研合作联盟，与地方政府共建公共服务平台、开放实验室、工程研发中心、搭建技术转移公共信息服务平台等多种形式的技术转移服务模式，在各自工作领域不断探索，全方位、卓有成效地开展技术转移活动，为加速创新技术向中小企业转移发挥了较好的促进作用。

近年来，随着网络化发展，传统的技术中介机构表现出缺乏促进技术转移的有效机制，难以实现区域合作，导致大学、科研院所和中小创新企业的科技成果难以转化，这些普遍存在的问题在很大程度上阻碍了我国技术转移的发生和发展，要解决这些问题就必须寻找一个促进技术转移的有效模式，创新驿站（Innovation Relay Centre，IRC）就是在国际技术中介机构网络化发展趋势下产生的一种实施技术转移的高效平台，并凭借自身特点和优势受到许多国家技术中介行业的认可。

IRC是欧盟委员会设立的一个项目，欧盟委员会在1995年由研发信息委员会根据"创新和中小企业计划"资助建立了第一个创新驿站，其目的是鼓励欧盟中小企业进行跨国技术转移和技术创新合作。到2005年，欧盟创新驿站网络已达到33个国家的71家创新驿站，拥有4000多家组织，每年约有12000件技术谈判，完成超过2000件的技术转移，成为欧洲最重要的、也是最成功的技术合作与转移中介网络。我国土地面积和人口分布情况类似于欧盟，科技发展与技术中介机构的作用与欧盟具有相似性，欧盟的创新驿站模式对促进我国技术中介行业的发展具有战略性的借鉴意义。目前，我国一部分地区已建成了自己的创新驿站，如青岛创新驿站、青浦创新驿站等，对促进中小企业和科研院所的技术创新与技术转移活动发挥了积极的作用。创新驿站一般由数个技术中介机构联合而成，服务项目仍然是中小企业技术需求项目和技术输出项目，其业务门类和范围包括以下几类：①为技术持有者或技术需求者提供牵线搭桥的技术经济公司，例如技术推广机构。②为解决技术创新过程中出现的各类问题提供咨询的机构，例如技术咨询公司。③为创新企业提供融资和技术服务的机构，例如技术孵化器。④为科技成果提供中介和工程化的服务机构，例如技术开发中心。⑤其他技术中介转移机构等[2]。

创新驿站能够帮助企业了解技术方面和专业知识方面的潜力，通过走访企业了解企业的技术需求，并帮助其通过创新驿站网络在技术需求者和技术输出者之间寻找合适的合作伙伴。

随着创新驿站在技术转移市场中的优势逐步显现，创新驿站模式必将取代传统的技术转移中介模式。但是，创新驿站的运营模式有别于传统行业，在其进行技术转移和促进技术创新过程中，存在诸多不可预见的风险，一些创新驿站缺乏对项目特性的充分认识和深入研究，忽视了风险因素的存在，或者不能识别和预防由此产生的特殊风险，结果可能导致项目蒙受经济和机会的损失，甚至可能影响整个创新驿站的正常运行。因此，对影响创新驿站企业绩效的风险因素进行识别、评估和防范研究，旨在有针对性地进行风险管理，降低创新驿站运营风险，促进创新驿站模式在我国健康发展。

1.2 研究的目的和意义

1.2.1 研究的目的

对影响创新驿站企业绩效的风险进行研究，是实现创新驿站稳定运营和业务持续发展、促进技术需求项目和技术输出项目成功转移的基础与保障。创新驿站风险管理是一项系统工程，涉及技术和非技术手段，需要内外环境的配合。但基于企业绩效的创新驿站风险管理研究在我国还是一个崭新的领域，尚未形成系统的、科学的和完整的风险管理理论基础与技术体系。本书对基于企业绩效的创新驿站风险识别、评估和防范研究，目的是了解影响创新驿站财务绩效和非财务绩效的各种风险及各种风险形成的原因，在传统风险评估指标基础上，引入适应创新驿站风险评估的新的指标体系，并通过理论和实证方法进行研究、探讨创新驿站规避和应对风险的对策，以期形成一套完整的创新驿站风险管理体系，为创新驿站进行风险管理、提高企业绩效提供理论和现实的指导。

1.2.2 研究的意义

研究创新驿站风险管理问题对创新驿站模式在我国健康发展具有较强的理论指导意义和实践意义。

（1）创新驿站风险管理研究是一个崭新的领域，该领域的各种风险类型、风险成因、风险因素识别、评估和风险防范研究，对建立创新驿站风险管理体系，推进我国技术转移中介建设具有理论指导意义。

（2）进行创新驿站风险管理研究，有利于提高创新驿站对自身风险的认识，增强风险识别和防范意识。创新驿站在技术转移过程中涉及面广，影响因素复杂，内外环境变化较快，这些特点决定了创新驿站风险远远大于传统企业风险。但目前，我们只注意到创新驿站作为新型中介转移组织带来的新特性，而忽视了风险的存在，对创新驿站风险管理的作用认识不足，因此，亟待加强对创新驿站风险管理的研究，尽快增强风险管理观念，采取风险防范措施降低创新驿站运营风险，提高创新驿站企业绩效。

（3）把先进的风险管理方法引入创新驿站，对创新驿站风险进行定性和定量识别、评估，为创新驿站风险防范和控制提供了理论依据，可以把风险事件的不良影响与风险发生后的损失降到最低程度。

（4）关于创新驿站风险识别、评估和防范研究，是目前创新驿站研究领域内亟须解决的课题，对保障创新驿站模式正常运营，提高技术创新项目转移成功率等方面具有重要的理论价值和现实意义。

（5）本书对进一步丰富风险管理理论、拓宽风险管理应用领域具有重要的实践意义。尽管风险管理理论和方法已自成体系，但对于创新驿站这样一个特殊的研究对象，对其风险规律、风险特征和风险管理方法的研究仍然不足。从风险视角对创新驿站进行识别、评估和防范研究，可以在一定程度上弥补风险管理应用领域的不足，同时可以为创新驿站和技术转移中介组织的决策者进行风险管理决策提供借鉴依据。

（6）对创新驿站风险的研究，有利于提高创新驿站风险管理水平，做好风险损失的预防工作。既然风险可能带来经济和机会损失，创新驿站就应该采取相应的手段进行风险管理，制定一套科学的风险管理和防范措施，降低风险发生概率和减少风险发生后造成损失的程度。

（7）风险带来的结果是双重的，充分利用风险带来发展机会的可能性。对创新驿站进行风险管理研究，有利于创新驿站利用风险管理手段，将风险转化为发展机会，调节和促进创新驿站效益的提升和长远发展。

1.3 国内外研究综述

1.3.1 风险理论概述

在日常生活和经济活动中，无论是个人、团体还是其他组织都面临着或大或小的风险,风险可谓无时不在、无处不有,它是一个运用甚广的词语。那么,风险的定义是什么?至今尚无一个公认的定论。19 世纪末,风险最早在西方经济学中被提出,1901 年,美国学者 A. H. Willett 在博士论文《风险与保险的经济理论》中最早将风险定义为不愿发生的事件发生的不确定性概率。现在,"风险"一词已广泛应用到环境学、社会学、经济学和工程学领域。20 世纪以来,对风险及其性质的定义和描述多达数十种,大多学者认为,风险包括不利事件、不利事件发生的概率和不利事件发生的后果三个方面。风险是人们对未来行为所作决策时由于环境的不确定性而引起的后果与预定目标发生偏离的综合。目前,由于学术界对风险的理解和认识程度或研究的角度不同,不同学者对风险概念有不同的定义和解释,归纳起来可分为以下几类。

1. 不利事件或损失发生的不确定性学说

不利事件或损失发生的不确定性学说,主要探讨风险和损失间存在的内在联系,强调损失发生的可能性或概率,以概率论的观点对风险进行了定义。美国经济学家 J. Haynes 在 Risk as an Economic Factor 中将风险定义为不确定性和损失发生的概率,他认为"风险意味着损害的可能性",偶然性的因素是划分风险的本质特征,这一观点为风险管理奠定了理论基础[3];J. S. Rosenbloom[4]、F. G. Crane[5]认为风险是损失的不确定性和不确定性发生带来未来损失的不确定性;1921 年,Knight[6]在《风险、不确定性和利润》中将风险定义为:风险是站在事后角度来评价由于不确定性因素而造成损失的概率,风险是可测度的不确定性和可测度的客观概率的大小;日本学者 Saburoikeda 认为风险是由自然环境和人类活动所导致的不利事件或损失发生的可能性,由不利事件发生的概率和不利事件发生后造成的后果两部分组成;Rokett、Charness 等学者用概率对不利事件或事件集发生的可能性进行了描述;美国学者 R. Mher[8]把风险定义为"风险及损失的不确定性";日本学者武井勋定义风险为:风险是在特定的环境和特定时期内自然存在的并可能导致经济损失的变化。

这类观点强调由于不确定性事件或损失发生的不确定性,而导致事件主体遭受损失的可能性,但该类观点只注意到风险因素引起风险事件发生的可能性,忽视了不确定事件或损失发生后对行为主体影响的程度,虽然有些不确定事件发生的概率较大,但其产生的后果对行为主体影响较小,而有些情况却相反。

2. 不确定性事件或损失未来发生结果的偏离程度学说

对于不确定性发生的结果,很多学者认为把风险和不希望发生的结果或对事件主体造成的损失联系起来过于片面。日本学者龟井利明认为，不利事件或损失发生的不确定性和结果可以定义为风险，但风险不仅包括不利事件或损失发生的可能性和后果，而且还包括由于不确定性因素的存在，给行为主体带来的收益或盈利的不确定性。人们在采取行动时，事先能够肯定和预期决策的结果及每种结果的可能性，而超出或偏离预期结果和每种结果的可能性，都叫作风险。风险既指给事件主体带来的不利结果，也指给行为主体带来的机会或好的结果。C. A. Williams 和 R. M. Heins[9]在其著作《风险管理与保险》中将风险定义为："在特定环境下和特定时间内，那些可能发生的结果与预期结果的差异"。当结果存在着几种可能而且出现哪种结果不能够预知时，就可称之为风险；A. H. Mowbray[10]称风险是由于环境的变化而造成事件结果的不确定性；S. T. Pritchett 认为："当我们处于一种状态中，即事件的可能结果不同于我们的预期，既可能出现决策时没有预期的有利结果，也可能出现不利事件的发生，在这种情况下，风险就存在了。风险可定义为未来结果的变化性"；Hertz 和 Thomas[11]、Ansell 和 Wharton[12]认为风险是人们对未来行为决策和客观条件的不确定性而引起的可能后果与预定目标发生偏离的综合，这种偏离可以描述为两类：一是偏离的方向和大小，二是偏离的可能性程度；王德胜[13]认为，风险是指某个行为主体在实施某种行为后，其行为结果与预期目标偏离的程度。风险程度的大小与不利事件或损失可能性的大小及实际造成损失的大小有关，造成损失的可能性及实际造成的损失越大，其所面临的风险就越大。

这类观点主要强调风险是由于未来可能发生的各种结果与预期的偏离程度，其偏离可能趋向于对行为主体有利的方向，也可能趋向于对行为主体不利的方向，将好的结果和坏的结果置于同等地位。总之，不管偏离方向如何，其偏离程度越大，风险就越大，反之亦然。该类观点得到了大多学者的认可，也有少部分学者认为风险只包含不利事件和损失发生的不确定性，如 Markowitz[14]，胡宣达和沈厚才[15]等。

3. 不利事件或损失发生的不确定性和损失程度综合学说

Hert 和 Thomas[16]（1983）认为风险是不确定事件发生的不确定性和不确定性后果，指缺乏对结构和结果的可预见性导致决策及规划的不确定性和后果；Deyle 等[17]（1998）通过对农业灾害的研究，认为风险是某一灾害发生的概率和发生后果的结合，是对某一灾害发生的概率和结果的描述，强调农业风险主要来源于地理环境、气候和生物系统本身的内在的不确定性，农业风险具有自然性、突发性、群发性、周期性、社会性和不确定性；Bauer（1960）、Cox（1964）、

Cunninghan（1967）通过感知风险的研究，认为消费者的购买行为具有导向性，在每次购买的一组目标中，消费者不能确定哪种消费最能配合或满足其目标，购买结果达不到消费者的预期，其偏离程度的大小决定了风险的大小；Yate 和 Stone（1992）提出了风险结构的三因素模型，认为风险是由潜在的损失、损失的大小和潜在损失的不确定性三因素构成，三因素从本质上反映了风险的基本内涵；Currie 等[18]（2003）认为风险是不确定事件及其发生的可能性和后果，以及这种后果与决策者预期目标的偏离程度，偏离程度的大小常用来衡量风险的大小；这类观点强调风险是不确定性事件和损失发生的概率和不确定性事件发生后可能产生的后果的综合。该类观点被大多数学者所认可，简单地说，就是某种不确定性或不利事件及损失发生的概率及其后果的函数[19]｛即 $R = f(P \cdot C)$，其中，R——事件风险（Risk），P——不利事件发生的概率（Probability），C——不利事件发生的后果（Consequences）｝。

1.3.2 风险管理理论概述

1. 国外风险管理研究概述

风险管理启蒙于公元前 4000 年左右的货物分装运送，以及《共同海损制度》（公元前 916 年）和《船货押运制度》（公元前 400 年）。1756 年，英国人多德森在《保险学讲义初稿》中最早运用概率方法解决遇到的风险问题，18 世纪法约尔（Henri Fayol）在《一般管理与工业革命》中将风险管理引入企业经营管理领域，列为企业管理职能[20]。1930 年，风险管理概念由美国学者罗门·许布纳（Solomon Schbner）在美国管理协会第一次保险分会上提出，1931 年由美国管理协会倡导以学术会议等形式来研究风险管理问题。为了进一步研究风险管理问题，美国于 1937 年成立了纽约保险经纪人协会。1950 年，英国莫布雷（Mowbray）在《保险学》中对"风险管理"的概念进行了详细的阐述。1952 年，"风险管理"一词首次在美国学者法拉尔的调查报告《费用控制的新时期——风险管理》（*Risk Management—New Phase of Cost Control*）中提出。英国经济学家莫伯瑞和布兰查德在 1955 年出版的《保险论》中首次对风险管理进行了系统性研究。1963 年，美国学者梅尔（Mehr）和赫奇斯（J. Edward Hedges）合著的《企业的风险管理》（*Risk Management in the Business Enterprise*）在美国出版的《保险手册》上刊登及 1964 年威廉姆斯与汉斯《风险管理和保险》（*Risk Management and Insurance*）的出版，将风险管理进一步系统化、专业化，引起欧、美各国学者对风险管理的重视，使风险管理成为管理学科中一门独立的学科，对风险管理的研究和发展影响意义深远。1963年，麦尔和海斯基合著的《企业风险管理论》将风险管理应用于企业。1961年，美国风险与保险学会由1932年美国大学保险学教师学会改名成立，并创办了《风险管理》英文期刊。1965年以后，风险管理脱离传统的保险产品，1970年后，高风险环境运作组织开始设置专门的风险管理职位，1975年，美国风险与保险管理协会（Risk & Insurance Management Society，RIMS）由全国购买者协会改名成立，标志着风险管理彻底脱离了保险处理方式，成为真正按风险管理方式处理。日本风险管理学会于1978年宣告成立，1983年，在RIMS年会上共同通过了"101条风险管理准则"，使风险管理更趋向科学化、规范化，成为各国风险管理的一般准则。为了进一步扩大风险管理国际交流的范围，1986年，欧洲11个国家共同成立"欧洲风险研究会"，同年10月，风险管理国际学术讨论会在新加坡召开，使风险管理实现了由大西洋向太平洋的跨地区发展，标志着风险管理进入了一个新的发展阶段。20世纪80年代，英国的道格拉斯（M. Douglas）主张的风险文化理论、德国贝克（U. Beek）主张的社会理论、法国傅柯（M. Foucault）主张的风险统治理论等开始采用后实证论的思维，认为风险是社会、文化历史和环境等因素造成的客观存在。

关于风险管理的定义，比较有代表性的包括：Christopher Marrison 在 *Fundamentals of Risk Management* 将风险管理定义为"企业或组织为控制偶然损失，以保全获利能力和资产所做的一切努力"；Williams 和 Heins 在《风险管理和保险》中将风险管理定义为"风险管理是根据组织的目标或目的，以最少的费用，通过科学的方法对风险识别、衡量和控制，以最低的成本使风险所造成的各种损失降到最低限度的管理方法"；Rosenbloom 在 *A Case Study in Risk Management* 中将风险管理定义为"风险管理是处理风险和决定最佳管理技术的一种方法"。

（1）风险管理技术的研究。关于风险管理技术的研究，不同学者从不同角度展开。1896年，伊文·费歇尔提出纯粹预期假设理论，它是最古老的、容易应用的、定量化的期限结构理论，在证券中广泛应用于利率相关的证券定价。Culbertson[21]（1957）认为短期债券比长期债券的流动性高，提出了流动性偏好假设，对纯粹预期理论进行了修正，促进了理论界和实务界对利率风险管理研究的发展；Robert premus[22]（1984）设计了58个变量对406种工业新产品的成功案例和失败案例进行研究发现，进行风险管理对高新技术产品的成败十分重要；Earle 和 Cvetkovich[23]（1997）认为，风险管理必须考虑文化价值及风险事件对社会各阶层的影响，风险管理从某种意义上讲就是文化管理，指出了风险管理实质就是一种主观评价和主观价值的判断；James 等[24]（2000）认为，采用分阶段投资方式能够获得企业内外部信息，减少信息的不确定性，降低投资风险；Gumming[25]（2001）通过对创业资本投资的实证研究，表明分阶段投资可以减少信息的不对称程度；Walsh 等[26]（2002）认为风险管理方法应建立在决策者的动机和行为基础之上，决策者的行为和动机对风险管理成败有着更大的影响；Lutze Holly Susanne[27]（2004）认为未来供需不确定性导致了供应链中合作各方利润存在一定的风险，并从联营、合同和供应渠道三个视角对如何降低供应链风险进行了研究；2004 年，巴塞尔委员会在总结先进银行风险管理经验基础上提出了《巴塞尔新资本协议》，弥补了 1988 年颁布的《巴塞尔协议》的不足。新协议的推出，对现代商业银行管理显著的影响就是由以前单纯信用风险管理模式转向信用风险、操作风险、市场风险、信贷风险和非信贷风险并重，组织流程再造与技术手段并重的全面风险管理（Overall Risk Management）模式。Miccolis 等[28]（2005）通过文献研究，结合焦点访谈和实地调研，指出了企业实施全面风险管理潜在的障碍和可能面临的机会；20 世纪 90 年代后，风险管理在发达国家的企业已基本普及，近 20 年来，全面风险管理在企业界和金融界得到了广泛的应用。

（2）风险管理内容的研究。Charatte[29]（1989）认为风险管理包括风险分析和风险控制两部分；Fairley[30]（1994）提出了七阶段风险管理过程模型：风险因素识别、风险概率和影响评估、降低风险的战略开发、风险因素监测、权变计划的应用、危机管理、危机走向复兴；Rao tummala 等[31]（1994）认为，风险识别和风险评估在风险管理中共同组成了识别潜在风险因素，评估所识别的风险因素造成的潜在影响以及风险发生的可能性；Godfrey[32]（1996）认为风险管理包括风险识别、测量、估计，以及采用风险自留、减少、转移、避免和清除等防范措施；Alexander[33]（1996）认为风险管理包括风险的控制、分散、补偿、转嫁、预防、回避和抵消等；Rez 和 Michael[34]（2001）认为风险管理是在项目进行过程中的计划、执行和控制活动，从项目定义开始直到项目结束伴随着项目的整个过程；Higuera 和 Haimes[35]（1996）认为风险评估、持续的风险管理和团队风险管理构成了风险管理的基本框架；Kliem 和 Ludin[36]（1997）提出了包括风险识别、风险分析、风险调控和风险报告的四阶段风险管理过程模型；Uher 和 Toakley[37]（1999）探讨了控制风险水平和减轻风险效果问题，认为控制风险水平与减轻风险效果成正相关关系；微软公司[38]（1999）认为风险管理可分为风险辨识、风险分析、风险活动计划、风险跟踪和风险控制这五个步骤。

（3）风险分析方法的研究。历来学者和投资者都把风险分析方法放在首要位置，以均值—方差衡量投资预期收益风险的经典投资组合理论创造了金融风险量化的先河。Markowitz[14]（1952）、William Sharp[39]（1964）、John Lintner[40]（1965）、Jan Mossin[41]（1966）分别探讨了均值—方差模型如何决定资本市场达到均衡时资产的价格和收益率，导出了资本资产定价模型（Capital Asset Pricing Model，CAPM）。资本资产定价模型和套利定价模型（Arbitrage Pricing Model，APT）进一步发展了投资组合理论，揭示了资本市场的运行规律，对减少投资风险、指导人们的投资行为具有重要的意义；Black 和 Scholes[42]（1973）根据风险在标的物价格运动中的反应，通过研究期权定价方式得到了股票标的资产的看涨期权定价公式，开创了金融衍生产品定价理论的先河；Ohlson[43]（1980）首先将 Logit 模型应用于商业银行信用风险评估领域，用于区别违约和非违约贷款申请人的信用状况；Eisenbeis[44]（1977）、Altman[45]（1989）、Tam 和 Kiang[46]（1992）对不同的多元统计模型预测效果进行了大量的研究，通过比较得出了各自的优劣结论；J. P. Morgan[47]（1997）将 VaR 定义为既定头寸被冲销和重估前可能发生最大损失的估计值；P. Jorion[48]（1997）给出的 VaR 定义普遍被学者认可：VaR 是在给定的置信水平下，在持有时期内发生最坏情况的损失。许多银行和风险投资行业把 VaR 方法作为衡量风险的一种标准来对待。风险值估计有三种方法：参数估计（Delta – Gamma 法、GARCH 系列模型等）、非参数估计（历史模拟法、Monte Carlo 法、Bootstep 区间估计等）和半参数估计（极值理论法、分位数回归模型、核估计法等）。Jun 等[49]（2004）采用层次分析法和贝叶斯统计方法研究了核电站风险类别问题；Cioffi 等[50]（2009）通过二项式分布概率来计算风险的平均概率，在给定的理想置信水平下，计算风险在降序排列中的排名影响或预期值的影响，根据计算结果和风险承受能力制定适当的应急预案。

2. 国内风险管理研究概述

我国在 20 世纪 80 年代以前，对风险理论基本没有研究，我国最早引入"风险"一词是在外汇管理上如何避免汇率风险，较系统地介绍风险管理理论大约始于 1980 年。

周士富[51]在《经济管理中的决策分析方法》（1980）中首次运用"风险"一词，并认为决策方法的采用与决策者对待风险的态度有直接的关系。在 1980 ~ 1985 年，我国主要学习西方国家的风险管理办法，并根据我国实际国情来研究风险管理问题；何孝允、卓志[52]（1990）给出了保险企业处理风险的对策，提出保险企业自身加强风险管理的必要性；孙祁祥[53]在其著作《保险学》（1996）中认为风险是客观存在的，而损失的发生具有不确定性，由于风险并不一定是特定人造成的，因此，应当由社会来承担；于川（1994）把风险分为自然风险和社会风险，自然风险是自然界造成的，社会风险来自于各个方面，比自然风险表现更为复杂；陈克文[54]（1998）认为一定条件下，事件发生会有两种或以上结果，如果不能预测并且对主体不利，就是风险，并探讨了信息对于消除不确定性和风险的意义；魏华林等[55]（1999）编著的《保险学》中将保险公司的经营风险分为承保风险和投资风险；赵宇龙（2005）将风险分为道德风险、偿付风险、市场风险；中国气象科学研究院李世奎（1999）利用数理统计原理对农业灾害风险进行评估与辨识；张建敏（1999）利用灰色预测模型、直线平滑平均模型、Logistic模型、正交多项式模型等构成的集成模型评估了农业风险；谭启俭[56]（1999）认为不重视风险管理、不按规范运作是保险公司风险的主要来源，提出应该树立风险管理意识，建立完善的风险防范机制。韦生琼、吴婕[57]（2000）认为，对于承保风险的防范与控制可以从管理和技术两方面着手，一是建立规范的承保核保管理制度、提高核保人员的素质，二是科学地应用各种保险技术；马崇明、唐国储[58]（2003）从我国商业银行风险管理改革状况入手，分析了我国商业银行风险管理在风险度量、绩效考核、风险管理模式选择和风险管理组织四方面问题，提出了构建我国商业银行全面风险管理体系的设想；都红雯[59]（2004）提出了衍生交易的信用风险计量建议；郭文昌[60]在《中国保险业运行风险探析》（2007）中认为风险是不确定性不利结果的出现；万杰、苗文龙[61]（2005）分析了处于特殊的经济、制度背景下的我国商业银行特别是国有商业银行操作风险的主要表现形式、成因及其与国外商业银行操作风险的差异；郑伟（2005）认为公司治理风险、投资风险、公众信心风险和资本补给风险是最可能威胁企业发展的四大风险；冯燮刚、杨文化[62]（2005）从风险定价的角度阐述了预期损失、非预期损失、风险资本、风险偏好等风险管理基本概念及其经济内涵，提出了以风险资本为核心的经营管理框架。

1.3.3 创新驿站风险相关理论研究概述

创新驿站的运营模式有别于传统行业，在其进行技术转移和技术创新过程中，存在诸多不可预见的风险。查阅以往中外学者有关风险管理研究的文献，还没有涉及创新驿站风险研究领域，根据创新驿站企业的特征，结合前人对风险管理理论的研究成果，本节从风险管理研究角度来探讨创新驿站相关风险理论。

1. 从战略角度出发的风险管理研究

Kenneth R. Andrews（1971）出版的《公司战略的概念》将战略和风险理论

相结合，首次提出战略性决策风险概念。此后，战略风险究竟是战略自身的风险还是战略性的风险在学术界引起了争论，并从不同的视角探讨了战略风险的概念和内涵。战略风险概念的分歧在于战略风险是战略性的风险（Strategic Risk）还是战略的风险（The Risk of Strategy）[63]。Porter（1980、1985）、Palmer（1997）、Fredrick 和 Quinn（1997）、Garven（2007）分别就战略风险的概念进行了研究，大多学者认为战略风险是指战略活动自身的风险，是在战略的制定、实施和控制过程中偏离实际目标而造成损失的可能性或概率。Jauch L. R（1986）从战略和系统角度出发，探讨了风险管理问题，提出了不确定性战略模型[64]。Christopher（1999）认为战略风险是整个企业的风险，企业实施风险管理战略，能够提高企业的竞争优势和预防不确定性损失发生[65]。张荣琳，霍国庆从企业战略管理过程入手，认为企业战略风险主要取决于企业的战略管理能力，特别是战略风险管理能力，战略风险是企业战略过程中由于战略决策和战略实施过程中的不当而使企业遭受巨大损失的不确定性[66]。

对战略风险模型和风险类型的研究，Baird 和 Thomas（1985）提出战略风险可能性模型，认为战略风险可分为宏观环境风险、行业风险、组织风险、战略问题风险和决策制定风险；Baird（1994）对战略风险可能性模型进行了修改，提出战略风险系统权变模型，认为战略风险包括产业风险和企业风险；Winfrey 和 Bud（1997）提出了战略风险系统多维模型，认为战略风险包括创业风险、运作风险和竞争风险；Robert Simons（1999）提出了战略风险构成理论，认为战略风险包括运营风险、资产损失风险、竞争风险和商誉风险；Adrian Slywoztky（2004）提出了战略风险构成理论，认为战略风险由技术更新风险、消费者风险、新业务风险、品牌风险、竞争风险、行业经济风险和市场风险构成；杨华江、席酉民（2002）提出公司战略风险管理系统化理论模型，认为战略风险由环境风险、资源风险、战略能力风险和公司主体发展战略的正确性构成[67]；张荣琳、霍国庆（2007）引入战略管理过程，将战略风险分为战略分析阶段的"假设风险"、战略选择阶段的"治理风险"、战略实施阶段的"错位风险"和"刚性风险"[66]。

2. 从市场角度出发的风险管理研究

市场风险是指市场既可以给企业带来机会，也可能带来威胁。具体指由于市场及其相关外部环境的不断变化而导致市场萎缩、达不到预期效果甚至影响企业生存和发展的不确定性。巴塞尔银行监管委员会颁布的《资本协议市场风险补充规定》（1996），将市场风险概念定义为因市场价格波动而导致表内和表外头寸损失的风险，并根据导致风险因素的不同分为利率风险、股票风险、汇率风险和商品价格风险。提出了银行风险监管的最低资本金要求、外部监管和市场约束三大支柱的原则。巴黎银行在市场风险限额管理上采用市场风险限额、内部 VaR 模型系统、压力测试限额管理和普通限额管理这四种方式。技术市场要发挥其作用，有赖于其参与主体，即企业、学校、科研院所、政府和技术中介机构。由于技术市场发展不完善和不成熟，技术中介机构不发达，增加了技术转移的成本[68]。目前，VaR 理论已成为衡量市场风险的主流方法。Beder（1995）、J. P. Morgan（1996）、KevinDowd（1998）将 VaR 定义为在一定的持有期内、一定的置信水平下资产组合最大损失的估计值；Jorion（1996）认为 VaR 是描述对于正常的市场波动量，认为大于置信区间的损失只会以小概率事件发生；Engle（1982）提出了自回归条件异方差模型；Bollerslev（1986）提出了广义自回归条件异方差模型；Dowd Kewin（1999）提出了极值模型；Bacmann 等（2004）应用极值理论研究了套利基金、股票和债券投资组合风险；Matthew Pritsker（2006）验证了历史模拟法和两种改进的历史模拟法这三种 VaR 模型。20 世纪 30 年代，美国经济学家亨利·舒尔茨、意大利经济学家翁贝托·里奇、荷兰经济学家扬·丁伯根分别提出了市场风险是由于市场供给和市场需求发生背离引起的，以价格变动的形式表现出来，并且供给量围绕供求均衡点呈蜘蛛网状波动。英国经济学家尼古拉斯·卡尔多将这种情况定义为"蛛网理论"。

3. 从财务角度出发的风险管理概况

财务风险的研究始于 20 世纪 80 年代的证券投资领域，随着经济全球化和企业国际化经营，许多学者逐渐关注财务风险管理在企业经营中的作用。财务风险可分为投资风险、筹资风险、营运风险和交易风险[69]。Agarwal 和 Ramaswami（1992）等学者通过实证研究表明，拥有独立能力、营运经验丰富的厂商倾向以独资方式进入海外投资，而经验不足的厂商为了避免投资风险，多采取合资或非直接投资模式进入。规模越大的跨国公司，越倾向于选择独资或合作方式；Miller（1992）认为信用风险是企业面临的应收账、应付款回收和支付问题，导致现金流波动的直接原因是客户违约和未及时支付货款。Anderson 和 Gatignon（1986）认为，随着投资经验的积累，厂商能够较正确感知投资活动可能遇到的风险和取得的报酬，因此，比较倾向于高股权模式进行经营。经营规模越大，企业越倾向于合资规模进入，两者成正相关；Prasad 和 Kang（1996）认为，投资规模和独资投资模式成负相关；舒瑾（1989）认为企业财务风险的大小与负债比率大小成正比，负债比率越大，财务风险就越大。如果企业无负债，企业的财务风险就是经营风险[70]；纪连贵（1998）认为财务风险是由于财务活动的复杂性、人们认识的滞后性、可控范围的局限性、判断和决策失误而使财务活动的结果与预定目标产生偏差的可能性。财务风险导致财务成果损失和财务状况恶化，通常成因于企业外部环境和内部因素相互交织与共同作用[71]；蒋琪发（2000）认为财务风险就是筹资风险，按发生的原因不同可分为现金性财务风险和收支性财务风险。现金性财务风险是在特定时点上，现金流入量小于现金流出量而不能偿付债务本息的风险；收支性风险是在收不抵支的情况下不能偿还债务本息和股东报酬的风险。财务风险按筹资渠道不同分为债务性筹资风险（到期不能偿还债务人本息的风险）和权益性筹资风险（所筹资金未能实现预期效益，发生亏损时无力支付投资人报酬的风险）[72]。吴大红（2003）认为财务风险具有不确定性、与负债经营相关性、与投入相关性、与流动资产相对应等特征。导致财务风险的原因包括：汇率变动、通货膨胀、盲目投资、存货变现困难、应收账款无法收回和股利分配不当等[73]。薛宏彬（2005）从财务风险防范的角度出发，认为财务风险计量指标包括：营运资本资产率（营运资本/总资产）、长期负债权益率（长期负债/股东权益）、总资产周转率（营业收入/平均总资产）、总资产利润率（利润总额/平均资产总额）、主营业务比率（主营业务利润/利润总额）、总资产扩展率[（本年资产总额－上年资产总额）/上年资产总额]、营业活动收益质量（经营活动产生的现金净流量/营业利润）[74]。史志贵（2008）认为现代企业财务风险产生的原因包括：财务管理系统不能适应复杂多变的宏观环境、企业财务人员对财务风险的客观性认识不足、财务决策缺乏科学性导致决策失误、企业内部财务关系混乱[75]。

1.3.4 风险因素对企业绩效的影响理论概述

1. 基于企业绩效理论概述

中外学者对企业绩效的研究主要分为两个方面：基于企业绩效概念的研究和基于企业绩效评价的研究。

（1）基于企业绩效概念及影响因素研究。根据《韦伯斯特新世界词典》解释，绩效是对行动结果的检验。一方面，绩效是正在执行的活动或已完成的活动，另一方面，绩效是重大的成就；Yamin等（1987）认为企业绩效是企业实现市场和财务目标的水平；Bernadin Cooper（1989）认为绩效是建立在一定工作量上的成绩表现，是工作的结果，与组织战略目标最为密切；Campbell（1990）指出绩效是行为而非结果，是人们实际行为表现并能够观察得到的，其结果通常会受系统因素的影响；Barney（1991）认为企业家社会关系资产是影响企业绩效的核心能力之一，这些资产通常是难以模仿的无形资产，可能比有形的资产产生更大的竞争优势，竞争优势来源于企业占有的有价值的、稀缺的资源；Bernardian（1995）将绩效定义为工作的结果，并且研究了与企业绩效最为密切的组织战略目标、顾客满意度、投资金额与企业绩效的关系；Kan等（1999）认为企业绩效是由时间、方式和结果三因素构成的三维概念，是组织在某个时间范围内以某种方式实现的某种结果；肖玲诺等（2005）认为企业绩效是在一定的时间内企业的经济效益和经营业绩。

Jaworski和Kohli（1993）研究表明市场导向程度越高，员工的组织承诺及团队精神越高。市场导向与企业绩效呈正相关，而环境变量（市场变化、竞争程度、技术变化等）未发现有调节作用；Donna R. Neusch和Alan F. Siebenale[76]（1998）认为企业绩效因素与人力资源管理系统中人员的团队协作精神、解决问题的能力、工作的习惯和灵活性等因素存在着相关关系；Hurley和Hult（1998）认为在市场激烈竞争和不确定环境下，产品创新越来越重要，产品创新有利于企业绩效的提升；Fortuin（1998）认为企业绩效可以通过企业管理理念、管理方法和技术改善得以提升，通常表现为一组用于衡量企业效率和效能的指标。企业的经营绩效是企业在内外环境互动下的经营成果；Christopher（2001）认为供应商、企业员工、分销商、企业战略伙伴关系、对企业经营有影响的机构和个人，都会直接或间接地影响企业绩效；Sittimalakorn和Hart[77]（2004）认为组织学习能够持续地更新和挑战企业战略与组织外部环境及外部资源的适配关系、较早发现竞争环境的变化、提高组织的反应速度和灵活性，从而有利于组织绩效的提高；王毅（2004）认为企业绩效优势表现为长期的、持续的企业竞争优势。一个企业可能表现为财务绩效良好，但成长性不好，同样可能导致未来盈利能力较差。而企业持续竞争能力与企业战略紧密相关，对企业绩效的提升起着非常重要的作用；王桂卿（2005）认为职业经理人对企业绩效的作用最大，同时，企业绩效受到企业决策者的战略眼光、企业融资、负债情况、产品市场、技术人才等因素的影响；王慧琴（2005）认为企业目标和企业绩效是一体的，只有确立了企业目标，管理者才能更有效地进行管理，员工的行为才能符合企业发展的要求。设立目标是企业管理的重心和总方向，目标设立是否恰当，在很大程度上决定了企业绩效的实现；谢凌、吴绍琪（2007）认为，在通常情况下，产品和技术都可能被模仿和跟进，而执行力是一种无形的、企业内在的能力，如果企业在执行力方面做得比竞争对手更好，那么就更有利于企业竞争力和企业绩效的提升；张君立[78]

（2008）认为企业绩效就是企业的业绩和成就，反映企业在一定的生产经营时期内，通过一系列工作为实现企业目标所取得的各种成果的总称，即企业运营的效率和效果。

（2）基于企业绩效评价的研究。Steer[79]（1975）提出利用过程模型来分析企业绩效，该模型综合环境、雇员、组织特点、管理政策与实践等影响企业绩效的四个主要因素，认为企业应当协调影响绩效的各个因素的关系，采用权变管理方法，将企业绩效作为持续的过程而非最终的状态来理解。Quinn R E, Rohrbaugh J[80]（1983）在 Campbell 提出的 30 个企业绩效评价指标基础上，进行了探索性研究，剔除 13 个评价指标，对剩余 17 个指标验证了对组织绩效反映的完整性，形成了核心标准集。该核心标准集包括：生产率、利润、增长率、效率、质量、稳定性、人力资源价值、计划/目标设定、环境的利用、控制、灵活性/适应性、对培训与发展的重视、信息管理与沟通、敏捷性、外部评价、士气、冲突/凝聚力。Govindarajan（1984）根据 Steers（1975）的建议，采用多变量自我评价方式来衡量企业绩效，将企业绩效分为长期绩效和短期绩效，编制了一个包括 12 个测量题项的量表，其中长期绩效包括新产品开发能力、市场开拓能力、设计创新能力、成本控制、职业发展规划、公众与社会形象；短期绩效包括销售增长率、市场占有率、净利润率、销售利润率、现金流量。Venkatraman 和 Ramnujam（1986）通过整理分析，认为企业绩效可以通过财务绩效、事业绩效和组织绩效三个维度来测量；Buzzell 和 Gale（1987）提出了绩效评价的三个维度：根据历史纪录对实际结果进行评价、对同行业其他公司或业务单位绩效进行评价、对标志着所有行业绩效标准的成本进行评价；McGee 等（1988）认为企业成长会影响到将来商业拓展和管理活动，同时，企业成长也可能突出企业的优势所在以及生存和发展的可能性；Brush 等（1992）认为可以同时使用增长率和利润率指标来测度企业绩效，增长率在一定程度上可以代表企业的成长性绩效，利润率在一定程度上可以代表财务绩效；Kaplan 和 Norton（1992）发明了平衡计分测评法，采用财务测评指标来揭示企业绩效，同时涉及客户满意度、内部程序、组织学习、组织创新与过程创新等指标，标志着企业绩效评价进入战略性评价阶段；麦克达菲（1995）通过对企业员工的离职率、劳动生产率、资本毛收益率、托宾 Q 等绩效指标的研究，认为高绩效系统与企业绩效呈正相关，横向匹配对企业绩效存在温和作用，纵向匹配对企业绩效不起作用；Dyer 和 Reeves（1995）通过对绩效的相关研究，认为企业绩效包括以下测量指标：一是个人绩效指标，反映了个人工作态度和行为；二是产出绩效指标，反映了企业生产和服务的成果；三是财务绩效指标，反映了财务成果；四是市场绩效指标，反映了企业市场运作成果。Delaney 和 Huselid（1996）认为企业绩效可以通过管理绩效和市场绩效两个维度来衡量。管理绩效包括产品或服务的质量、新产品或服务的开发、吸引员工的能力、维持员工流动能力、顾客满意度、管理者与员工的关系、员工之间的关系等。市场绩效包括销售增长率、市场占有率和企业获利能力等指标。Madu 等（1996）认为企业绩效评价体系包括全面短期绩效、全面长期绩效、生产力、成本、利润、竞争力、销售增长率、获利成长率、市场占有率等指标；Drucker 提出了测度企业绩效的标准，包括八个方面：市场地位、变革、生产率、物资资源、获利能力、管理者的任务和责任、工人工作和士气、公共责任。Frohlich 和 Westbrook（2001）认为企业绩效包括市场成功、生产效率的提高和非生产效率绩效。市场成功包括市场份额增加和利润率提高，生产效率的提高得益于劳动力成本降低和生产能力的提高，非生产效率包括质量改进和交货期降低等指标。吉宏（2004）认为企业绩效评价体系包括资本效益、资产经营、偿债能力、发展能力四个维度，形成了以财务指标和非财务指标相结合的企业绩效评价体系；Kirca 等（2005）在针对市场导向研究中，认为绩效测量指标包括财务、创新、顾客反应和员工反应等内容；Aggarwal 和 Gupta（2006）认为企业绩效包括内部绩效和外部绩效两个维度，内部绩效即股东权益，外部绩效包括顾客、供应商、竞争者和其他利益相关者；Hean 等（2007）认为企业绩效应从财务和非财务两个维度来评价。财务维度绩效包括利润、销售增长率、市场份额等指标；非财务绩效包括达到初始目标、提供安全就业机会、绩效满意度等指标。

2. 企业战略因素对企业绩效的研究概述

首先，波特（1980）认为要根据外部环境提供的机会和构成的威胁，结合自身优势和劣势制定企业战略，提出了基本竞争战略模型，按照企业竞争优势和竞争范围不同将竞争战略分为成本领先战略、差异化战略和集中战略三种基本类型，但没有明确哪一种类型战略更有利于提高企业绩效。波特之后很多学者对波特的竞争战略模型与企业绩效的关系进行了研究，Dess 和 Davis（1984）通过对 19 家制造企业进行研究，结果表明采取集中化战略的企业绩效最好，其次是低成本战略，再次是差异化战略。Miller 和 Friesen（1986）对消费企业进行了研究，结果表明采取低成本战略、差异化战略和集中战略的净资产收益率与市场份额等绩效指标均优于没有明确战略定位的企业；Kumar（1997）对医院研究表明，成本领先战略有利于医院收入增长、资本投资报酬提高和支出控制；Christensen 和 Montgomery[81]（1981）认为多元化发展战略与企业绩效之间的关系源于战略管理领域，采用相关多元化发展战略的企业绩效优于采用非相关多元化发展战略的企业；Porter[82]（1981）强调了企业战略所扮演的重要角色，给出了产业结构、战略和企业绩效的理论框架，研究如何实现利润最大化的企业战略。在 Porter 提出的理论框架中，产业结构被视为外衍变量，企业据此采取不同的战略行为将直接导致企业的不同绩效。Specht（1992）认为经济环境及政治环境能够为企业提供新的市场进入机会以及提升企业的竞争力；Atuahene – Gima 和 Ko[83]（2001）认为具有企业家战略导向的企业，同时实施市场导向战略更有利于提高企业绩效，当企业家战略导向和市场战略导向同时升高时最有利于提高企业绩效；Meyer 实证研究表明，企业通过合理化的战略调整，能够减轻环境变化对企业绩效的影响，甚至能够把握变化的环境中蕴含的机会，改善企业绩效。当企业采用的战略与外部环境变化相一致时更能影响到企业绩效。Ritter 和 Gemfinden[84]（2004）认为技术战略是企业战略的重要组成部分，也是企业竞争优势和企业绩效的重要驱动者。

3. 技术因素对企业绩效的研究概述

Granstrand[85]等（1992）认为技术的外部获取有利于技术的多样化，能够避免高昂的开发费用并节省时间，使企业更易于在市场中处于领先地位，对企业销售收入的增长和企业绩效的提高有着积极的影响；Nohria 和 Gulatia（1996）认为，技术创新对企业价值的影响越来越大，技术创新对企业绩效存在着明显的正向效应，注重技术创新的企业绩效好于不注重创新的企业绩效；Hitt 等（1997）认为技术创新能对企业成功和企业绩效产生较大的影响，企业创新能力与企业长期绩效显著正相关，可以通过提高技术创新能力来提高创新技术产出，进而提高企业的市场竞争力和企业获利能力。有些学者认为企业战略与企业绩效之间没有呈现显著的相关性[86]（Jehn etc., 1999）；另有些学者认为技术人才比例高有利于技术交流和知识共享，从而对企业绩效产生积极的影响[87]（Egan, 2005）。Chen 等[88]（2010）认为单纯扩大技术人才的投入可能会诱发资源分配矛盾等不和谐因素，一旦技术人才没有能力或失去解决问题的意愿，将对企业绩效产生负面作用。Stuart[89]（2000）通过对半导体制造商技术创新与销售增长的关系研究，发现参加创新技术联盟的企业比没有参加创新技术联盟的企业表现出色，技术联盟能够增加企业技术优势，对企业绩效有积极的影响；Husain[90]等（2002）认为有效的技术管理能够帮助企业获得技术竞争优势和提高企业竞争力，社会和经济发展对技术管理依赖程度日益加强，持续的竞争力和优势技术能够使企业获得技术领先地位并构成企业的核心竞争力，从而提高企业绩效；吴伟伟[91]等（2006）通过对 51 家企业研究发现不同技术生命周期阶段，企业技术管理对企业的绩效影响程度不同,技术管理能力比技术能力对企业绩效的影响更为显著。

4. 市场因素对企业绩效的研究概述

Narver J C, Slater[92](1990)认为,市场导向是一种组织文化,包括三个维度:顾客导向、竞争导向和跨部门协调。市场导向能够促使组织创造并提供给顾客卓越的价值,进而建立自己的竞争优势,Keller(1993)认为,消费者对品牌持有强烈的好感能够使他们更愿意对该品牌付出溢价,品牌忠诚度与企业市场竞争力之间存在着显著的正相关,能够为企业带来更大的市场份额和溢价,消费者能够通过适当的产品目录或其他相关的购买和消费暗示,在记忆中寻找该品牌,Chen 和 Hambrick[93](1995)将企业市场竞争的行动分为进攻(Active)和回应(Response)两种模式,在某种程度上决定了企业的绩效水平,反映了企业间在市场竞争中的互动关系;Cronin 和 Brady(2000)认为,服务接触、服务环境、市场及产品都能够影响顾客的整体感知质量,进而影响顾客的满意度和顾客价值;Kotler Petal[94](2003)认为,企业持续营销能力是在内部顾客满意度基础上,以竞争者、外部顾客为导向,协调企业内部和外部市场信息的交换和企业内部组织关系,通过学习和积累,使企业获得持续发展能力,提高企业绩效;Jay Weerawardena[95](2003)通过定量分析认为,企业的营销能力直接影响企业的创新速度,进而影响企业的持续竞争力,拥有特殊营销能力的企业会在目标市场上获得比竞争对手更高的企业价值;王成惠[96](2003)认为,关系营销能够减少不确定性,降低成本,利用外部资源来获得社会价值,提高组织经营的效率和效能。研究表明,关系营销是服务的内生特性,争取一个新顾客的成本是保留一个老顾客成本的 5~6 倍。张婧[97](2005)研究表明,市场导向能从行为和文化两个层面提升顾客价值创造活动的效率,增加客户满意度和忠诚度,为企业带来品牌优势和差异化的竞争优势,最终导致满意的绩效回报;孙早、刘庆岩[98](2006)通过实证研究发现,地区市场规模的扩大有利于民营企业的发展,公正、透明的竞争环境能够激发企业家的创新欲望,地区市场规模、地方政府行为等市场因素与民营企业发展绩效之间存在着显著的相关关系。

5. 人力资源因素对企业绩效的研究概述

Taussings 和 Baker[99](1925)最早研究了薪酬与企业绩效的关系问题,发现企业经理人的薪酬与企业绩效之间的相关性很小。随后,Massnl(1971)、Murphy(1985)、Coughlan 和 Schmidt(1985)分别对企业管理者,尤其是高层管理者报酬与企业绩效之间的关系进行了研究,发现经理人的报酬与企业绩效之间存在着正相关关系，尤其是当高管人员报酬结构中股票期权比重增大时，其报酬与企业绩效的相关性显著增大；Nonaka 和 Takeuehi[100]（1995）认为团队导向的人力资源管理能够激发组织成员工作热情和动机，提高团队之间及团队内部的知识交流和传播，良好的沟通通过建立情感关系和信任机制而影响员工之间传递知识的意愿与动机，建立起组织学习和个体学习之间的联系与桥梁，促进企业绩效的提升；Ferris[101]（1998）认为人力资源管理系统通过组织柔性、组织声誉和员工态度三种途径影响企业绩效，并建立了人力资源管理系统模型，将组织文化、组织气氛、员工行为、组织柔性、组织声誉、员工态度纳入该模型，既考虑了微观的员工行为要素，又考虑了组织宏观要素，对人力资源管理系统作用于企业绩效的解释非常清晰和广泛；Becker 和 Huselid（1998）建立的人力资源价值链模型，详尽地列出了人力资源管理促进企业绩效提升的过程，对该模型的解释为：经营战略驱动人力资源系统设计，人力资源管理系统对员工的技能、工作动机和工作结构产生影响，进而影响员工的行为，而这种行为能够提高企业的运营绩效和盈利能力，最终导致企业市场价值的提升。Becker 和 Huselid[102]（1998）认为企业战略能够支配人力资源管理系统设计的原则和内容，对员工行为产生影响，进而影响到产品质量、生产率、收益率及增长率等指标，最终影响到企业的市场价值和企业绩效；妖艳虹、龚一云[103]（2010）通过高管人员薪酬构成及其比例结构与企业绩效之间的关系研究发现，固定薪酬结构形式与企业绩效负相关，弹性薪酬结构形式与企业绩效成正相关，但弹性薪酬比例应控制在一定区间，并非比例越高越有效。

1.3.5 以往研究存在的问题

从国内外研究过程来看，风险管理理论走着一条定性分析与定量研究相结合、理论研究与应用研究相结合的道路。国内外对风险理论、风险管理理论的研究已比较成熟，对风险因素与企业绩效的关系研究也达到一定层次高度，但基于企业绩效的风险识别、评估和防范是一项复杂及综合性的活动，是涉及多学科的一门新的应用经济学理论和多种技术融合的一种新的应用技术。在本学科研究中，中外学者取得了很大的成绩，但由于各种原因，对于本学科的研究还存在以下问题。

1. 风险管理研究方面

在风险管理研究方面缺乏对创新驿站风险的深入性和系统性研究，风险管理研究的主流是介绍和解释国内外研究成果，针对创新驿站风险管理问题研究很少，同时缺乏对创新驿站风险管理的实证研究。创新驿站作为技术转移中介的特殊形式，引入我国时间较短，查阅国内关于创新驿站研究成果，仅发现唐丽艳等[2]在《创新驿站中科技中介项目特性浅析及其风险识别》一文中涉及创新驿站项目转移服务过程中风险因素的研究，较深层次的风险管理问题研究还没有进行，对创新驿站风险管理与企业绩效的关系问题，则是研究空白。

2. 风险和风险管理研究方面

在风险和风险管理研究方面国内外研究文献虽然较多，但一般只局限于风险管理过程中对某一点的风险进行描述，缺乏对整个风险管理过程中风险构成全面性的分析，对风险管理的研究大多侧重于对市场风险、政策风险、代理风险等的研究，缺乏对企业自身人员风险和决策风险的重视，忽视了过程风险的研究。

3. 研究方向方面

研究方向上的不足。有关风险管理与企业绩效关系的研究，在理论框架设计上，大部分仅仅着眼于研究风险因素对企业绩效的直接作用，关于风险因素对企业绩效的间接作用和未分解作用关注度相对不够，这一点是基于企业绩效的风险管理研究的缺陷。

4. 研究理论的发展阶段方面

有关风险对企业绩效的影响研究处于理论探讨和定性分析阶段，真正有理论依据的定量研究和规范的实证研究较少，注重单一风险因素对企业绩效的影响，例如仅研究战略因素对企业绩效的影响、市场因素对企业绩效影响等，对"哪些风险因素对企业绩效影响较大""哪些因素交互作用对企业绩效产生较大影响"等问题研究不够，说明风险因素对企业绩效的影响路径和影响机制还没有得到深入研究，缺乏风险因素对企业绩效辩证关系的探讨。

5. 风险防范方法研究方面

风险防范方法研究相对单一。风险控制方法重点关注实现控制，而且多数集中在对风险发生的概率进行控制，风险发生后的事后控制关注不够。对风险的控制方法多集中于传统的风险转移、风险回避等方法的研究，与不同行业风险的不同性质需进行不同的防范措施结合不紧密，缺乏中介技术转移行业的综合考虑风险防范策略研究和针对具体的风险采取哪种防范措施的研究。

6. 理论研究深度方面

理论研究缺乏深度。对风险、风险管理、风险管理对企业绩效的影响研究及相关理论的应用，主要以实战为核心，追逐一些技巧性和经验性的解决风险防范的对策与建议，以满足企业追求效率和效益的目的，缺乏依据先进的管理理论和方法对更为复杂的风险因素进行深入分析，没有从企业绩效角度把风险管理理论和企业绩效联系起来，对于复杂、多变的创新驿站风险因素，缺乏科学的、操作性很强的风险管理方案。

1.4 研究内容和框架

1.4.1 研究内容

本书在前人关于风险管理研究的基础上，结合创新驿站作为技术转移中介组织的新特性，确定了以下研究思路：以风险管理的相关理论作为本研究的理论基础，对创新驿站风险构成要素和风险管理过程进行深入研究，论证风险因素对企业绩效影响的显著性、风险因素各维度相对于企业绩效的影响权重及风险等级，提出风险防范的预警和控制机制。

本书主要研究内容按照章节可分为六个部分。

第1章　绪论。论述了本章选题背景及研究的目的和意义，对国内外风险理论、风险管理理论、创新驿站风险管理理论、企业绩效理论进行了综述，总括地描述了本书研究内容、研究方法、技术路线和创新点。

第2章　基于企业绩效的创新驿站风险管理理论基础。定义了创新驿站绩效概念和风险概念及其指标，界定了基于企业绩效的创新驿站风险管理研究过程；分析了创新驿站风险组成要素及风险管理的属性、目标和作用；介绍了目前典型的风险管理体系，设计出包括风险管理理念、风险管理战略、风险管理组织、风险管理文化、风险管理资源、风险管理程序的六个模块风险管理支撑体系；详述了创新驿站风险按照十二个角度的不同分类，客观地分析了创新驿站风险本质及其发生规律的外化表现；探讨了创新驿站风险产生的主观原因和客观原因。

第3章　基于企业绩效的创新驿站风险识别研究。本章是本书研究的重点，首先对创新驿站风险因素分类、特征和产生的原因进行了研究，明确了创新驿站风险识别的目标、作用和原则，介绍了创新驿站风险识别的方法；其次，建立了创新驿站五个维度风险因素结构模型和两个维度企业绩效结构模型，分析了创新驿站风险因素对企业绩效的影响并建立了研究假设。对创新驿站服务内容和调查问卷对象进行了界定；论述了调查问卷设计和收发方式的选择；运用主成分分析方法对分量表进行因子萃取，将不符合收敛效度的因子结合实际情况进行适当删除，降低了共线现象。利用结构方程模型对因子萃取后的剩余变量进行效度检验，获得总量表和分量表的可靠性；运用 SPSS 17.0 统计软件对测量工具的信度进行检验，获得了测量结果的一致性；对通过信度和效度检验的量表与企业绩效变量进行相关分析，得到风险因素各维度与企业绩效的相关显著性程度；对结构方程模型进行了概述，通过结构方程模型验证了创新驿站风险因素的五个维度对企业财务绩效和非财务绩效的影响，采用拟合度检验假设模型与实际数据样本的一致性；通过路径分析和因子分析，得到了创新驿站风险因素对企业绩效影响的直接效应、间接效应和未分解效应。

第 4 章 基于企业绩效的创新驿站风险评估研究。建立了创新驿站风险评估框架，并对框架中系统管理子系统、数据处理子系统和评估子系统进行了介绍；列举了常用的风险识别方法；对风险矩阵及其在创新驿站风险评估中的适用性进行了分析；将层次分析法融于风险矩阵中，并以人员风险因素相对于企业绩效的影响为例进行了实证分析，得到人员风险因素对企业绩效的各维度的影响权重和人员风险的风险等级，为风险管理提供了理论基础。

第 5 章 创新驿站风险防范研究。第一步，建立了创新驿站风险预警系统，对可能发生的风险和危机进行事先预测，尽早发现风险源，有利于采取相应措施进行风险防范，起到了防患于未然的作用；第二步，介绍了创新驿站六种风险防范的策略，为不同的风险和不同的风险承担主体采取不同的风险防范措施提供了可行性对策；第三步，根据风险各维度的具体情况提出了详细的风险防范措施。

第 6 章 结论与展望。在对全书的研究内容和主要成果进行简单的总结基础上，论述了研究过程中的不足和未来研究努力的方向。

1.4.2 研究方法

本书研究内容涉及管理学、统计学、营销学、计算机学、博弈论、信息经济学、系统论、社会学等学科知识领域，具有综合、交叉性特点，根据适用性和科学性原则，采用多种分析工具和建模推理，进行了定性分析和定量研究。具体地说，采用了以下研究方法。

(1）借鉴法。通过文献检索、收集、阅读、整理和分析，了解国内外与本书研究相关的最新理论研究成果及企业风险管理现状，对已有文献进行梳理和综合，形成具体的研究思路，提出了风险识别和评估模型，构建了风险防范预警和控制体系，为创新驿站风险管理提供了理论支持。

（2）系统方法。本书将创新驿站和企业绩效看作一个由各种风险因素组成的复杂子系统对企业绩效的作用，将企业风险因素和企业绩效因素纳入一个大系统中，运用系统论的方法研究了创新驿站风险因素之间的相互关系及对企业绩效的作用，建立了系统的风险管理理论和方法。

（3）统计学方法。运用主成分分析和结构方程模型进行了探索性因子分析和验证性因子分析，借助 SPSS 软件和 AMOS 软件，对创新驿站风险因素之间、风险因素与企业绩效之间的关系进行了详细的分析和阐述。

（4）问卷调查法。考虑到创新技术转移项目的保密性，不便于公开风险指标和绩效指标，因此，采用调查问卷、被调查者自我评价方式进行研究。

（5）博弈论方法。创新驿站风险对企业绩效的影响具有很大的不确定性，运用博弈论期权投资理论，可以降低风险的不确定性带来的损失，发现市场带来的机会，制订有效的技术转移项目转移投资计划，使企业在不确定性环境下获得最大利润。

（6）风险矩阵法。利用风险矩阵在项目风险评估中所起到的独特作用，在企业风险因素对企业绩效影响识别的基础上，将改进的层次分析法融于其中，以人员风险因素为例详细地阐述了风险评估的过程。

（7）实证研究法。在理论探索的基础上，力图通过实证研究来验证理论探索中提出的假设和建立的模型，利用调查问卷数据，结合适当的分析工具，对研究构想和命题进行验证，获得了可信和可靠的研究结论。

（8）对比分析法。由于创新驿站在我国的发展处于起步阶段，行业内风险管理的案例和研究成果不多，对整个研究工作带来很大的困难，为了避免因数据资料缺乏带来的影响，本书采用对比分析方法，借鉴传统的技术中介风险特征与创新驿站进行比较分析，得到了有效的研究支持。

1.4.3 创新点

（1）拓展了风险管理理论应用领域。针对全球对技术转移模式探索过程中面临的关键问题，结合我国技术转移市场的特征，选取具有典型代表性的技术转移中介组织——创新驿站进行了研究，并选取影响企业绩效的创新驿站风险因素作为研究内容，通过基于企业绩效的风险因素识别、评估和防范研究，将风险管理理论应用于指导创新驿站进行技术转移的实践，有利于降低创新驿站运营过程中不确定性事件发生的概率，提升创新驿站技术转移能力和企业绩效，保障创新驿站模式在我国健康、稳定的发展，提高我国创新技术商业化成功率。

（2）侧重于不同风险因素对创新驿站企业绩效的全方位影响分析，提出了创新驿站风险的五个维度和企业绩效的两个维度，特别是将人员因素和创新技术转移项目过程因素作为两个独立的风险维度进行考虑。由于人的行为容易受到内外环境和主观因素的影响，而创新技术转移项目过程风险有别于传统的技术转移中介模式。因此，将人员因素和创新技术转移项目过程因素作为独立的两个风险维度考虑能够拓宽视野，弥补了以往对收集风险因素不完全、缺乏系统性的问题。

（3）提出了从企业绩效的角度构建创新驿站风险因素概念模型和结构方程模型，综合考虑风险因素对企业绩效的直接作用、间接作用和交互作用。首先进行了风险因素与企业绩效的关系假设；其次，运用主成分分析方法进行因子萃取，提取有效因子并通过结构方程模型进行了验证性因子分析。查阅以前文献，还没有发现对这方面系统的研究，本书对基于企业绩效的风险管理领域的进一步研究作出了一定的贡献。

（4）建立了风险评估系统，改进了评估模型。通过实地调研，发现多数企业对风险评估只注重风险评估结果而不注重风险评估过程；同时，鉴于面向创新驿站风险评估领域的局限性问题，建立了基于企业绩效的风险评估系统，以风险评估系统为保障基础进行风险评估，能够有效提高风险评估的效率和可靠性，提高创新驿站风险评估质量。对层次分析法进行了改进，将改进的层次分析方法融入风险矩阵技术，创建了"风险矩阵——改进的层次分析法"评估模型，结合创新驿站风险实践，详细探讨了运用新模型进行风险因素对企业绩效各维度的权重和风险等级评估过程。

（5）丰富了创新驿站风险管理防范理论和实践研究。建立了创新驿站风险预警机制，对可能影响创新驿站企业绩效的风险和危机进行事先预测，尽早发现风险源，使企业以预控为中心，有利于对创新驿站进行全方位风险管理和全过程风险管理。探讨了不同的风险防范策略在创新驿站风险防范过程中的适用性，并根据风险不同维度的具体特征，有针对性地提出了风险防范措施，为创新驿站风险管理提供了一套全面性、全新化的风险防范方法和策略。

1.4.4 技术路线

本书研究技术路线如图 1-1 所示。

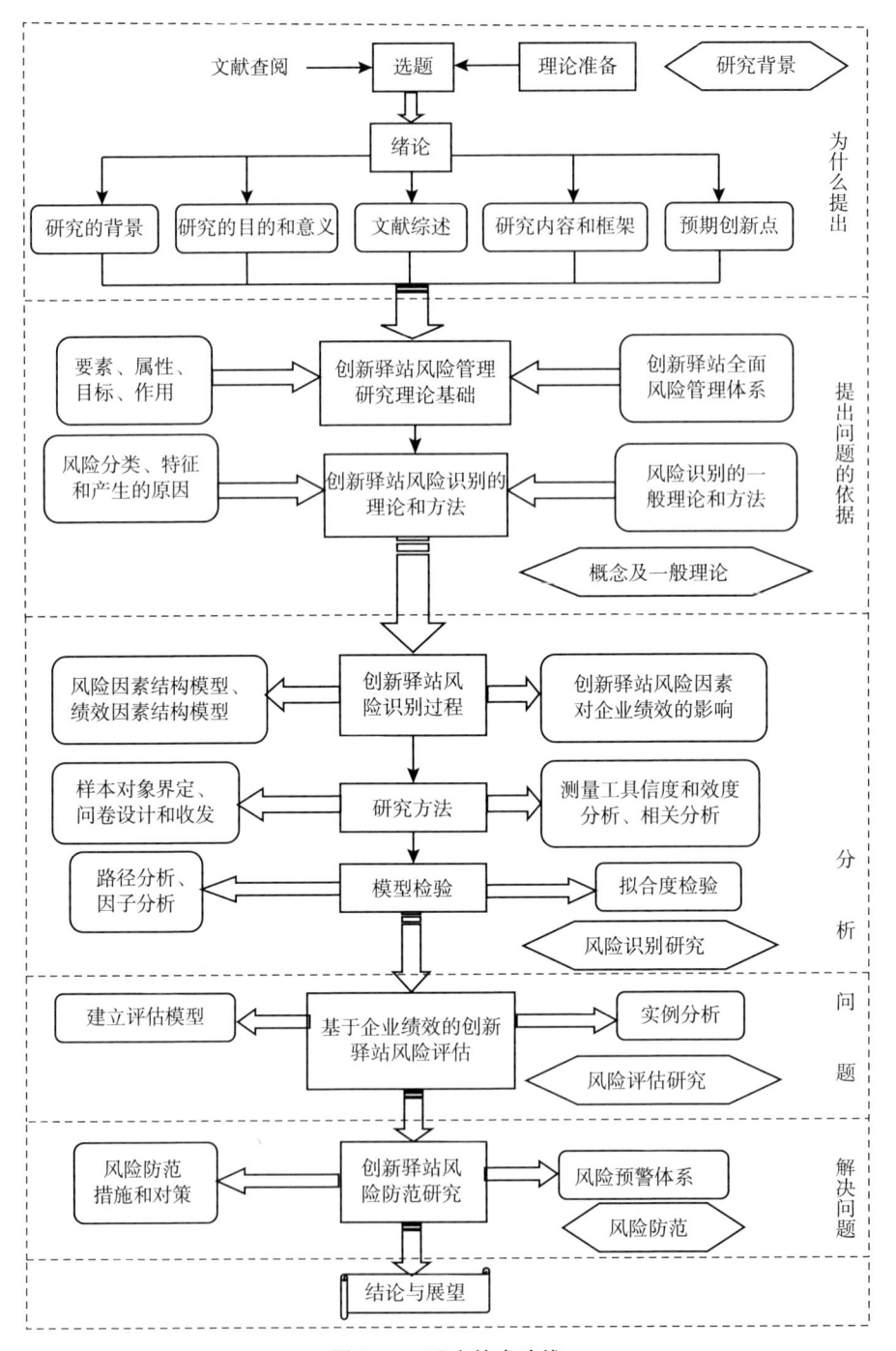

图 1-1 研究技术路线

第 2 章

基于企业绩效的创新驿站风险管理理论基础

2.1 基于企业绩效的创新驿站风险管理相关概念

2.1.1 创新驿站企业绩效概念

传统的企业绩效研究主要侧重于投资回报率、净收益等财务指标（Johnson & Kaplan, 1987; Lynch & Cross, 1991; Johnson, 1995; Foster, 1996; Borthick & Roth, 1997; Cooper, 1998）；另外一些学者进行了市场份额、客户满意度、效率、生产率、产品质量、竞争优势、客户满意度、员工满意度等非财务指标的研究（Govindarajan & Gupta, 1985; Simons, 1987; Simons, 1990; Kaplan & Norton, 1992; Nanni, Dixon & Vollmann, 1992; Ittner, Larcker & Rajan, 1997; Ittner & Larcker, 1998）；大多数学者对企业绩效的研究，既侧重于企业财务方面的绩效，同时又关注企业非财务方面的绩效（Zahra & Bogner, 2000; Baum & Wally, 2003; Ravichandran & Lertwongsatien, 2005），将企业绩效分为财务绩效和非财务绩效，认为企业绩效是指企业的经营成果，可以通过财务绩效和非财务绩效两个维度来测定；企业绩效是企业适应市场环境、获利能力和竞争优势持续时间的综合表现，不仅指股东权益和财务价值增值，而且体现了已有资产的获利能力和企业对经营环境的战略适应能力，企业经营总体情况和持续经营中的经济价值综合能力等指标的提升；企业绩效是在一定经营期间的企业经营业绩和经营效益，表现在盈利能力、资产运营水平、偿债能力和企业后续发展能力等方面；企业绩效是企业适应市场环境、获利能力和竞争优势持续时间的综合表现，也是企业生产经营目标、社会目标及员工发展目标相结合的综合体，是企业对整个社会的发展与进步提供特殊的功能和所作出的贡献。绩效是业绩和效率的统称，包括活动的结果和活动过程的效率。企业绩效可从两个方面来解释：一种是以结果为导向的企业绩效，指特定的时间内，有特定的工作职能或活动产出的记录；另一种是以行为为导向的企业绩效，指与企业目标有关的、可以按照个体的能力进行测量的行动或行为。

综合以上学者关于企业绩效的研究，结合创新驿站实际运营情况，本书认为，创新驿站企业绩效是创新驿站适应市场环境、获利能力提升及其竞争优势持续时间的综合表现，也是创新驿站对其经营目标、社会目标、员工全面发展目标的一种综合追求，以及为社会生存、发展和进步提供特殊的功能和所作出的贡献。创新驿站企业绩效不仅受到经营者的能力水平和努力程度的影响，而且受到创新驿站所处的内外环境的影响，企业绩效体现了创新驿站已获绩效成果和未来所获成果的潜力，其指标体系包括财务绩效和非财务绩效。财务绩效就是用财务指标来衡量创新驿站在一定经营期间所取得的成果或成绩；非财务绩效是指创新驿站在一定经营期间非财务资产价值增值和企业的长期发展能力提升等取得的成果或成绩。财务绩效和非财务绩效互相补充，共同反映了创新驿站的经营业绩和运作绩效。其中，财务绩效通过流动比率、销售利润率、主营业务增长率、主营业务利润率、净利润增长率、营业利润增长率、速动比率、净资产增长率、应收账款利润率等财务指标来体现；非财务绩效通过市场竞争力、市场应变能力、客户满意度、客户获得率、研发技术投入产出率、研发人员比例、经营者基本素质、员工满意度、关键人才留住率、员工工作热情、基础管理水平、资源整合能力、信息获得和利用率、社会贡献、社会形象等非财务指标来体现。

2.1.2 创新驿站风险概念

Kenneth R. Andrews（1971）认为风险是企业活动自身的风险，是决策制定、实施和控制过程中偏离实际目标而造成损失的可能性或概率，风险因素是指能够影响企业的发展方向、企业文化、信息、生存能力和公司业绩的因素；Podolny（2001）论证了通过网络能够减少信息传递的不确定性；波特（Porter，1998）认为过度合并、卡特尔和其他对手竞争的限制会损害本地的竞争，进而破坏原有的创新环境，集群成员的群体性思维会造成群体思维的惯性，单个公司难以接纳新思想，从而影响企业的创新绩效；Kuhlmann（2001）认为区域内不同行业面临的技术风险大不相同，并根据北欧区域创新系统危机调查结果，将创新行业可能发生的技术创新风险进行了划分；Currie 和 Wendy（2003）认为风险是一种不确定事件及其发生的可能性和后果，这种后果和决策者的预期目标会有偏离和差异，与决策者预期目标偏离程度通常被用来作为衡量风险大小和程度的指标；Choi 等（2003）认为，传统的风险研究大多强调负偏离和损失结果，而忽视风险中蕴藏的潜在机会和利润，决策者可以通过认识风险、分析风险，采取正确决策控制和驾驭风险，减少风险损失并获得风险收益，做到在收益水平不变的情况下承担最小风险或在承受同样风险的情况下获得最大收益；唐丽艳等（2008）认为创新驿站服务项目超常规发展，并且专业化和多元化同步，大部分工作依赖网络环境支持，项目实施过程中的不确定因素更多，风险更大，主要风险包括项目选择风险、技术性能识别风险、服务型网络建设风险、合同纠纷风险等。

综合以上学者研究成果，结合创新驿站作为技术转移中介的新特点，本书认为创新驿站风险是创新驿站在运营过程中，由于战略决策失误、技术水平较低、市场竞争激烈、关键人才缺失、财务环境恶化和创新项目转移失败等因素影响，造成创新驿站实际运营偏离决策目标的可能性或概率。另外，比起传统的技术转移中介，创新驿站规模较大，组成形式更为复杂，对项目转移投资更高，因此，其风险来源和形式有别于传统的技术转移中介，风险的存在既可能给创新驿站带来损失，也可能给创新驿站带来机会，根据本书研究目的，在研究中所指风险只涉及给创新驿站绩效带来损失的部分，因此，界定创新驿站风险是纯粹风险，即风险的存在只会给创新驿站引起损失，不会带来机会。创新驿站风险可采用以下指标来衡量：环境因素风险、政治法律因素风险、管理因素风险、决策因素风险、技术因素风险、市场风险、管理人员风险、员工风险、人力资源管理风险、融资风险、财务管理风险等。

2.1.3 基于企业绩效的创新驿站风险管理研究

资本资产定价模型（Capital Asset Pricing Model，CAPM）最初由 Sharp（1964）建立，后由 Lintner 和 Mossin 完善，CAPM 模型解释了市场均衡状态下风险资产收益与风险之间的关系，如果在不降低某项资产期望收益的同时，实施风险管理活动降低了其风险，则相应地提高了某项资产的价值；C. A. Williams 等认为，通过风险识别、计量和控制等管理工作，能够使企业以最小的成本将风险所致的损失达到最低程度，从而保证企业正常运营，有利于提高企业的业绩；风险管理是一种决策过程，不管是哪种类型风险，其管理过程一般包括以下几个步骤：①设定风险管理目标。风险管理目标应与组织绩效和个人目标相一致，强调组织目标的实现和组织绩效的提升。②风险因素识别。运用多种手段识别可能造成风险损失的潜在因素。③风险因素评价。结合组织的特性和组织绩效目标，采用数理统计和概率分析等方法来评价风险的频度和强度，对风险发生频度较高和产生损失较大的风险源进行重点关注。④风险防范和处理。制定应对风险的可选方案（风险转移、风险规避、风险接收、风险控制等），根据风险特点和组织承受风险的能力，以设定的组织目标为基础，在可选方案中作出选择并实施方案。

根据创新驿站特点和本书研究重点，结合中外学者对企业绩效和风险管理研究成果，对基于企业绩效的创新驿站风险管理研究给予界定。

1. 以提高企业绩效为目的设定创新驿站风险管理目标

创新驿站风险管理应该以提高企业绩效为目标，虽然实施风险管理不能完全决定创新驿站进行技术项目转移的成功与否，但不可否认的是通过风险管理活动，能有效降低创新驿站运营过程中的不确定性事件的发生及发生后对行为主体造成的损失，有利于企业绩效目标的实现。本书认为创新驿站风险管理实际上是提高企业绩效的一种管理行为，是创新驿站达到其绩效目标过程中对所面临的风险进行管理的行为。因此，创新驿站风险管理行为也就是为达到企业绩效目标而进行的风险识别、评估和防范行为。所以，本书认为创新驿站风险管理活动是为提高企业绩效服务的，其目的是降低达成企业绩效目标过程中的不确定性。

2. 以风险因素对企业绩效影响为标准进行创新驿站风险因素识别

创新驿站风险是预期目标与可能现实间的偏差，目标不同，则风险因素和风险水平不同。基于企业绩效的创新驿站风险识别技术是以提高企业绩效为风险识别的目标来研究创新驿站风险因素对企业绩效的影响，对影响创新驿站绩效的风险因素进行鉴定、性质判断和归类。风险鉴定是对影响创新驿站企业绩效的风险因素在进行调查研究的基础上，分析判断这些影响创新驿站绩效的风险因素是否可以演变成风险事件，是否对创新驿站绩效目标的实现造成破坏；风险性质判断是对鉴定出来的风险性质进行分析，判断其属于战略风险还是技术和市场风险，是属于人为风险还是属于自然风险，是属于普通风险还是特殊风险；风险归类就是将已经识别的影响创新驿站企业绩效的风险因素依据一定的标准给予分类，从而便于按照风险的不同类别进行评估、防范和处理。

3. 以风险因素对企业绩效影响为标准进行创新驿站风险因素评估

基于企业绩效的创新驿站风险评估是将创新驿站中风险因素对企业绩效影响的重要程度和风险发生的可能性进行估计和度量。风险评估是把影响创新驿站企业绩效的风险因素数据转化为风险决策信息的过程，在风险管理过程中起到风险识别和风险防范之间的桥梁作用，是对影响创新驿站企业绩效的风险规律进行研究和量化分析的过程。

4. 基于企业绩效的创新驿站风险防范研究

通过基于企业绩效的创新驿站风险因素识别和评估研究，获得了影响企业绩效的创新驿站风险因素及风险因素对企业绩效的影响权重和风险等级，在对影响企业绩效的创新驿站单个风险和整体风险进行综合权衡的基础上，构建了创新驿站风险预警体系和风险防范策略。创新驿站风险预警是在现有的知识、信息、技术和人员基础上，通过预警系统来判断影响企业绩效的创新驿站风险是否运行在正常范围内，能够起到尽早发现风险源、对可能发生的风险和危机进行提前预测的作用。风险防范是在对影响创新驿站绩效的风险因素进行识别和评估的基础上，实施风险控制和风险处理的策略方式，其目的是降低风险发生的概率和风险发生后的损失程度，保障创新驿站稳健运营，提高创新驿站绩效。

2.2 基于企业绩效的创新驿站风险管理的基本特征和作用

2.2.1 创新驿站风险组成的要素

创新驿站风险由风险诱因、风险事故和风险发生后的损失组成[104]。

1. 风险诱因

风险诱因是导致风险发生、增加损失频率和损失幅度的因素。风险诱因是风险事故发生的潜在原因或造成损失的间接的、潜在的诱因。创新驿站风险诱因通常包含环境风险因素和人为风险因素。环境风险因素是由于环境的不确定性和动态性从而影响创新驿站运行的风险因素，如战略联盟风险、财务风险、政策风险等；人为风险是与人的心理状态、品德修养、知识和责任等有关的因素，如反应不灵、道德风险、疏忽大意等。Das T. K. 和 Teng B. H.（1998）认为战略联盟风险可分为关系风险和运行风险[105]；Hamel（1991）通过实证研究，认为知识转移成功的概率与伙伴的学习动机、向合作方传递知识的能力和合作方接受知识的能力呈正相关[106]；Premus（1984）通过调查问卷方式对企业风险因素进行了研究，结果显示创业者和领导者的素质构成首要的决策风险，其次才是产品和市场；唐丽艳、闫如玉、王国红[2]根据创新驿站服务项目工作内容，按时间顺序绘制出五个模块的工作分解图，通过甄别和分析，将创新驿站服务工作流程中引起风险的主要因素分为：走访企业进行项目选择风险、技术性能识别风险、服务网络建设风险、寻求合作者风险和合同纠纷风险。

2. 风险事故

风险事故指造成预期结果和实际结果差异变动程度的不确定性，风险因素只有通过风险事故的发生才能导致预期结果和实际结果的变动程度发生差异，进而导致风险。风险事故是预期结果和实际结果间变动程度差异的直接的、外在的原因。引起创新驿站风险发生的风险事故极其复杂而又常出现，每种风险事故是不同的，它可能是单一的风险因素导致的事故，也可能是多种风险因素组合所导致；风险事故可能是一般性的，也可能是特殊性的；可能是人为造成的，也可能是由于外部环境不确定性和动态性造成的；可能影响创新驿站运行过程中的某个环节，也可能影响多个环节或者影响整个创新驿站的运行；既可能在某个时点上发生，也可能随机发生。对创新驿站风险事故的分类，不仅要考虑风险事故发生的可能性和风险事故发生后可能引起的后果，同时要考虑单一风险的发生与其他风险事故的关系。查阅以往研究文献可知，中外学者从不同角度分析了不同企业的风险事故及诱因，本书在综合多位学者的研究基础上，结合对创新驿站风险分析，认为创新驿站风险事故主要有以下几种诱因：人员管理不善、组织结构不合理、环境的不确定性、创新项目的复杂性和前沿性、市场竞争、技术能力问题、系统风险、创新驿站网络建设风险、决策失误、项目选择和评价错误、政治法律等。

3. 风险发生后的损失

对于纯粹风险而言，风险事故发生后的损失是非故意的、非预期的和难以避免的。风险损失是不确定性发生后引起实际收益和预期收益的差异。对于投机性风险损失而言，其不确定性发生后引起实际收益和预期收益的差异既可能是正偏离,也可能是负偏离,传统数学理解均为风险损失,但通常人们只把实际收益与预期收益的负偏离定义为损失。本书不涉及投机风险,并且将风险损失定义为实际收益与预期收益差异变动的负偏离。

关于风险损失的期望分析,一般文献都采用的形式为

$$C = C_0 + C_1 P \tag{2-1}$$

式中:C 为总的期望损失;C_0 为事件主体初期投资成本;C_1 为风险事件出现后的相关损失;P 为风险事件发生的概率。

风险事故发生的概率 P 与事故可靠性指标 r 的关系可表示为

$$P = \int_{-\infty}^{-r} \frac{1}{\sqrt{2\pi}} e^{-\frac{1}{2}t^2} dt \tag{2-2}$$

由于创新驿站风险事故出现后所造成的机会损失和相关的社会影响较难估计,因此对创新驿站风险损失的度量往往比较复杂,可以采用多种方法来估量风险事故发生后的损失,常见的有以下几种方法。

(1) 决策树法。C5.0 决策树算法是在 Quinlan (1986) 所提出的 ID3 算法的基础上发展而来的,C5.0 决策树法改变了 ID3 算法无法处理连续性损失的问题[107]。假设 S 是所组成样本 s 的数据集,s 中类别表示属性有 m 个独立的取值,即定义了 m 类 $C_i(i=1,2,\cdots,m)$,R_i 为数据集 S 中属于 C_i 类的子集,用 r_i 表示子集 R_i 中的数据,则集合 S 在分类中的期望信息量的方程式为

$$I(r_1, r_2, \cdots, r_m) = -\sum_{i=1}^{m} q_i \log_2(q_i) \tag{2-3}$$

式中:q_i 是任意样本属于 C_i 类的概率,$q_i = \dfrac{r_i}{|S|}$。

假设属性 A 共有 v 个不同的取值 $\{a_1, a_2, \cdots, a_v\}$,则属性 A 可将集合 S 划分为 v 个子集合 $\{s_1, s_2, \cdots, s_v\}$,如果 A 被选为决策属性,这些子集则对应节点的不同分支。假设 s_{ij} 表示 C_i 类别子集合 s_j 集合的实例数,则其熵值根据属性 A 作为区分子集合的期望信息量可由下式计算:

$$E(A) = \sum_{j=1}^{v} \frac{s_{1j} + s_{2j} + \cdots + s_{mj}}{|S|} I(s_{1j} + \cdots + s_{mj}) \tag{2-4}$$

令 $w_j = \dfrac{s_{1j} + s_{2j} + \cdots + s_{mj}}{|S|}$,则 w_j 为 s_j 子集的权重,表示 s_j 子集在数据集中的权重。式中 $q_{ij} = \dfrac{s_{ij}}{|S|}$,表示 s_j 子集中属于 C_i 类别的比重,若以该属性作为决策分类属性的度量值,则信息量增益为

$$Gain(A) = I(r_1, r_2, \cdots, r_m) - E(A) \tag{2-5}$$

该算法要求计算每个决策属性的增益，选出具有最大增益的属性作为数据集 S 及决策属性节点。

（2）极值统计法。在评价风险损失时，专家很难给出每个风险因素的评价，而简单将专家模糊性评估取均值欠科学性，可采用区间数来描述评估风险的不确定性和模糊性。极值统计是将经典统计和模糊统计结合在一起的计算方法，经典统计在每次试验中得到一个相对空间的确定点，极值统计每次实验得到一个模糊子集，相当于专家对风险损失评判的一个区间估计值，n 个评判者得到 n 个极值的统计序列 $[u_1^1, u_2^1]$，$[u_1^2, u_2^2]$，$\cdots$，$[u_1^n, u_2^n]$，评价估计值 $\bar{u}$ 为

$$\bar{u} = \frac{1}{2} \cdot \frac{\sum_{k=1}^{n} [(u_2^k)^2 - (u_1^k)^2]}{\sum_{k=1}^{n} (u_2^k - u_1^k)}, \quad k = 1, 2, \cdots, n \tag{2-6}$$

令置信度 b 为专家评判风险损失程度的一种度量，则 b 值为

$$b = \frac{1}{1 + \frac{1}{3} \sum_{k=1}^{n} \frac{(u_2^k - \bar{u})^3 - \overline{(u_1^k - \bar{u})^3}}{\sum_{k=1}^{n} (u_2^k - u_1^k)}} \tag{2-7}$$

b 越大，反映了风险损失指标的置信度越大，说明专家对该风险事件损失的把握程度越大。

（3）风险损失额评价模型。令 L 为创新驿站风险损失额，其中 a_{ij}，b_{ij}，c_{ij} 分别为创新驿站风险维度 R 第 i 项要素下第 j 个风险损失的最小估计损失额、预期损失额和最大估计损失额，其中，$i = 1, 2, \cdots, m$；$j = 1, 2, \cdots, n$。则创新驿站最小风险损失额模型为

$$\min L = \sum_{i=1}^{m} \sum_{j=1}^{n} w_{ij} \min \{a_{ij} \quad b_{ij} \quad c_{ij}\} \tag{2-8}$$

式中：$\sum_{i=1}^{m} \sum_{j=1}^{n} w_{ij} = 1$，$w_{ij} = \begin{cases} 1, & \text{风险发生} \\ 0, & \text{风险没有发生} \end{cases}$。

2.2.2 创新驿站风险管理的绩效属性

1. 创新驿站风险管理收益和成本属性

创新驿站风险管理具有收益和成本双重属性。实施风险管理可以有效避免和降低由于不确定性导致的风险给企业造成的损失和经营目标不能实现等情况。创

新驿站实施风险管理,从未来角度看,风险管理可以有效识别风险诱因,采取针对性措施减少甚至避免风险的发生,降低风险发生的概率和损失程度。因此,风险管理能够减少风险发生后企业的损失支出,或者通过增加机会获得收益的增长,风险管理具有收益属性。但从目前来看,风险管理需要耗费一定的人力、物力和财力资源,创新驿站风险管理是创新驿站的一项支出,具有成本属性。

创新驿站风险管理能够科学地进行风险识别、评估和控制,达到以最小的成本实现未来最大化收益的目的。进行风险管理决策时,决策者对所投资金一般都有一个预期收益,当影响投资者预期收益的因素发生变化时,将导致实际收益与预期收益发生偏离,如果 x_1,x_2,$\cdots$,x_n 表示影响收益因素,y 表示预期收益,则有

$$y = f(x_1, x_2, \cdots, x_n) \qquad (2-9)$$

创新驿站实施风险管理,能够降低其运营中的不确定性,提高未来收益。目前风险管理投入减少了创新驿站未来损失的支出。对于风险事件,一方面,风险管理投入可以实现对风险因素进行分析,采取适当措施降低风险发生概率,减少损失金额;另一方面,风险管理投入增加了未来收益预期。风险管理投入降低了风险水平,甚至可以帮助企业识别新的机会,从而增加了创新驿站未来的期望收益。

2. 创新驿站风险管理与企业价值

企业价值可分为内在价值和市场价值。内在价值是企业真实的经济价值,是企业本身的价值,而市场价值是由公司股票或企业债券在市场上表现出来的价值。根据市场规律,由于市场信息不对称等原因,市场价值在内在价值上下波动。不同的计算方法计算出的市场价值有很大差异,目前常用的方法有历史成本法、收益现值法、期权股价法和市场法。创新驿站风险的存在,减少了企业的价值,而通过对创新驿站实施风险管理,则可能增加企业价值。Modigliani 和 Miller 认为企业价值是企业未来经营活动创造现金流量的现值。企业存在的目的是为利益相关者提供价值,创新驿站风险管理的目标是通过识别和控制风险可能对企业价值造成的破坏,实现企业价值增长。如果创新驿站实施风险管理,可以采用期望净现金流代替未来各年的净现金流进行修正企业价值,计算公式为

$$V = \sum_{t=1}^{n} \frac{ENCF_t}{(1+i)^t} \qquad (2-10)$$

式中:V 为企业价值;$ENCF_t$ 为 t 年的期望净现金流量;n 为企业寿命;i 为折现率。

企业实施风险管理对净现金流的影响,一方面投入支出减少了企业净现金流量,另一方面风险水平的下降增加了期望净现金流,如果期望净现金流大于风险管理投资支出净现金流,则风险管理增加了企业价值。折现率等于无风险利率和风险回报率之和,因无风险利率不受企业决策的影响,因此,企业实施风险管理只能影响风险回报率。

3. 创新驿站风险管理与企业生命周期

Larry E. Greiner (1972) 在《组织成长的演变和变革》中首次提出了生命周期概念。在 Larry E. Greiner 研究的基础上,大多学者认为企业生命周期包括初创期、成长期、成熟期和衰退期四个阶段。随着经济全球化和市场竞争的加剧,技术更新速度更快,促使企业生命周期呈现日益缩短和形态日趋多样化的新特点。创新驿站生命周期的各个阶段的主要风险有:①初创期风险主要包括资金、技术、社会网络、竞争力、知识、经验不足等。②成长期的风险主要包括决策风险、市场竞争风险、多元化风险和资金风险。③成熟期的风险主要包括组织风险、环境风险、管理风险和决策风险。④衰退期的风险主要包括决策风险、环境风险、竞争风险、适应力下降风险。通过风险管理,可以识别创新驿站各个阶段面临的风险,根据风险的特征,采取相应的预防措施,将风险发生的概率和发生后的损失程度降到预期目标内,确保创新驿站获得最大化收益。

2.2.3 创新驿站风险管理的绩效目标

创新驿站风险管理的目标是优化组合风险管理技术,识别、控制和处理风险,防止损失发生、减少损失发生的概率和程度,以最小成本达到最大企业绩效的管理方法。基于企业绩效的创新驿站风险管理目标可分为总目标和细化目标两类。

1. 创新驿站总目标

创新驿站总目标又称为战略目标,包括经济目标和社会目标。

(1) 经济目标。创新驿站应以最小的风险管理成本将风险发生的概率和预期的风险损失减少到最低限度。通过风险管理,可以消除或减轻风险损失,既减少因过多支出而造成的浪费,又可避免因支出不足影响风险管理的实施和企业的正常经营,提高创新驿站的经济效益。通过创新驿站风险管理,能够有效保证创新驿站的正常运营,保证创新驿站的技术转移活动不受风险事故的影响,针对性地采取措施处理风险损失,从而维护创新驿站收益的稳定性。

(2) 社会目标。技术创新和创新技术转化为社会生产力在经济发展和社会进步中的地位越来越重要，创新驿站是促进技术创新和实现技术转移的中介组织，在实现自身发展的过程中，只有将非经济的、出于政治或意识形态的社会责任作为企业目标，才能实现创新驿站健康发展和服务于社会。创新驿站社会目标主要包括：①保持企业稳定，尽可能多地提供就业岗位。②进行创新项目转移应当同时考虑和优化经济效益、环境效益和资源效益。③优先考虑社会责任，将创新驿站发展目标和社会目标融合，共同推动创新驿站和社会的进一步发展。④弥补市场缺陷，健全技术转移中介市场。⑤结合市场目标，为技术创新和技术转移创造条件，进而推动经济发展和社会进步。

2. 创新驿站细化目标

创新驿站细化目标可分为损失发生前的目标和损失发生后的目标[108]。

(1) 损失发生前的目标。

①降低风险发生的概率，保障创新驿站绩效实现。风险管理可以利用科学的方法识别影响企业绩效的风险诱因，采取相应的风险防范措施，从而有效地降低风险发生的概率。

②降低风险损失程度，提升创新驿站绩效。风险管理通过风险转移和风险分散，在风险发生时通过风险补偿等方式转移或转嫁风险，从而有效地降低风险损失程度，保证创新驿站绩效的实现。

③减少焦虑。由于创新驿站转移的技术创新项目具有前沿性和复杂性的特点，有时很难识别其潜在的风险，风险隐患可能给人们带来精神上或心理上的焦虑，从而影响员工的情绪和心理安全，风险管理可以起到稳定员工心理的有利于工作的宽松环境。

④节省经营成本。风险管理虽然从当期来看增加了企业的运营成本，减少了现金流，但是，通过风险管理，可以降低风险发生的概率和风险发生后造成的损失，使当期损失的成本在下期得到补偿，而且由于较低的风险发生概率和较少的风险损失，提高了未来预期收益，从而降低了创新驿站的运营成本。

⑤增强风险意识。风险管理的目标之一是提高创新驿站员工的风险意识，防止风险给创新驿站带来的损失和不利影响。

(2) 损失发生后的目标。

①维持创新驿站生存。当风险危及创新驿站的生存时，可以采取风险管理措施降低风险损失程度，保证创新驿站渡过生存难关。

②持续经营。对于创新驿站来说，有的风险可能会对创新驿站运营造成重

创，为了保证创新驿站持续经营，进行风险管理能够提高服务质量，在风险发生时，防止客户和业务流失，使创新驿站尽快恢复运营。

③处理好相关利益主体的关系。风险对创新驿站来说不仅造成经济方面的损失，而且包括声誉和机会的损失。当风险发生时，可能危及相关利益主体，风险管理的目标就是处理好不同利益主体的关系，使创新驿站本身和利益相关者的损失降到尽可能小。

④可靠的信息沟通。风险管理的目标之一是保证信息畅通，信息畅通可以保护创新驿站在风险发生时稳定员工情绪、提高应对风险能力，从而降低创新驿站因灾害性事件或错误而遭受的损失。

⑤处理各种危机。风险发生的影响可能是连锁性的，一方面给创新驿站带来损失，另一方面给竞争对手创造了机会，风险管理的目标就是处理各种危机，维护企业形象，保证服务的持续性和企业绩效的实现。

2.2.4 基于企业绩效的创新驿站风险管理的作用

基于企业绩效的创新驿站风险管理是指通过对影响企业绩效的风险因素进行识别、评估和控制研究，建立风险防范预警体系，优化组合最佳风险管理技术，以最小的成本投入获得最大化企业绩效的一系列管理活动。创新驿站风险管理的目的有两个：一是通过降低创新驿站风险发生的可能性来保证企业绩效的实现；二是通过减少风险对创新驿站造成的损失程度来保证企业绩效的实现。基于企业绩效的创新驿站风险管理主要具有以下作用。

1. 识别和防范创新驿站中影响企业绩效的潜在风险

风险管理的首要环节是正确识别影响创新驿站绩效实现的风险，由于环境的不确定性和创新项目的前沿性，使创新驿站在进行创新项目转移时面临较复杂的风险，风险管理可以帮助企业识别风险因素，并作出相应的反应，保证企业绩效的实现。通过构建创新驿站风险管理系统，建立创新驿站员工风险管理理念，从而有效地防止风险给创新驿站绩效带来的不利影响。风险管理可以通过分析环境和风险的变化，检查风险控制系统是否已经更新，能否控制新的风险，检查采取的控制措施是否奏效，将检查结果进行分析，以便对风险评估和控制系统进行改进。

2. 通过风险管理的管理和协调作用提高企业绩效

风险管理可以从创新驿站全局的角度分析和管理影响企业绩效实现的风险，从创新驿站利益和实际情况出发，全面分析和评价面临的风险因素，提出相应的防风险范建议和控制风险的管理策略。由于风险发生往往不是孤立的，它们之间可能存在复杂的关系，一种决策可能导致某种风险的增加，而同时导致另一种风险的减小，也可能起到连锁放大作用。因此，在风险管理过程中，各部门之间需要相互配合，甚至需要第三方参与。各部门在风险管理过程中能够增进彼此了解，赢得互相尊重和信任。风险管理在部门间起着协调作用，协调各部门从整体利益出发共同进行企业风险管理。

3. 为实现创新驿站企业绩效提供更合理的决策依据

风险管理能够为决策者提供一个合适的风险管理方案。由于决策者进行决策时，大多从财务绩效的收益和成本方面考虑，通过不同的决策方法确定创新驿站应采取的决策方案，很少从对创新驿站绩效有重大影响的风险角度来衡量的。风险管理可以从创新驿站的整体绩效角度出发，权衡不同方案的优劣，有针对性地找出给创新驿站带来较小风险的方案，为创新驿站进行决策提供更合理的依据。

4. 风险管理为创新驿站提供咨询服务

风险管理提供了决策者全面了解创新驿站的可能，通过运用风险管理的评估，能够帮助创新驿站识别各种影响企业绩效实现的风险在创新驿站风险中的影响比重，通过咨询工作积极协助创新驿站建立影响企业绩效的风险控制和预警体系。在改善管理层决策效率和效果方面，风险管理可以帮助决策者更全面地对决策方案提出检查、评价和建议。

5. 有效抑制风险的发生和降低损失程度，提高创新驿站运作绩效

创新驿站风险管理能够以影响企业绩效的风险敏感性为起点，关注企业财务、市场、资产和决策等各个方面面临的风险，通过对创新驿站各个方面的风险进行识别和评估，决定采取的预防和控制措施，根据风险对创新驿站绩效影响的不同水平，结合实际情况制定战略决策，从而更有效地减少意外事故的发生和降低由此产生的损失。

6. 有助于利用环境的不确定性把握机会，提升创新驿站绩效

风险管理可以帮助创新驿站利用环境的不确定性寻找有利于创新驿站发展的机会，有些看似风险较大的项目，可能潜藏着巨大的机会，随着时间推移，不确定因素逐渐消失，外部环境变得相对稳定，给决策者带来可靠的决策依据，这时，需要重新对市场进行分析，由于确定性因素出现，可采用期权投资决策方法与传统投资方法相结合来分析、决定是否进行投资。根据 Black – Scholes 期权定

价原理，创新驿站投资的投资价值在时间上服从几何布朗运动：

$$dV = \mu V dt + \sigma V dz \qquad (2-11)$$

式中：μ 为漂移系数，即价值 V 的期望值；V 是创新驿站投资项目当前价值；t 为投资机会存在的时间；σ 为项目价值的不确定性，即价值 V 变动的标准差；dV 表示在 dt 时间内价值增量；dz 为一个标准 Weiner 过程。

延迟实物期权价值满足 B-S 偏微分方程为

$$\frac{\partial DV}{\partial t} + \mu V \frac{\partial DV}{\partial t} + \frac{1}{2}\sigma^2 V^2 \frac{\partial^2 DV}{\partial V^2} = rDV \qquad (2-12)$$

式中：DV 表示投资项目延迟期权价值；r 表示无风险利率。

对偏微分方程求解可得

$$DV = SN(d_1) - Ke^{-r(T-t)}N(d_2) \qquad (2-13)$$

其中，$d_1 = \dfrac{\ln\dfrac{S}{K} + \left(r + \dfrac{\sigma^2}{2}\right)(T-t)}{\sigma\sqrt{T-t}}$；$d_2 = d_1 - \sigma\sqrt{T-t}$。

式中：S 为延迟投资产生的现金流量价值；K 为投资成本支出；t 为当前时间；T 为期权到期时间；$N(*)$ 为累计标准正态分布函数；$N(d_1)$ 为风险中性条件下执行概率；$N(d_2)$ 为期权到期日实际概率。

7. 提升创新驿站风险反应能力

创新驿站的运营模式有别于传统行业，在其进行技术转移和技术创新过程中，存在诸多不可预见的风险。面对一个复杂多变、有着诸多不可控因素的复杂环境，只有主动出击，通过风险管理对创新驿站风险进行合理分析，提出有针对性的风险防范对策，才能有效控制隐患，防止意外事故发生，提升创新驿站的风险反应能力。

2.3　创新驿站风险分析

2.3.1　创新驿站风险产生的原因

1. 客观原因

创新驿站风险产生的客观原因与风险环境复杂性息息相关。风险环境是指对创新驿站运营产生影响的外部环境，是创新驿站决策难以改变的外部条件。创新驿站风险外部环境因素独立存在于创新驿站之外，管理决策更多的是适应环境而不是改变环境。环境的不利变化可能给创新驿站带来风险，导致创新驿站缺乏应对外部环境变化的机制而产生风险。

（1）法律环境风险。我国引进欧盟创新驿站模式时间不长，政策法规不够健全，在健全政策法规过程中，每一次新法规的实施都会给创新驿站带来影响。创新驿站技术中介项目转移活动处在不断变化的法律、法规环境中，政策法规在赋予创新驿站权利的同时，也让其承担相应的责任。

（2）经济环境风险。目前，我国经济环境由物质经济向知识、信息经济转变，全球化是新经济时代的特征。由于技术创新项目的复杂性和前沿性，如果投融资和资本运营环境发生变化，将会给创新驿站带来很大的影响。经济环境风险主要由于宏观经济环境变化、收益分配不公、强化内部利益、信息不对称性或信息失效、技术创新企业和技术需求企业与创新驿站的连带效应、多元化经营、企业决策与经济环境不相适应等引起风险。

（3）社会环境风险。社会环境是指人们的道德信仰、行为方式、价值观和社会结构环境。社会环境是创新驿站风险形成的客观因素。不同时代、不同时期的社会环境中人们对事物具有不同的认识。以德国社会学家贝克为代表的学者将现代社会称为风险社会，认为风险与全球化进程相联系，社会环境导致了风险的诸多特性，并根据具体的风险问题提出了控制风险的新途径。

（4）市场环境风险。创新驿站面临着激烈的市场竞争，随着经营规模的不断扩大和对创新技术项目要求的提高，创新驿站业务日趋复杂化，而现有的市场环境缺乏有效的竞争机制和退出机制，市场供求关系失衡，同时由于信息不对称等因素更增加了市场的复杂性和不确定性，给创新驿站带来风险。

（5）技术风险。技术风险是由于技术本身大量缺陷或技术不成熟导致创新驿站风险发生的可能性。从技术对创新驿站风险影响来分析，我们认为风险是由于技术创新和技术转移所采用技术的不确定性或技术集合的不确定性引起的收益或损失的不确定性。技术风险因素很多，加上技术之间激烈竞争和外部环境的变化，使技术很容易丧失其优越性，因此，应当将技术放在一个复杂的环境中去衡量，从而降低技术风险发生的不确定性。

（6）技术转移项目的复杂性。创新驿站在进行技术转移过程中，首先要深入企业进行项目选择，了解企业技术需求。创新技术转移项目不仅跨行业、跨区域、跨国家，转移内容和要求日趋复杂，而且由于信息不对称等因素掺杂其中，给技术转移带来更多困难，加上社会环境的复杂性和创新技术项目的前沿性，不确定因素日益增加,使创新驿站难以把握而存在较大的潜在风险。

(7)管理工具匮乏。在发达国家的技术中介市场中,管理工具多种多样,并且不断更新,而我国创新驿站起步较晚,大多数隶属于政府机构,现行的市场还不能向创新驿站提供足够的风险管理工具,甚至创新驿站本身都没有最基本的风险管理流程和风险管理组织,市场管理工具匮乏是造成创新驿站风险发生的原因之一。

2. 主观原因

风险是客观存在的,创新驿站风险在创新驿站进行技术创新项目转移的各个环节都可能遇到,但是人们对风险的认识却不完全是客观的,有限的信息、管理者的素质和能力、分析工具的限制及管理者在实践中对风险的认识往往掺杂着主观因素,由于主观判断和实际产生误差而带来的不确定性风险是风险产生的主观原因。

(1)人力资源风险。创新驿站人力资源风险主要表现在以下几个方面。

第一,管理人才匮乏。创新驿站运作需要有一大批能够判断经济形式、市场规律、行业特征和技术潜在需求信息的专家和管理人才,技术创新项目的复杂性要求创新驿站管理人员具有较高的知识水平、丰富的技术创新项目转移经验和高尚的从业道德,我国创新驿站正处于一个逐步完善的市场环境中,高水平的管理人员数量非常有限。

第二,专业人员的素质和知识结构不合理。技术创新项目的成功转移,不仅取决于知识、信息、组织特性和完整的业务流程,更要取决于专业人员的素质和知识结构。创新驿站专业人员素质和知识结构要求主要表现在:①进行高新技术转移项目所具备的转移基础知识、技能和经验。②专业人员不仅需要拥有系统的知识,而且还必须拥有项目管理知识和能力。③较强的协调能力和人际沟通能力。④良好的道德素养、诚信、自信和丰富的想象力。⑤熟悉行业运营状况和经济运行规则,注重知识和经验的积累。

第三,项目人员经验和能力的有限性。如果创新驿站项目人员经验和能力相对有限,不能满足技术创新项目转移要求,甚至可能卷入诉讼纠纷,可能给创新驿站带来风险。

第四,创新驿站管理人员风险意识较弱。如果没有设置风险管理机构和制定较完整的风险应对流程,一旦遇到风险将难以应付,在市场竞争日益激烈和技术创新日新月异的今天,这无疑是一个致命的弱点。

第五,创新驿站管理人员决策方式。追求利益最大化是管理人员的基本行为准则，因此，在进行决策时，有些管理人员为了获得高额利润，采用"高风险、高收益"策略，甚至在资金和技术能力不足的情况下盲目扩张，这成为创新驿站经营的潜在风险。另外，有些管理人员热衷于经验决策和主观决策，缺乏充分的市场调研和科学的决策论证，从而导致经常发生决策失误，给创新驿站带来风险。

第六，创新驿站项目人员责任心和职业道德风险。创新驿站项目人员的责任心和职业道德对技术创新项目转移成功与否相当重要，复杂和具有前沿性的高新技术要求创新驿站专业人员具有高尚的品德、一丝不苟的精神、扎实的技能和强烈的责任心。如果项目人员达不到以上要求，不可避免地会影响技术转移的质量，给创新驿站带来风险。

(2) 风险承担主体不明确。创新驿站在进行技术创新项目转移过程中可能涉及多个技术创新输出组织和技术创新需求组织，因此，明确项目风险承担主体、合理分配责任和公平分配利益是风险管理的前提。在目前技术转移市场中，风险承担主体和边界大多都不明确，同时由于政策性业务和行政干预手段的存在，有时导致风险承担主体不明确的结果是由技术转移中介、政府和国家来承担风险损失。因此，制定技术转移风险承担主体和边界是十分重要的和必需的。

(3) 创新驿站组织结构和业务流程不合理。创新驿站属于知识型组织。创新技术转移过程中的每个环节都包括了知识的获取、创新、整合与扩散，创新技术转移能力受到知识管理绩效的影响，知识型组织是以知识为主导资源，以知识获取、创造和运用能力为核心竞争力的服务组织。如果组织结构和业务流程不合理，将会影响组织对知识的吸收、利用和创新，造成信息失真和滞后，进而影响创新驿站的核心竞争力，从而产生风险。

(4) 选择技术创新转移项目不合适导致风险。对创新驿站而言，合适的创新转移项目定位是十分重要的。根据创新驿站自身优势和技术需求、技术输出特点，进行选择项目定位。创新驿站识别和正确选择技术创新项目是创新驿站项目转移流程中的最大风险，如何有效预防风险，保证创新驿站中介转移的高效性，需要注意以下几点：①项目总体分析：充分利用企业现有资源和创新驿站网络资源，建立创新项目内外部环境分析机制，洞察内外环境对创新项目提供的机会和构成的威胁，分析创新项目转移能够成功的可能性以及成功后给企业带来的收益，在综合评价各项指标后，进行项目的选择。②客观性分析：创新驿站专家通过收集到的各种信息，综合评价项目的可行性，征求企业专业人员及创新驿站专家的意见，采取调查问卷等多种方法，保证项目选择的客观性，避免因人为因素造成选择上的主观性。③建立项目选择的信息网络：通过信息网络，专业人员可以进行信息咨询、交流和建立创新项目联盟等，收集关于创新项目的更多信息，为创新驿站进行创新项目选择提供及时、准确的信息。④采取科学的决策方法：由于创新项目的复杂性和不可预见性，以及面对外部环境的不确定性，传统的投资决策模式已不能适应创新项目选择的需要，可以采用期权等决策模型，利用环境不确定性带来的机会作出科学的决策。

2.3.2　创新驿站风险分类

创新驿站风险是一个多主体、多阶段、多层次和多因素的动态系统，其风险不仅来自于创新驿站外部环境，更多地来自于创新驿站内部。风险是客观存在的，分类是人类认识客观世界的思维方式，只有对创新驿站风险进行分类，才能有效地识别风险，揭示风险的属性，控制风险的负面影响，保证组织目标的实现。不同的分类方法归因于人们认识风险的角度不同，创新驿站风险分类不仅要考虑风险发生的可能性以及由此产生的不同可能后果，而且还要在单一风险基础上考虑多种风险之间的相互关系，根据各种风险在性质、形态、成因及可能的后果上表现出的不同特点，从不同角度、以不同标准对风险进行分类。在综合国内外学者对风险分类方法的基础上，本书从以下12个方面对创新驿站风险进行分类。

1. 从风险的来源角度不同分类

从风险的来源角度不同分类，可分为内部风险和外部风险。

（1）内部风险主要来源于创新驿站内部，相对而言较容易控制。主要包括系统风险、组织风险和信息风险。

①系统风险包括效率风险、管理风险、技术风险和资金风险等。效率风险是指创新驿站在进行技术转移项目识别、选择、谈判和签约过程中，由于创新驿站专家在技术、管理和职业道德等方面的素质存在着差异，同时受企业文化的影响而带来技术转移效率降低的风险；管理风险是指创新驿站管理水平和管理方法上的不确定性造成管理协调能力不够，缺乏良好的凝聚力而给企业带来不确定性损失的风险；技术风险是指创新驿站专家技术水平、判断能力及技术创新合作者技术能力等方面的不确定性给企业带来的风险；资金风险是指由于资金流动不确定性使创新驿站不能正常运作从而给企业带来的风险。

②组织风险包括信用风险、道德风险、合作风险和利润风险。信用风险是由于创新驿站不守信用、违约、甚至终止履约而造成创新技术转移中断或延

误，而给创新技术输出企业或创新技术需求企业造成经济损失的风险；道德风险是指创新驿站利用信息的不对称性导致的道德败坏行为给其他企业造成损失的风险；合作风险是指合作者在技术、管理、人员素质和企业文化等方面存在一定的差异而造成地位不平等可能导致创新技术转移失败，给创新驿站带来的风险；利润风险是指由于利润的不确定性或在技术转移合作过程中利润分配不合理而导致创新技术转移中断或延误，给创新驿站造成经济和机会损失的风险。

③信息风险包括信息延迟风险、信息失真风险和信息不对称风险。信息延迟风险是指由于信息传递的延迟而使创新驿站在技术转移过程中不确定性因素增加，导致技术转移上下游企业之间沟通不充分使创新驿站陷入困境；信息失真风险是由于技术输出和技术需求信息不准确使创新驿站在技术转移过程中陷入困境，并且由于技术需求企业或技术输出企业产生的虚假需求信号沿着创新技术转移的进程逐步扩大，创新驿站根据虚假信号作出理性反应，使虚假信息逐步放大，这就是"牛鞭效应"；信息不对称风险是指参与创新技术转移成员之间在信息传递和信息共享过程中由于信息不对称使创新技术转移工作不能正常运转给创新驿站带来损失的风险。

（2）外部风险主要来源于创新驿站的外部环境，对创新驿站而言较难控制，创新驿站外部风险包括自然风险、社会风险、经济风险、政策风险、技术风险和市场风险。

①自然风险是指由于自然界的各种灾害所造成的创新技术转移项目延时、中断或终止等给创新驿站带来经济上和机会上损失的风险。自然风险具有不可预见性、难以抵御性和破坏性的特点。

②社会风险是指由于政治动荡、意外战争等社会不确定因素导致创新驿站遭受经济损失的风险，社会风险也和自然风险一样具有不可预见性、难以抵御性和破坏性，可以通过采取回避等措施来减少风险损失。

③经济风险是由于经济周期的波动，利率、汇率等变动而使技术创新项目转移不能正常运作给创新驿站带来经济损失的风险。

④政策风险是由于政府政策的变化对技术创新项目转移中介带来的不确定性，从而给创新驿站带来经济损失的风险。

⑤技术风险是指创新项目合作者关于创新项目技术水平存在大量缺陷而导致技术创新项目转移的不确定性，从而导致创新驿站经济损失的风险。

⑥市场风险是指由于市场需求的不确定性和市场竞争的不确定性给创新驿站带来经济损失的风险。

2. 从创新驿站投资和运营角度不同分类

从创新驿站投资和运营角度不同分类，可分为商业风险、金融风险、创新驿站项目转移能力风险和创新驿站中介转移项目清算风险。

①商业风险是指技术创新项目转移失败的风险，创新项目类型、创新驿站运营管理能力和创新驿站面临的市场环境是影响创新驿站商业风险的重要因素。

②金融风险是指创新驿站筹资和融资等方面的不确定性给创新驿站带来经济损失的风险。

③创新驿站项目转移能力风险是指创新驿站在技术、资金、信息和管理等方面存在着不确定性而使技术创新项目的转移能力受到限制给创新驿站带来的风险。

④创新驿站中介转移项目清算风险是指技术创新项目没有按照技术需求企业和技术输出企业要求的内容与时限进行转移，从而导致项目清算给创新驿站带来的风险。

3. 从风险的影响范围不同分类

从风险的影响范围不同分类，可分为宏观风险和微观风险。

①宏观风险也称基本风险，是由非个体的，或者是个体不能阻止的因素所引起的风险。宏观风险通常影响范围较大，一旦发生，很难控制和阻止其蔓延。如政局变动、失业、罢工、战争、通货膨胀、地震、环境污染、洪水和气候变化等。宏观风险具有影响范围广、灾害性大和难以测度等特点。

②微观风险也称为个别风险或特定风险，微观风险是由特定的社会个体引起的，仅对个体或少数几个实体造成影响的风险。例如火灾、盗窃、企业兼并重组等。在某些时候，微观风险可能转化为宏观风险。

4. 从风险控制角度不同分类

从风险控制角度不同分类，可分为系统风险和非系统风险。

①系统风险是指创新驿站在某一领域内所有的技术转移中介都面临的、与整个技术转移中介市场相联系，存在于创新驿站外部，不能为创新驿站控制的因素造成的，不能通过风险分散而消除的风险。对于系统风险，即使通过投资组合，也很难出现好的结果和不好的结果相抵消的现象。如经济周期、通货膨胀、政策法律、战争或经济危机等。

②非系统风险又称可分散风险，是指创新驿站本身商业活动和财务活动所造

成损失的可能性，创新驿站可以通过分散化投资组合来消除风险。如项目选择风险、技术需求和技术输出层次识别风险、签订合同风险等。

对创新驿站本身来说更关心的是非系统风险，而不是系统风险。

5. 从风险承受能力角度不同分类

从风险承受能力角度不同分类，可分为可接受风险和不可接受风险。

风险承受能力是指创新驿站对风险水平的接受程度。

①创新驿站通过对自身承受能力、财务状况进行分析，确认能够忍受的最大损失程度，低于这一限度的风险称为可接受风险。可接受风险一般不出现在重要路径上，风险对创新驿站不会产生重要影响。

②不可接受风险是指超过创新驿站自身承受能力而确认的承受最大损失限度的风险。不可接受风险表现为障碍，一般发生在重要路径上，一旦发生将产生严重后果。

6. 从风险后果角度不同分类

从风险后果角度不同分类，可分为纯粹风险和投机风险。

①纯粹风险（pure risk）是指只产生损失，而无获利机会的风险，即通常所指的危险。纯粹风险的结果分为：或者损失，或者无损失，没有获利的可能性。如火灾、人身风险、责任风险等。

②投机风险（speculative risk）指风险发生时，既可能给创新驿站带来损失，也可能带来收益。投机风险发生时一般出现以下三种结果：损失、无损失也无获利、获利。投机风险在不同的行为主体中发生的概率和损失程度不同。

7. 从风险产生的形态角度不同分类

从风险产生的形态角度不同分类，可分为动态风险和静态风险。

①动态风险（dynamic risk）是由社会经济结构变化引起的，如宏观政策、汇率和利率的变化等。动态风险来源于两种情况：一种是经济政策、产业结构调整和竞争者等外部环境变化而引起的，属于不可控因素；另一种是管理人员决策失误对创新驿站带来的经济损失。

②静态风险（static risk）指经济环境没有发生变化时可能发生损失的风险，是由于自然力量的非常变动或人类行为导致不确定性发生的风险。如灾害、地震等。从长期来看，动态风险能够对资源配置不当进行调整而使社会受益，静态风险对社会是无益的。

8. 从风险性质角度不同分类

从风险性质角度不同分类，可分为自然风险和社会风险。

①自然风险是由于自然力的非规则运动所引起的、受内外部自然环境因素变化影响而产生的风险。自然风险一般难以预测和控制，是不以人的意志为转移的自然运动过程中出现的异常现象。如地震、气候变化等。

②社会风险是人类在社会生产和生活过程中导致的风险，如政治、经济、技术、法律等方面的风险。社会风险发生的频率较稳定，规律性强。

9. 从创新驿站服务流程角度不同分类

从创新驿站服务流程角度不同分类，可分为走访企业进行项目选择风险、识别技术需求/技术输出风险、寻求合作者风险、进一步提供支持和意见风险、帮助签订合同风险。

①走访企业进行项目选择风险包括项目选择的正确性、专家判断的主观性、项目本身的复杂性等风险。

②识别技术需求/技术输出风险包括技术需求层次和创新技术评估准确性、创新技术需求时间的评估、创新途径的识别等风险。

③寻求合作者风险包括寻找合适的技术需求方/技术输出方、合作者道德风险、合作者技术风险等。

④进一步提供支持和意见风险包括创新驿站专业人员对项目了解程度、专业人员知识水平、专业人员责任心等风险。

⑤帮助签订合同风险包括合同条款的全面性、合同对创新技术标准描述的准确性、合同语言叙述的恰当性等风险。

10. 从风险损失的程度和发生概率角度不同分类

从风险损失的程度和发生概率角度不同分类，可分为主要风险和次要风险。

①主要风险是指风险发生后对创新驿站造成严重损失或发生概率较高，主要风险对创新技术转移产生重要影响，因此要重点防范和控制。

②次要风险是指风险损失程度较轻，不必重点预防和控制，一旦发生，可采取补救措施或采用提前预防来降低和分散风险。

11. 从风险发生的客体角度不同分类

从风险发生的客体角度不同分类，可分为人的风险和物的风险。

12. 从企业管理角度不同分类

从企业管理角度不同分类，可分为管理风险、营销风险、财务风险、人力资源风险和运营风险。

2.3.3 创新驿站风险特征

创新驿站风险特征是指创新驿站风险本质及其发生规律的外化表现。正确认识创新驿站风险特征，对于识别、评估和防范风险，加强风险管理，建立完善的风险管理机制具有重要的意义。创新驿站风险特征主要体现在以下几个方面。

1. 客观性和必然性

风险的存在取决于风险因素的存在，由于创新驿站风险因素多种多样，并且不依赖人的意志为转移，因此，对创新驿站而言，风险存在是一种必然现象。风险因素的客观性和必然性表现在它存在于创新驿站技术创新项目转移过程的各个层面，有些风险因素无法消除，如政策法规、市场竞争、市场环境、战争、过失、市场认知的局限性等都是不以人的主观意志而客观存在的，这就意味着创新驿站风险存在及发生是一种客观存在和必然的现象。

2. 不确定性

创新驿站风险发生具有抽象性和不确定性，一般说来，风险的不确定性越大，对创新驿站造成的损失越大。就创新驿站而言，风险发生的可能性及其不利影响表现为各种不同的形态，在强度、范围和频率上各自以独特的方式存在，使人们对风险的识别和预测具有很大的难度，只有经过多次观察和比较，才能发现其规律，从而采取有效的方法进行分析和控制。

3. 突发性

由于创新驿站对信息掌握不充分和风险的不确定性，助长了风险的突发性。当创新驿站面临突发风险时，往往难以应对，从而加剧了风险的破坏性。因此，应当建立完善的风险识别、评估和防范系统，降低和避免突发的创新驿站风险。

4. 非线性

在创新驿站进行技术项目转移过程中，不同阶段面临的风险形态和种类不同,风险因素具有多样性和易变性,各种风险因素可能发生相互作用和相互影响,某一风险因素的发生可能诱导另一风险因素的发生和变动,而且这种影响是复杂的和多层次的,各种风险因素的相互作用和风险的发生往往呈现一种非线性的关系。

5. 动态性

创新驿站在进行技术创新项目转移过程中受到各种内部和外部风险因素的影响,其中有些因素随着竞争结构、环境、资金、技术需求和技术输出市场的变化而变化,技术转移项目风险往往呈现出动态的特征,因此,对风险的管理也要随之改变,实施柔性的风险管理。

6. 可变性

由于技术进步和管理能力提高,在一定条件下,风险的性质、强度和风险发生的概率是可以转化的,某一风险可能在一定的时间内消除,而新的风险可能产生。

7. 相对性

风险承受能力受到创新驿站规模和收益等因素的影响,完全相同的风险因素产生的风险大小对承受力不同的风险主体而言是完全不同的;另外,风险承受能力因活动和时间不同而不同,受到收益、投入和组织规模等因素的影响[109]。

8. 可防可控性

创新驿站风险具有客观性和不可避免性,但并不意味着创新驿站只能被动地接受风险,相反,大多数风险都是可防可控的。创新驿站可以采用科学的方法,识别风险潜在因素,主动出击,采取防范措施,将大多数可以预见的风险控制在可控范围内。

9. 无形性

创新驿站风险不像物质实体那样非常准确地表示出来,这种无形性增加了风险管理的难度。因此,必须采用统计理论、模糊分析等方法进行估计和测定,全面分析风险的内外影响因素,从定性和定量方面进行综合研究,运用恰当的工具和风险管理方法,才能有效地管理和控制风险。

10. 传递性

技术创新项目在技术输出企业、创新驿站和技术需求企业之间传递，风险因素伴随着技术创新项目的转移过程而呈现出"牛鞭效应"。风险的传递性增加了创新驿站及上下游技术输出和技术需求企业损失的可能性，因此，必须了解风险传递的形式和作用力，尽可能了解与掌握各个环节可能发生和传递的风险，有针对性地采取措施进行预防和控制。

2.4 创新驿站风险管理支撑体系

2.4.1 典型的风险管理体系分析

1. Boehm 风险管理体系

Foster 和 Kesselman 认为 Boehm 在 1989 年提出的软件风险管理体系开创了软件项目风险管理的先河[110]。Boehm[111]沿袭了传统的风险管理理论，将风险定义表达公式为

$$RE = P(UO) \times L(UO) \qquad (2-14)$$

式中：RE 表示风险或风险造成的影响；$P(UO)$ 表示令人不满意结果的概率；$L(UO)$ 表示风险发生后的损失程度。

Boehm 将风险管理活动分成风险估计和风险控制两阶段。风险估计包括风险辨识、风险分析和风险排序；风险控制包括风险管理计划、风险处理和风险监督。Boehm 模型较简单，其思想核心是十大风险因素列表，活动核心是通过十大风险因素列表进行风险识别。风险列表针对每个风险因素给出了一系列风险管理策略。Boehm 提出了围绕风险管理开展软件开发的螺旋模型，拓展了软件风险管理研究领域，对后续研究产生了较大影响。Boehm 为每项活动提供了多种相关实现技术，但因为风险因素随多个风险管理方向互相影响和变动，Boehm 没有明确说明模型要捕获哪些风险，在计算风险当量时没有考虑效用因素。

2. SEI 风险管理体系[112]

美国卡内基梅隆大学的软件工程研究所（Software Engineering Institute，SEI）

(1999) 在软件风险管理方面做了大量工作,以技术报告和手册形式将风险管理分为风险辨识(TBQ)、连续风险管理(CRM)、软件风险评估(SRE)、软件风险管理成熟度模型(RM-CMM)和团队风险管理(TRM)。

SSEI 在软件风险管理方面做了大量工作,其中,软件风险评估(SRM)分为合同签订、风险辨识和分析、中间报告、缓和战略计划和最终报告;连续风险管理(CRM)思想提出了辨识、分析、计划、跟踪和控制的活动闭环(见图 2-1),模型要求在项目生命周期所有阶段关注风险管理。

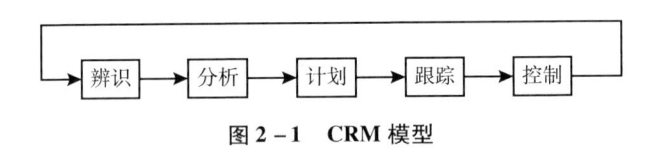

辨识 → 分析 → 计划 → 跟踪 → 控制

图 2-1　CRM 模型

CRM 强调持续的风险管理,沟通在模型中处于核心地位,注重将有用的信息传递给合适的组织层次得到有效的分析和管理。

SEI 体系最明显的特点是可操作性,模型系统以指导实践为主要目的,基本摒弃了复杂的运算步骤,以简单的学术背景要求和方便的日常事务应用为主,加上严格的管理达到风险管理效果,尽管技术要求不高,但实施成本较高。

3. Charette 风险管理体系

Charette 风险管理体系主要有分析和管理两大模块:风险分析模块包括风险辨识、风险估计和风险评价;风险管理模块包括计划、控制和监督,各项活动之间互相影响和重叠。Charette 风险管理体系认识到风险的投机性,从步骤上强调了对组合风险的评价。系统缺乏获得单一风险估计值和组合风险分析手段及措施,虽然考虑风险的效用问题,但没有考虑目标参与人的效用。

4. Riskit 风险管理系统

Riskit 风险管理系统利用 Riskit 分析图对风险起因、触发事件及影响进行管理,并使用合适的评估方法对风险进行评估,该分析图可以显示风险的不同特性,是风险管理过程中主要的沟通工具。Riskit 风险管理系统模型复杂程度较高,核心部分是描述风险图形形式化工具 Riskit 分析图。Riskit 风险管理系统能够较好地解决风险的识别和评价方面的问题,但缺乏对风险处理方面和风险环境的研究,而且实施成本较高。

5. IEEE 风险管理系统

IEEE 风险管理系统全面地描述了产品与服务生命周期中出现的风险，为高层管理者提供了制定持续风险管理的标准，风险描述表包括计划和实施风险管理、风险列表、分析、监控、处理和评估风险。IEEE 风险管理系统以风险过程为主线对风险进行管理，较好地体现了对风险的事前、事中和事后管理理念，但是，IEEE 风险管理系统没有考虑引起风险的潜在因素，如企业文化、外部环境等，属于被动的风险管理系统，而且重点关注产品和服务生命周期的风险，忽视了风险的动态性和人为因素的影响。

2.4.2 创新驿站风险管理支撑体系

创新驿站风险管理不是创新驿站所有部门风险管理活动的简单累加，应该是积极的、主动的、前瞻性的管理，是全面的和全员参与的全过程风险管理活动形成的一个有机整体，而且是离不开组织、制度和文化等管理要素保障的系统。基于以上分析，结合笔者对创新驿站实地访谈，设计了本书的创新驿站风险管理支撑体系（图 2-2）。

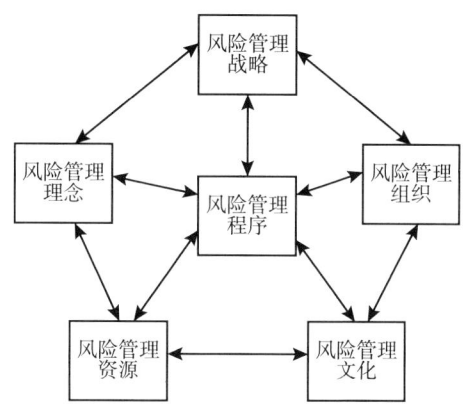

图 2-2 创新驿站风险管理支撑框架

1. 风险管理战略

风险管理战略为创新驿站风险管理提供了指导方针和方向，随着全球一体化的发展和创新技术转移环境不确定性的增加，使创新驿站在技术转移方面面临着更多的风险，决策者越来越重视风险管理，将风险管理提升到创新驿站战略高度，成为创新驿站运营的一个战略过程。风险管理不是简单的回避风险，而是通过识别、评估和预防等科学的方法避免、降低和分散风险，将创新驿站风险管理活动进一步体系化和规范化。基于企业绩效的创新驿站风险管理的内涵，综合笔者实地调研，得到创新驿站风险管理战略框架（图 2-3）。

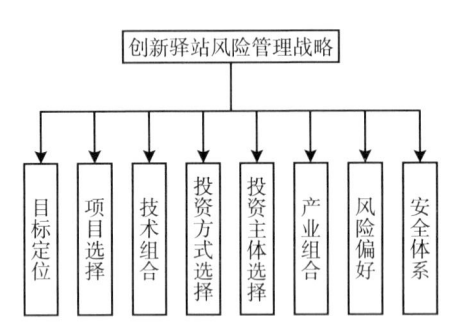

图 2-3　创新驿站风险管理战略框架

（1）目标定位。创新驿站应该根据自身资金、技术和竞争力等情况进行目标定位，并制定相关的风险管理战略。

（2）项目选择。项目选择遵循的原则为：①选择较为熟悉的技术创新项目进行技术转移。②选择为自身带来较大利润的技术创新项目实施项目转移。③选择具有竞争优势的技术创新项目进行技术转移。

（3）技术组合。技术组合是指创新驿站根据创新技术转移要求，采用多种技术共同完成技术转移。实施技术组合，要注意核心技术控制，一方面防止核心技术过早扩散和泄露；另一方面加快不同技术的融合、吸收和创新。

（4）投资方式选择。投资方式选择应充分考虑自身投资能力和风险承受能力，结合创新技术转移项目的特点确定选择的投资方式。

（5）投资主体选择。创新驿站投资主体一般选择中小技术创新企业、科研院所和大学等技术创新组织，合适的投资主体选择能够降低创新驿站技术创新项目转移风险。

（6）产业组合。产业组合是通过吸收不同类型的技术转移中介或其他中介组织加入创新驿站网络，充分发挥组合优势，提高抵御风险能力。

（7）风险偏好。根据创新驿站决策者风险偏好的不同，可分为三种类型：风险规避者、风险中性者和风险喜好者。

（8）安全体系。安全体系需要从创新驿站运营资金、人力资源和网络安全性等方面来进行风险管理。

2. 风险管理理念

创新技术转移是一项较高风险的投资活动,创新驿站无论在创新技术项目选择、评估和转移中,还是在网络运营和项目转移后的售后服务中都要强调上下一贯的风险管理理念,当风险管理理念为所有员工所认可和信奉时,创新驿站就能够有效地预防和控制风险。通过对创新驿站重点关注绩效实现的运营特点和忽视对企业绩效有重大影响的风险进行管理的现实状况进行分析和归纳,笔者认为,创新驿站风险管理主要包括以下理念。

(1) 风险的整体理念。树立风险不是独立存在于创新驿站某一部门和层级中,而是互相联系、互相影响的理念。

(2) 风险的动态理念。风险因素来源和性质不同,对创新驿站的影响也不同。在某一时刻或某一层面能够引起创新驿站风险发生的因素,在不同的时间和不同的层级有时不但不会导致创新驿站风险的发生,而且还可能因为风险因素的存在给创新驿站带来较大的机会。

(3) 风险的存在性理念。创新驿站处于复杂和动态的环境中,任何活动都可能具有一定的风险,如信用风险、资金风险、道德风险和技术风险等,创新驿站应该正视风险的存在,不是采用消极回避态度,而应积极去识别风险、评判风险,进而采取相应措施分散和转移风险。

(4) 风险收益对称性理念。通常情况下,风险与收益呈正相关关系,一项风险较大技术转移项目,很可能蕴藏着更大的收益作为对风险的补偿,创新驿站在承担风险较大的技术转移项目时,同时要考虑得到相对应的回报。

(5) 风险管理战略理念。风险是不以人的主观意志为转移的客观存在,应将风险管理作为企业发展战略的一部分去主动管理风险,控制预期收入的不确定性带来的风险,为创新驿站制定更好的项目转移组合策略。

(6) 全员参与理念。风险管理不是风险管理部门和领导层的事情,必须树立全员参与才能有效控制风险的理念,逐步培养每个员工从整体利益出发,认识到风险管理的必要性,形成人人参与风险管理的文化氛围。

(7) 全面风险管理理念。创新驿站风险管理应该将整体机构的各个层次、各种风险类型纳入统一的风险管理体系,依据统一标准对风险进行测量和评估,根据技术转移活动的相关性对风险进行控制和管理。

3. 风险管理组织

创新驿站作为技术转移中介,基本上都没有设立风险管理组织。随着技术转移项目范围扩大和竞争的加剧,创新驿站应该根据风险管理需要,设立专门的风险管理机构,将一定的人力、物力和智力资源组合起来承担项目转移风险管理活动。风险管理机构应视创新驿站规模和面临环境的动态性设定。如果创新驿站规模较小或者面临较稳定的内外部环境,可以设立1~2名风险管理专职人员;如果创新驿站规模较大,或者面对不断变化的内外部环境,则根据需要建立风险管理办公室,风险管理办公室主任负责整个风险管理部门工作,下设应对市场风险、财务风险、技术风险、人员风险等专职风险管理人员。风险管理机构接受高层管理者的领导,负责指导和管理项目运作中的风险,并监督各个部门风险管理的落实情况,就风险管理的政策、方法和执行方案向公司管理层提出建议。创新驿站风险管理组织可设管理决策层和操作执行层。管理决策层的主要任务有:负责创新驿站风险管理政策的制定和修改;协调创新驿站各部门之间的关系;推动创新驿站风险管理体系的建立;负责风险应急措施的制定和执行。操作执行层的主要任务有:了解部门的风险情况,收集风险信息提交给各管理决策层;配合管理决策层搞好风险调查和研究,保证信息的真实性;降低风险诱因的出现,将风险损失控制到最低。

4. 风险管理资源

Barney(1991)认为,资源作为企业进行创新、应对风险和战略决策的基础,能够对企业绩效产生重要影响[113]。顾桥(2005)定义企业资源为企业在创业和运营过程中先后投入和利用企业内外有形和无形的资源总和[114]。姚晓芳、张宏[115](2008)认为企业资源可分为:技术资源、资金资源、管理资源、精神资源、人力资源、市场资源、环境资源、品牌资源和战略资源。技术资源主要指企业所掌握的技术优势;资金资源指企业创业和运营过程中需要的资金;管理资源指先进的管理技术和理念;精神资源指创业和创新精神、企业文化等;市场资源既包括企业拥有的市场份额,又包括企业的市场开拓能力;环境资源指企业面临的内外部环境;战略资源指企业领导者的战略意识,对企业发展方向把握能力等。笔者认为,创新驿站风险管理资源包括创新驿站风险管理过程中投入的财力、人力、物力、技术和信息等资源。由于创新驿站属于高新技术行业,创新技术的复杂性和前沿性特点决定了创新驿站面临着复杂而动态的风险,因此,投入创新驿站风险管理的人力资源必须是掌握先进技术和有能力对风险进行处理和预防的人员;财力资源应该是可以投入到风险管理的最大财力,衡量标准是进行收益和成本的差额分析,按照一定比例投入;技术和信息资源是针对创新驿站面临的具体风险而给予的支持,包括风险管理过程中需要使用的创新驿站最高技术和最可靠的信息，风险管理部门对技术和信息的使用应具有例外性，不受创新驿站一般管理流程的限制。风险管理资源是创新驿站风险管理的重要组成部分，它贯穿于风险管理的全过程，从项目计划制订与执行到调整与改善，都离不开资源的支持，风险管理资源是项目顺利进行和降低风险的保证，能够支持风险管理组织有效地开展风险管理活动，是企业风险管理的基础。

5. 风险管理文化

风险管理文化是在风险管理过程中凝练并为员工认同的风险管理理念、价值观和行为规范。风险管理文化包括物质文化、行为文化、制度文化和精神文化。物质文化是以物质形态表现出来、蕴含在投资项目和物质设施中；行为文化是团队精神和价值观的折射，体现了员工的工作作风、精神面貌和人际关系；制度文化是项目风险管理的组织结构和管理制度；精神文化反映了团体的事业追求、主攻方向和调动员工积极性的指导思想[116]。创新驿站风险管理风险文化可以定义为创新驿站在正常运营中对风险管理表现出的态度、价值观、风险管理目标和行为。包括把风险管理作为考虑一切问题的出发点；认为风险管理应保持相对独立性；主动挑战风险，从风险中挖掘机会，为创新驿站赢得利润和发展空间；风险是不可隐匿的；风险应当提前识别和防范；风险管理人人有责等内容。创新驿站风险文化是以企业文化为背景，在经营管理和风险管理过程中形成的文化理念，是企业文化的重要组成部分。创新驿站处于一个越来越复杂的风险环境中，风险文化对创新驿站的影响越来越重要，因此，应该营造一个企业员工对风险的态度和思考风险问题的思维模式在风险管理中表现一种自觉行为的文化氛围。

6. 风险管理程序

风险管理程序如图 2-4 所示。

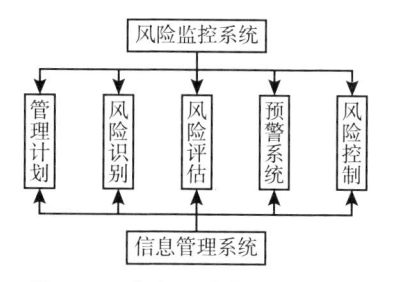

图 2-4 创新驿站全面风险管理

（1）管理计划。要使风险管理系统有效运行，必须首先设定风险识别、评估和应对的风险管理计划。风险管理计划按层次可分为两类：一是总体计划，创新驿站风险管理总体计划应与创新驿站战略目标相一致；二是具体计划，包括风险管理的重点、步骤和应急措施等。管理计划按损失过程分为：损失前计划，包括尽可能减少运作过程中的各类风险因素，确保创新驿站运行的安全性和有效性；及时识别潜在的风险；以最经济、最有效的方法预防和减少潜在的损失等。损失后计划，包括损失发生后尽可能降低损失程度和负面影响；尽可能降低成本，弥补和减少损失；尽快恢复运营；稳定员工心理等。恰当的风险管理计划对风险管理绩效的提升起着至关重要的作用。制订风险管理计划首先要进行环境分析，分析内外环境的优势、劣势、机会和威胁；然后制定风险管理策略，确定风险管理的战略、目标和准则；进而收集数据、信息，拟订备选方案，选择分析方法和评价指标，分析比较方案；最后确定风险管理计划方案和实施方式，并且随着计划的实施，及时调整方案，使风险管理计划满足创新驿站运营规划。

（2）风险识别。风险识别的主要任务是在风险转化为问题之前发现并定位风险。风险识别涉及风险识别的原则、思想、步骤和风险结构等多方面因素，是风险管理中最难完成的重要环节之一，不仅要把握不同阶段风险的独特性，而且风险的辨识是一个不断重复的过程，需要引进先进的技术方法并进行优化组合，辨别每个环节面临的风险因素及可能诱发风险的类型，找出风险因素和风险事件的内在关系。判断哪些风险会影响创新驿站的运行，并以书面形式记录其特点，找出产生这些风险的原因和潜在的风险源，了解所面临的风险特征，输出识别的风险源清单及风险诱因和类别。风险识别的目的在于了解风险的性质和原因，为风险评估和控制做好准备。风险识别是风险管理的基础，也是风险管理成功的关键和重要组成部分。

（3）风险评估。创新驿站风险评估是在风险识别的基础上衡量和估测风险发生的概率和风险发生后对创新驿站造成的损失程度。风险评估采用定性分析和定量研究方法，借助恰当的工具，剖析风险的性质和根源，确认风险的分类并按照风险影响的重要程度进行排序，输出各项风险的优先级列表和影响关系结构图。风险评估是对风险的规律性进行量化和分析的过程，联系风险识别和风险防范两个过程。风险评估有多种方法，在进行创新驿站风险评估时，首要考虑评估方法的可操作性和有效性，评估的目的主要是评估风险发生的概率、风险损失的严重程度和分析风险的可控性。

（4）风险控制。创新驿站风险控制就是根据风险识别和评估结果，对不同类型和不同影响程度的风险，采取相应的措施或方法加以防范和消除，从而降低风险发生的概率或减少风险损失。风险控制的方法主要有以下几种。

①风险回避。风险回避是指有意识的对已经发现的某种特定的风险加以回避的行为。它主要适用于风险发生可能性较大，或风险发生后造成的损失超过了创新驿站的承受能力，或由于某种原因，创新驿站不愿承担可能发生的风险造成的损失，是实施风险降为零的最彻底的风险管理措施。常用的方法有两种：一种是放弃或终止可能给创新驿站带来风险的活动；另一种是改变可能引起风险的工作方法或流程来避免风险的发生。其优点是简单易行、保险系数大、全面和彻底；缺点是可能丧失某些获利机会、适应范围窄，由于没有处理潜在的风险因素或改变工作性质和流程，可能会带来新的风险。

②风险转移。创新驿站风险转移是指创新驿站通过某种手段将自身可能遭遇的损失或不确定性后果全部或部分转移给他人承担的策略。其目的是将风险损失转嫁给他人，尽可能减少自己承担的损失。风险转移并没有降低风险发生的概率或损失程度，只是在风险发生后将一部分或全部风险转嫁给第三者承担。风险转移有两种形式：一种是风险活动承担主体不变，只改变损失承担主体，如保险策略、筹资策略等；另一种是风险活动主体和风险承担主体都发生改变，如企业外包、委托代理等。

③风险分散。创新驿站技术转移具有投资形式不同、种类不同的特点，因此，风险较大。为了降低风险，可以根据投资项目特点和风险转移状况，结合创新驿站自身情况和技术转移项目要求，进行组合式投资，从整体上加以优化，尽可能减少或分散风险可能造成的损失。分散风险往往会分散资金、技术和人力等资源，可能影响创新驿站的市场优势和技术优势，因此，应该采取适度的、恰当的投资组合方式，而不是出现"撒胡椒面现象"，即将一定的资源投入多个项目，而每个项目都接近于"阈点"或"阈点"以下，使每个项目都难以产生效益，不但不会分散风险，而且可能加剧风险。

④风险分摊。风险分摊是指由于创新驿站风险承担能力有限，或者由于技术转移项目复杂性和规模性较大，创新驿站可以与其他技术转移中介机构联合起来共同承担项目的服务风险，从而降低单个主体所承受的风险。风险分摊和收益分摊是对称的，承担风险较大方应该得到更多的收益；反之则得到更少的收益。因此，风险分摊又称为风险——收益分摊。

⑤风险自留。创新驿站风险自留是指对创新驿站运营过程中遇到的无法回避的风险、采取任何措施难以控制和控制成本较高的风险、项目收益丰厚而风险损失较小的风险、频率高而损失小的风险采取的一种风险管理方式。风险自

留适用于以下两种情况：一种是采用其他风险控制方法均不理想，风险自留是最好的方法；另一种是项目收益较大或风险发生频率较高而风险损失不太严重。

⑥风险利用。风险是预期结果和实际结果差异的波动程度，一种是纯粹风险，这种风险只能给创新驿站带来损失；另一种是投机风险，这种风险可能给创新驿站带来损失，也可能带来收益。风险利用是创新驿站对可能发生或者已经发生的投机风险加以利用，使之产生有利于创新驿站某方面利益的结果。风险利用适用于投机风险，或者可转化为投机风险的风险。风险利用能够使决策者认识到风险是管理水平的推动者、风险中蕴藏着机会、风险和利润呈正相关关系等问题。

（5）风险预警系统。创新驿站活动是集技术和管理为一体的综合性社会活动，在活动的各个过程中存在诸多不确定性。风险预警系统就是对活动过程中风险因素信息进行搜集和整理，建立风险评估体系，根据评估结果按风险权重进行排序并分析，及时发现风险，采取有效措施对创新驿站风险进行预控，降低风险发生的概率或损失的程度（见图2-5）。

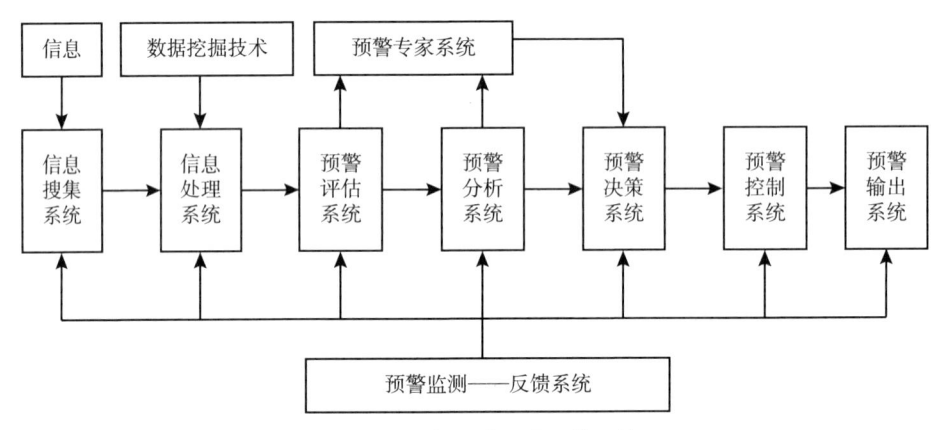

图2-5　创新驿站风险预警系统

①信息：能引起创新驿站风险的系统信息和非系统信息总和。

②信息搜集系统：信息搜集系统是信息传递和处理的基础，信息的质量直接影响风险预警系统的结果输出。

③信息处理系统：对搜集到的信息进行处理，将信息进行分类、整理和辨伪，得到真实、可靠、实用和重要的信息。

④数据挖掘技术：采用数据挖掘（Data Mining，DM）技术，从纷乱复杂的

信息中提取有用的信息进入信息处理系统。

⑤预警信息评估系统：评估各种预警信息，将预警信息按照发出预警程度进行分类。

⑥预警分析系统：分析预警信息是否有用，并验证预警信息评估的准确性。

⑦预警专家系统：根据专家决策方法和原则，建立专家系统（Expert System，ES），将预警评测系统和预警分析系统结果作为输入端，经预警专家系统评测后提出有效的建议和对策，输出到预警决策系统，为预警决策系统提供决策依据。

⑧预警决策系统：根据系统输入结果，决定是否发出报警，以及发出报警级别和程度。

⑨预警输出系统：输出决策结果。

⑩预警监测–反馈系统：监测预警系统全过程，并及时反馈给各个模块，保证风险预警系统安全、可靠运行。

(6) 信息管理系统。Ross[117]（1996）在区分信息管理能力和信息技术使用差别基础上，认为信息管理能够降低企业成本，信息技术能力可视为信息管理能力。有效的信息管理和信息技术的使用，能够阻拦新的竞争对手，刺激新产品开发和新技术产生[118]（Parsons，1983）。信息技术的使用和有效管理能够促进企业流程再造[119]（Davenport & Short，1990）。信息管理就是企业如何有效运用信息技术来管理信息和知识，信息管理能力应从信息技术知识、信息技术操作和信息技术对象三个方面来衡量[120]（Tippins，2003）。彭军、初红[121]（1999）认为企业不仅要处理内部信息，还要处理企业与外部的各种关系，信息管理与周围环境具有一种动态的相互作用，为使企业系统更具有适应力，要经常开展环境调查和市场预测，做出相应决策。因此，信息管理可分为：信息收集、加工、传输和提供。张战球、王树恩[122]（2002）定义信息管理是以现代化的信息处理技术、网络技术、自动控制技术和现代化通信系统对企业进行全方位、多角度、高效、安全的改造，实现信息流控制，通过对信息资源的管理开发和有效利用，提高企业生产能力和管理水平，增强核心竞争力。综合以上研究结果，本书认为，创新驿站信息管理系统主要由信息搜集、信息加工、信息存储、信息传递和信息反馈等模块构成（图2–6）。

(7) 风险监控系统。创新驿站风险监控系统主要搜集、分析和处理风险计划、风险识别、风险评估、风险预警和风险控制模块相关信息，实施监控和反馈，以降低风险、减少风险损失、保证风险管理按程序化步骤进行。监控的目的是监控计划项目的执行，通过处理和分析相关信息，为管理者提供决策建议。

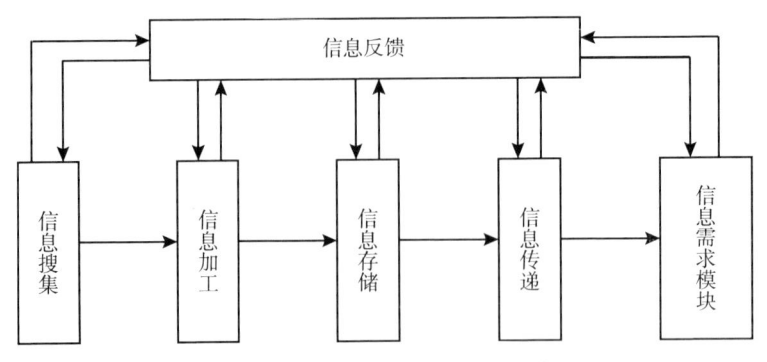

图 2-6 创新驿站信息管理系统

要及时、准确地识别和控制风险，充分发挥风险监控体系的作用，必须建立有效的风险监控信息传递机制和运行机制。创新驿站只有利用系统的方法进行监控体系的设计，综合考虑和了解风险管理各个模块的相互关系和对风险管理的作用，比较各个模块的计划目标和实际目标，判断实际目标是否偏离计划目标，并分析产生偏离的原因，提出调整方案和建议，实现良好的监控效果。

2.5 本章小结

本章首先定义了创新驿站绩效概念和风险概念，界定了基于企业绩效的创新驿站风险管理研究过程包括：以提高企业绩效为目的设定创新驿站风险管理的目标、以风险因素对企业绩效影响为标准进行创新驿站风险因素识别、以风险因素对企业绩效影响为标准进行创新驿站风险因素评价、基于企业绩效的创新驿站风险防范研究四部分；对创新驿站风险组成要素中风险诱因、风险事故和风险发生后的损失进行了描述。从创新驿站风险管理收益和成本、企业价值和企业生命周期三个角度论述了创新驿站风险管理的属性。阐述了创新驿站风险管理的总目标和细化目标。将创新驿站总目标定位于战略目标，包括经济目标和社会目标；细化目标包括损失发生前的目标和损失发生后的目标。探讨了创新驿站风险管理的作用，详细论述了创新驿站风险管理的识别和防范作用、协调作用、提供决策作用、提供咨询作用、抑制风险发生和降低损失程度作用、帮助创新驿站利用环境的不确定性把握机会和提升创新驿站风险反应能力的作用。回顾了典型的风险管理体系，认为创新驿站风险管理不是所有部门风险管理活动的简单累加，应该是积极的、主动的、前瞻性的管理，建立了创新驿站风险管理支撑体系，确定了风险管理支撑体系的核心内容包括风险管理理念、风险管理战略、风险管理组织、风险管理文化、风险管理资源和风险管理程序六部分。根据风险在性质、形态、成因及可能的后果上表现出的不同特点，按照不同角度、不同标准探讨了创新驿站风险分类的 12 种方式。分析了创新驿站风险的客观性和必然性、不确定性、突发性、非线性、动态性、可变性、相对性、可防可控性、无形性和传递性等特征。探讨了影响创新驿站风险产生的客观因素和主观因素。其中，客观因素包括法律环境、经济环境、社会环境、市场环境、技术本身、技术转移项目的复杂性、管理工具匮乏等因素；主观因素包括人力资源管理不确定性、风险承担主体不明确、组织结构和业务流程不合理、选择创新技术项目不合适等因素。本章通过对创新驿站风险管理理论的研究，为创新驿站风险管理研究奠定了理论基础。

第 3 章

基于企业绩效的创新驿站风险识别研究

3.1 创新驿站风险识别的理论基础

3.1.1 创新驿站风险识别概念

Huseby 和 Skogen[123]认为风险识别是对尚未发生的、潜在的各种风险进行系统的、持续的发掘和分类的过程。当组织进行某项决策时，首先要考虑引起决策后果的不确定性因素风险程度的大小和发生的概率，风险识别就是要回答哪些风险应当考虑、引起风险的主要因素有哪些、风险所导致的后果严重程度如何等问题，找出影响组织运作绩效的风险事件，识别风险来源、风险征兆、产生条件和风险特征。风险识别是风险管理的基础和重要组成部分，识别风险的目的在于对面临的风险及潜在的风险加以判断、归类，根据风险特点制定相应的风险管理应对方案。对风险因素的了解程度，直接影响风险管理决策和风险控制方案的制定，只有正确识别风险因素，才能正确地进行风险评估和风险控制。

创新驿站风险识别就是对影响创新驿站绩效的潜在风险进行分析和归类。分析是在对创新驿站风险因素调查研究基础上推测风险因素可能演变成风险的概率和风险发生后对创新驿站绩效造成的影响程度；归类就是将创新驿站风险因素按照一定的标准分类，以便创新驿站采取有针对性的管理措施。

识别过程包括收集数据和信息、分析各个风险因素的不确定性、风险因素归类、编制风险识别报告等。识别工作包括两个方面内容：①风险构成因素分析。创新驿站风险分析应当从导致创新驿站风险的内外部环境入手，找出不确定因素，分析各个不确定性因素可能诱发风险的概率和风险损失程度，并分析其性质、所属类型和风险权重。②风险的形成机理分析。利用管理学、统计学、组织理论等工具，对不同类型风险的形成机理进行分析，找出各类风险源和风险成因。

创新驿站风险的复杂性、多变性和风险因素交互影响的特点增大了风险识别的难度和复杂性，主要表现在：①风险识别的不全面或不准确直接影响风险评估结果。②风险识别要求管理人员具有较高的素质和风险意识。③风险识别不仅要识别显性风险，隐性风险的识别更为重要。④风险识别工作如果过于烦琐，既可能造成资源浪费，又可能难以抓住主要风险因素。只有利用科学的方法和适当的分析工具，才能全面正确地识别创新驿站风险因素，为风险评估和风险防范奠定基础，提高风险管理能力。

3.1.2 创新驿站风险识别的目标和作用

1. 创新驿站风险识别的目标

创新驿站风险识别是风险管理过程的开始，是评估风险和制定风险防范决策的基础与依据。创新驿站风险识别的目标在于发现风险因素、确定风险分类。主要目标包括：①确定风险事件的特征。创新驿站风险识别首先找出创新驿站面临的风险和潜在的风险，并分析其特征，以便有针对性地选择度量方法和控制技术。②风险种类及影响程度。对风险因素进行分类，识别各类风险影响程度和发生的概率。③创新驿站风险因素交互作用特征。研究创新驿站风险因素之间的交互作用对绩效的影响，发现风险因素对创新驿站的作用机理。

2. 创新驿站风险识别的作用

通过科学的识别方法和适当的识别工具对创新驿站风险因素进行识别，能够减少风险管理的盲目性，认识到风险因素给创新驿站项目转移带来结果的不确定性，提供风险管理和监控的原始数据和必要的信息，提高管理人员风险管理的注意力，采取相应防范措施控制可能给创新驿站带来的风险损失，有利于树立创新驿站成员的信心。

3.1.3 创新驿站风险识别的原则

由于客观环境的复杂多变和市场竞争的加剧，创新驿站风险识别在风险管理中所处地位越来越重要。创新驿站风险管理活动必须依靠风险识别才能针对风险因素进行评估和控制。创新驿站风险识别原则主要包括七项。

（1）独立性与目的性统一。创新驿站风险识别必须是独立的，这样才能保证风险识别的客观性和准确性；同时，创新驿站风险识别又是风险评估和风险防范的前提与基础，因此，风险识别应当具有与风险评估和风险防范统一的目的。

（2）注重历史数据。历史数据是创新驿站风险识别的经验和教训，遵循历史数据原则可以降低识别成本、提高识别结果的准确性。

（3）统一性与差别性。创新驿站风险识别的理念、目标和偏好应该是统一的，风险识别过程和方法应当坚持这一原则；不同的风险类型和不同的创新技术转移项目中的风险识别应当采用不同的方法和识别技术。

（4）客观性原则。尽可能收集风险来源和风险特征数据及信息，形成扎实的风险识别基础，采用科学的风险识别方法和先进的风险识别工具，利用计算机等辅助工具，减少主观因素影响，保证风险识别的客观性。

（5）全面性和关键性相结合原则。风险识别既要求对风险因素全面而准确的识别，同时由于环境因素、管理能力和成本的限制以及风险管理的需求，还要重点加强关键风险的识别。

（6）杜绝直觉判断。风险识别依靠个人的能力和经验往往达不到预期的效果，从而影响风险识别的准确性和客观性，不利于创新驿站进行风险管理。

（7）谨慎性和负责性原则。风险识别作为风险管理的重要组成部分，对风险管理的效果产生重要的影响，因此，风险识别应当坚持谨慎性和负责性原则，识别出创新驿站面临的和潜在的风险。

3.1.4 创新驿站风险识别的流程

创新驿站风险识别的流程是将创新技术转移项目的不确定性转化为可理解的风险描述。创新驿站风险识别过程包括明确风险识别的目标和原则、确定人员及分工、风险识别工作启动、收集数据和信息、分析不确定因素、技术转移项目风险形势估计、确定风险因素分类、建立风险源清单、编制风险识别报告、风险识别结束。如图3-1所示。

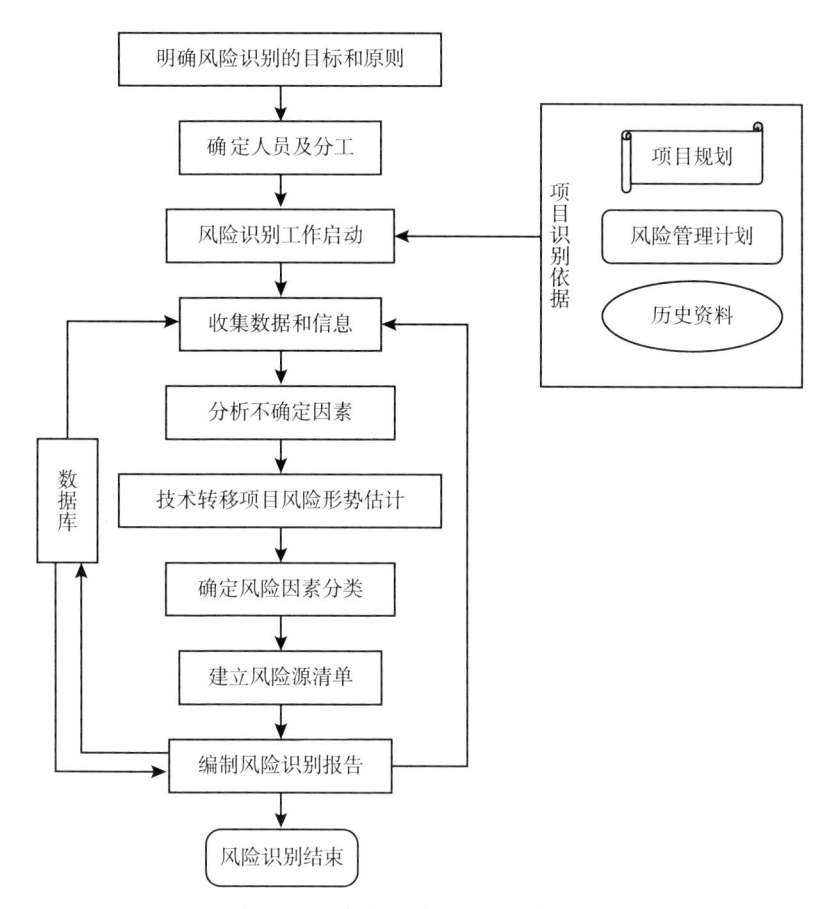

图3-1 创新驿站风险识别的流程

1. 风险识别依据

创新驿站风险识别应当以项目规划、风险管理计划和历史资料为依据。

（1）项目规划是创新驿站根据创新技术转移项目要求与创新技术供需方的情况制定合适的技术转移决策。创新驿站项目规划包括项目转移整体规划、总发展目标、重点技术转移项目的选择、项目分解、任务分配等。

（2）风险管理计划是风险的识别、评估、预警和控制计划，合理的风险管理计划能够为风险识别的准确性和全面性提供实施依据，确保风险识别目标的实现。

（3）历史资料能够拓展和深化过去风险识别过程中的经验和教训。参考历史资料，培养创新驿站员工风险识别的思维能力和创新精神，为风险识别提供理论依据。

2. 收集数据和信息

一般认为创新驿站风险是由数据或信息的不完备或不准确引起的，因此，收集数据和信息对风险识别来说尤为重要。有时，与创新项目相关联的数据或信息获得比较困难，但风险事件是交互作用和相互联系的，可以通过相关信息的获得为风险识别提供依据。创新驿站收集数据和信息包括创新技术项目转移需求信息、项目的管理计划、人力资源情况、项目的需求计划、成本计划和合同管理计划、项目档案、与项目有关的公开资料和研究成果、项目参与者情况等。

3. 分析创新技术转移项目面临的不确定性

分析创新技术转移项目面临的不确定性包括：①环境方面不确定性分析。找出创新技术项目转移面临的内部环境优势和劣势，以及外部环境提供的机会和造成的威胁。②管理方面不确定性分析。找出管理存在的问题，有针对性地采取措施提高管理能力和管理绩效。③财务方面的不确定性分析。④人力资源方面不确定性分析。⑤不同创新技术项目转移时期的不确定性分析。⑥不同转移目标的不确定性分析等。

4. 创新技术转移项目风险形势估计

创新技术转移项目风险形势估计要根据项目的规划和风险管理计划估计项目风险的潜在因素以及周围环境的变数，通过项目风险估计把没有意识到的风险找出来。创新技术转移项目风险估计的内容包括判定项目目标的可测量性和不确定性，分析战略方针、步骤和方法的不确定性，分析战略方案的不确定性，分析资源和环境的不确定性等。

5. 建立风险源清单和编制风险识别报告

在风险分类的基础上，建立风险源清单和编制风险识别报告。风险源清单和风险识别报告应包括已识别的风险和潜在的风险，并清楚列出风险的类别和风险后果，使项目管理人员能了解风险的内容，预测到风险发生后可能带来损失的不确定性。

3.2 基于企业绩效的创新驿站风险因素结构模型及研究假设

3.2.1 创新驿站风险因素结构模型

国外许多学者对影响中介组织进行技术转移的因素进行了大量的分析，Simior 和 Gibson（1991）研究发现，技术转移中介与技术转移双方的距离和技术的具体化程度能够影响技术转移；Lussier 和 Pfeifer 认为良好的财务控制、管理经验、计划、产品、服务时间、合伙人和市场营销等是影响企业运营的主要因素，并运用美国和东欧数据对中小企业成功模型进行了估计，结果表明，员工教育水平、技术水平和团队精神对企业成功影响显著[124]；Tsang（1994）以技术成熟度和技术精巧度探讨了对成功技术转移的影响；Yusuf 对南太平洋企业成功的因素进行了研究，发现良好的管理、市场、政府支持、教育水平、管理人员特质和背景等是影响企业成功的关键[125]；Siegel（2003）等对美国 113 所大学技术转移中介机构的生产率采用随机前沿估计（Stochastic Frontier Estimation，SFE）进行了定量分析，表明机构规模对技术转让收益呈现报酬递增，技术转移效率与高校薪酬系统、技术转移办公室员工配置与报酬、企业与高校文化差异是效率的关键影响因素。Siegel 和 Waldman 对 55 所科研型大学技术转移中介机构进行调查发现，环境和组织结构适应性是提高技术转移机构生产率的主要因素[126]；Galbraith（1990）、Almeida（1996）、Anderson（1999）、Eriksson 和 Dickson（2000）、Athanassiou 和 Nigh（2000）等学者认为，技术转移成功率与知识共享、企业联盟、学习效果、地理距离、合作等环境因素密切相关。韩国教授 Lee 和 Osteryoung 对 87 个韩国小企业进行调查和访谈，认为企业成功的因素可分为市场、技术、经济和财务、政府和规章、管理能力五大类，共包含 19 个具体因素。Lee 和 Osteryoung（2001）对美国和韩国 52 家科技企业进行对比，发现两国在技术因素和管理能力方面对企业的影响程度看法基本一致，环境因素、市场因素等方面对企业影响程度看法虽有差别，但差别不大[127]；Hellmann（2007）强调了技术转移机构的重要性，技术转移机构能够凭借成本优势寻找到潜在的需求者[128]。

国内对技术中介影响因素的研究主要集中在内外部环境、技术能力、管理能力和整合能力方面，而对影响中介转移风险因素的系统性研究较少。蔺丰奇、刘益[129]通过中外企业间技术转移效果因素研究，分析了影响联盟合作技术转移效果的因素包括技术特性、企业自身技术能力、学习态度和联盟双方的关系等；唐烈[130]认为高科技企业发展环境包括政治法律环境、创业文化环境、资本市场、信息和服务环境；简兆权、占孙福[131]以珠江三角洲102家高科技企业为研究对象，探讨了吸收能力、知识整合和组织知识对技术转移绩效的影响，结果表明，吸收能力、知识整合和组织知识对技术转移绩效均有正向显著的影响；侯合银、王浣尘[132]从企业家因素、产品链、企业能力和宏观环境四个方面探讨了高新技术企业可持续发展能力；廖述梅、徐升华[133]采用随机前沿估计方法，分析了我国高校对企业的技术转移效率，认为提高技术转移效率的方法包括培植高校多种技术转移能力、加大高校科技应用人员的技能培训、促进经济活动向技术密集型转变、提高区域研发活动频度等；唐炎钊[134]从创业者本身、市场、技术、管理、财务、创业环境选择和多元化投资等因素对企业失败的原因进行了分析，认为上述因素是影响企业运营的关键要素；蒋国瑞、高丽霞[135]利用网络分析方法构建了指标评价体系，从定性和定量角度综合考虑各方面的因素，认为技术受让方影响技术转移因素由组织性质、管理制度、组织文化、市场、组织规模、技术能力、经济能力、员工能力、外部依赖、金融政策、人力政策、科技政策、供应商、竞争对手、消费需求、成熟度、易模仿性、引进成本和预期利润这19项组成，并利用层次分析法按照权重进行了排序；章琰[136]分别从技术本身（隐含性、复杂性、积累性和不确定性）、技术提供者（R&D能力、判断技术商品化价值的能力、技术转移辅助配套能力和技术提供者开放性）、技术接受者（自身研发成本、交易成本、企业核心技术能力、企业发展战略和企业的选择偏好）、环境和政策等方面探讨了技术转移规律性问题；叶宝忠[137]认为技术中介机构能够促进技术成果向企业转化，加速科技与产业的融合，其发展方向应以专业性和知识性为主，根据内外环境的变化，以及科学和技术等要素来选取发展模式。

综合以上文献研究成果，结合对创新驿站运营调研分析，将影响创新驿站企业绩效的风险因素分为战略风险因素、技术和市场风险因素、人员风险因素、财务风险因素和项目转移过程风险因素五大类（见表3-1）。

表 3-1 影响创新驿站企业绩效的风险因素表

分类	因素
战略风险因素	宏观经济环境风险可能影响创新驿站企业绩效
	技术转移市场需求风险可能影响创新驿站企业绩效
	市场竞争环境风险可能影响创新驿站企业绩效
	创新技术转移对技术转移中介的依赖性风险可能影响创新驿站企业绩效
	退出风险可能影响创新驿站企业绩效
	政策环境风险可能影响创新驿站企业绩效
	法律因素风险可能影响创新驿站企业绩效
	管理机制风险可能影响创新驿站企业绩效
	管理人员素质风险可能影响创新驿站企业绩效
	管理团队结构合理性风险可能影响创新驿站企业绩效
	企业文化风险可能影响创新驿站企业绩效
	资源整合能力风险可能影响创新驿站企业绩效
	决策的科学性风险可能影响创新驿站企业绩效
	信息管理风险可能影响创新驿站企业绩效
	决策环境风险可能影响创新驿站企业绩效
技术和市场风险因素	创新驿站专家技术能力风险可能影响创新驿站企业绩效
	技术优势风险可能影响创新驿站企业绩效
	技术的先进性风险可能影响创新驿站企业绩效
	技术的适用性风险可能影响创新驿站企业绩效
	数据库信息风险可能影响创新驿站企业绩效
	网络平台风险可能影响创新驿站企业绩效
	技术的垄断性风险可能影响创新驿站企业绩效
	知识产权保护风险可能影响创新驿站企业绩效
	市场需求风险可能影响创新驿站企业绩效
	品牌优势风险可能影响创新驿站企业绩效
	市场营销能力风险可能影响创新驿站企业绩效
	创新技术转移能力风险可能影响创新驿站企业绩效
	市场进入和退出壁垒风险可能影响创新驿站企业绩效
	营销策略风险可能影响创新驿站企业绩效
	风险应对机制不健全可能影响创新驿站企业绩效

续表

分类	因素
人员风险因素	道德风险可能影响创新驿站企业绩效
	管理人员能力风险可能影响创新驿站企业绩效
	高层管理团队风险可能影响创新驿站企业绩效
	管理人员政治化倾向风险可能影响创新驿站企业绩效
	管理人员的素质风险可能影响创新驿站企业绩效
	管理人员沟通能力风险可能影响创新驿站企业绩效
	管理人员冒险和侥幸心理风险可能影响创新驿站企业绩效
	员工责任心风险可能影响创新驿站企业绩效
	员工的基本素质风险可能影响创新驿站企业绩效
	关键人才离职风险可能影响创新驿站企业绩效
	员工的学习能力风险可能影响创新驿站企业绩效
	对工作环境的适应能力风险可能影响创新驿站企业绩效
	人力资源规划风险可能影响创新驿站企业绩效
	人才测评风险可能影响创新驿站企业绩效
	人才流失风险可能影响创新驿站企业绩效
	人事变动风险可能影响创新驿站企业绩效
	人力资本投资风险可能影响创新驿站企业绩效
	人员配置不合理风险可能影响创新驿站企业绩效
财务风险因素	融资结构风险可能影响创新驿站企业绩效
	融资渠道风险可能影响创新驿站企业绩效
	财务决策风险可能影响创新驿站企业绩效
	财务状况风险可能影响创新驿站企业绩效
	资金供应风险可能影响创新驿站企业绩效
项目转移过程风险因素	项目选择的正确性风险可能影响创新驿站企业绩效
	专家判断的主观性风险可能影响创新驿站企业绩效
	项目本身的复杂性风险可能影响创新驿站企业绩效
	技术需求层次和创新技术评估准确性风险可能影响创新驿站企业绩效
	创新技术需求时间评估风险可能影响创新驿站企业绩效
	创新途径的识别风险可能影响创新驿站企业绩效

续表

分类	因素
项目转移过程风险因素	寻找合适的技术需求/技术输出方风险可能影响创新驿站企业绩效
	合作者道德风险风险可能影响创新驿站企业绩效
	合作者技术风险风险可能影响创新驿站企业绩效
	创新驿站专业人员对项目了解程度风险可能影响创新驿站企业绩效
	专业人员知识水平风险可能影响创新驿站企业绩效
	专业人员责任心风险可能影响创新驿站企业绩效
	合同条款的全面性风险可能影响创新驿站企业绩效
	合同对创新技术标准描述的准确性风险可能影响创新驿站企业绩效
	合同语言叙述的恰当性风险可能影响创新驿站企业绩效

1. 战略风险因素

战略风险概念最早始于决策理论，由 Kenneth R. Andrews（1971）在《公司战略的概念》中首先提出来，将战略和风险理论相结合。Andrews 认为，战略风险就是战略决策所带来的风险[138]。Aes[139]、Sayan Chatterjee 等[140]金融学家把战略风险分为系统风险和非系统风险，认为战略风险是宏观产业波动使企业收益发生损失的可能性。David Matheson[141]认为在企业经营管理中，非系统风险管理是企业战略管理的核心，企业只有积极面对风险并进行全面管理才能成功。祝志明等[142]认为风险伴随着企业运营而影响企业的各个层次的绩效，与一般风险相比，战略风险影响整个企业发展方向、业绩和目标，甚至会威胁企业生存，战略风险是使企业竞争优势丧失与企业长期目标无法达到的可能性。

（1）宏观经济环境因素。创新驿站面临的宏观经济环境可视为系统性的。一个国家的技术创新和技术转移受到来自经济增长、通货膨胀、货币供应变化、心理预期等宏观经济因素的影响。如果国家经济基础落后或国家经济管理混乱，将给技术创新项目带来很多不确定性。国家的经济形势恶化主要表现在经济增长乏力和财政状况恶化，一旦经济整体萧条，则技术创新项目和技术转移项目减少，技术创新投资规模下降，导致宏观经济环境风险。

（2）技术转移市场需求。创新项目商用成功率存在普遍较低现象，美国曼斯菲尔德（1981）统计表明：技术开发项目的技术成功率、商业成功率和经济成功率分别为 60%、30% 和 12%。创新技术转移风险是影响创新项目商用成功与否的关键因素。创新项目转移面对多变的顾客需求、更大的市场压力、迅速和彻底的技术进步，使创新项目转移变得越来越复杂，面临更大的不确定性[143]。创新驿站面临的技术转移市场是一个全新的、高科技含量市场，选择的创新技术转移项目能否适应市场的要求，关键在于能否满足技术输出企业和技术需求企业需求的变化，只有适应双方技术需求的技术转移项目才是富有竞争力的技术转移项目，也更有利于创新技术转移的成功。

（3）市场竞争环境。创新驿站市场竞争环境包括竞争对手的数量、竞争力的大小、竞争环境的变化速度和变化程度、创新技术需求变化的不确定性等，市场竞争环境不确定性常常给创新驿站带来不利影响，这些因素直接或间接地影响到技术需求数量和技术需求先进性的变化，从而提高了对创新驿站技术转移的要求，加大了创新驿站风险。

（4）创新技术转移对技术转移中介的依赖性。Pfeffe 和 Salanciil[144]（1978）认为组织对环境要素的依赖程度取决于三个要素：资源对组织维持运营和生存的重要性、持有资源群体控制资源的分配和使用程度、替代资源的可得程度。如果技术创新企业已养成对创新驿站品牌的依赖而不愿使用哪怕转移效率更高而本身不熟悉的技术转移中介，就形成了一种依赖关系。技术输出企业和技术需求企业对创新驿站的依赖程度，直接影响创新驿站的运行效果。

（5）退出风险。创新驿站在项目选择、技术转移程序启动后的各个环节均存在退出风险。创新驿站退出风险来源于创新项目转移不成功、政策变化、环境波动和资金链断裂等。由于目前技术转移市场还很不完善、技术转移产权市场不规范、创新技术转移项目边界模糊，从而使创新驿站运营存在很多不确定性，风险较大。

（6）政策环境。政策环境风险是由于国际和国内政治形势、党的路线、方针、政策和制度变动、国家政治体制、经济体制等方面的不确定性给企业带来不利的影响，使企业遭受损失的可能性[145]。由于不同国家社会制度和经济发展水平不同，因此实行的技术转移政策也不同，即使在同一国家不同时期的政策也会有很大差异。发达国家通过投资法、外汇管理法和反垄断法等对技术转移进行管理和控制，发展中国家通过提供技术转移优惠政策、鼓励直接投资引进技术、建立知识产权保护制度等政策鼓励创新技术转移。如果国家的政策、法规和经济结构有利于技术转移，对技术转移项目有政策性倾斜和鼓励，如税收优惠、政府牵头促进技术创新和技术转移等，这种来自政府的支持可以影响到创新驿站的经营效益。相反，如果政局动荡、经济形势恶化、国家对技术创新和技术转移政策不明确、缺乏必要的法规和政策支持，则可能对创新驿站经营绩效带来很大的不确定性。创新驿站的发展离不开政策因素的指导和推动，一方面，我国创新驿站在政策强调大力发展技术中介转移组织的形势下，实现了跨越式发展；另一方面，在创新驿站发展过程中，由于对政策的理解和执行出现偏差，导致了我国创新驿站发展中存在着诸多困难和问题。

(7) 法律因素。创新驿站法律因素风险是指创新驿站实施创新技术转移是否符合技术转移中介政策和行业管理规定，是否超越现行法律法规限制，是否有侵犯其他企业专利和技术产权的行为。在市场经济体制下，技术中介以专业的知识和技能为技术创新活动提供支撑，有效降低了创新风险，加速了科技成果转化效率，促进了政府技术市场行政职能的转变和产业化结构升级。改革开放以来，虽然我国知识产权立法和执法工作不断得到加强和完善，但截至目前只有《科学技术进步法》《促进科技成果转化法》等，还没有一部完善的国家技术转移法，因此，技术转移在立法方面的不足给创新驿站带来一定的风险；另外，要建立政府、技术转移中介、企业之间的协作和监督机制，创新机制和技术转机制必定离不开法律法规的约束和保护。如果技术转移项目不符合产业政策的导向或与法律法规相冲突，就会导致项目中途夭折，给技术中介组织带来风险。

(8) 管理机制。管理机制是推动企业持续发展的保障体系，一方面起规范和管理作用；另一方面通过制度引导，激发员工的主动性和积极性。管理机制的建立和形成受到企业文化的影响，是企业文化的具体表现[146]。创新驿站管理机制可分为两个层面：一是制度层面，主要从企业治理角度来研究企业管理问题；二是业务流程层面，指企业如何通过业务流程重组来提升企业的核心竞争力。创新驿站管理机制包括管理方法、劳动纪律、激励机制、信息交流和反馈机制、技术创新机制和业务能力提升机制等。

(9) 管理人员素质。创新驿站管理人员素质高低与企业发展紧密相关。Whetten 和 Cameron[147]（2002）通过对 402 名高效经理人员访谈，发现在管理人员素质中有 10 种能力最为显著，包括口头沟通能力、时间及压力管理能力、个人决策能力、识别和解决问题能力、激励和影响他人能力、授权能力、建立共同愿景能力、自我意识能力、团队建设能力和冲突管理能力。同时，管理人员还应该了解目标市场，具有进取心和战略眼光、高度的责任感和开拓创新精神。

(10) 管理团队结构合理性。管理团队作为创新驿站战略的决策者，在创新驿站金字塔组织结构中处于最高层，在其领导下对组织和管理运作产生巨大的影响。合理的管理团队能够通过全方位、多视角的观察问题，分享知识和经验，提出适合组织发展的战略决策，进而提高组织整体绩效。创新驿站管理团队直接影响战略决策的制定和实施，因此，团队结构必须合理。合理的管理团队应该是：高层领导者是复合型人才，具有战略决策能力和领导能力；技术开发、财务运作和市场营销等各专业岗位由丰富从业经验和专业特长的人员构成。管理团队成员之间要分工明确、配合默契，拥有共同的愿景。

（11）企业文化。企业文化是企业员工在经营活动中建立起来的共有的理想、信念、价值观和行为准则。企业文化是企业生存和发展的灵魂，是提高管理能力和推动经济发展的源泉和动力。企业文化结构可分为4个层面，由12个因素构成（见图3-2）[148]。

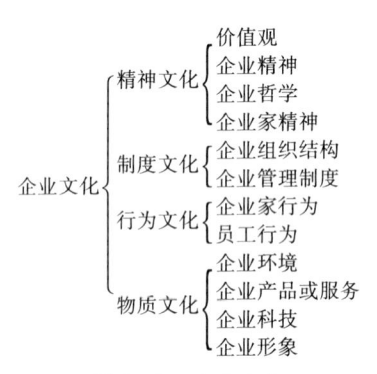

```
                    ┌ 价值观
         ┌ 精神文化 ┤ 企业精神
         │         │ 企业哲学
         │         └ 企业家精神
         │         ┌ 企业组织结构
         │ 制度文化 ┤
企业文化 ┤         └ 企业管理制度
         │         ┌ 企业家行为
         │ 行为文化 ┤
         │         └ 员工行为
         │         ┌ 企业环境
         │ 物质文化 ┤ 企业产品或服务
         │         │ 企业科技
         └         └ 企业形象
```

图3-2 企业文化

（12）资源整合能力。创新驿站要在日益激烈的技术转移中介市场中立于不败之地，需要运用一系列的管理手段，并对企业内部和外部资源加以整合和利用，增强企业的核心竞争力和创新技术转移能力，使创新驿站获得新的核心能力和发展机遇。资源整合能力是创新驿站参与竞争、整合内外部资源、实现可持续发展的能力。创新驿站面临着完全竞争的市场环境，资源整合可以实现为创新驿站可持续发展"保驾护航"的作用。创新驿站管理人员能否将拥有的资源加以整合与利用并形成核心竞争力直接关系到创新驿站的生存和发展，如何提高资源整合能力已越来越成为创新驿站能否构建和提升生存能力的核心和关键要素。创新驿站只有将其拥有的资源加以有效整合，获得新的核心竞争力和发展机遇，才能在激烈的竞争市场上生存和发展。

（13）决策的科学性。创新驿站决策的科学性是指按一定的逻辑，运用科学的决策方法和合适的决策工具，对影响创新驿站技术转移的风险因素进行定性和定量分析，通过归纳演绎和判断推理等步骤，制定规范、科学的决策并付诸实施。为了保证创新驿站决策的科学性，决策人员需要做到：对企业内外部市场环境进行合理分析；对过去的决策进行总结，避免经营的盲目多元化；集思广益，减少决策风险；规范组织文化，创造有利于决策实施的内部环境；制定程序化的决策方案[149]。

(14) 信息管理。信息管理是指创新驿站对信息进行收集、组织、分析和利用的管理活动，在此过程中，管理者不断向管理对象传递信息，同时收集和校验反馈信息，通过信息的利用不断调整战略计划和战术计划，实现创新驿站管理目标。如果创新驿站掌握信息不准确或不充分，可能在技术转移过程中由于信息缺失、信息障碍或信息沟通不畅导致创新技术转移失败。因此，在创新驿站中应当建立信息管理系统和信息决策系统，评估信息的准确性和实用性，确保信息顺畅流通。

(15) 决策环境。创新驿站处在不断变化的环境中，快速变化的外部环境对决策系统产生重要的影响。环境发生变化对决策者产生一定的刺激，如果环境动力作用于整个决策系统，决策系统会受其影响而作出相应的反应。因此，决策者在制定决策时应当考虑决策环境的影响，站在战略高度审视和观察企业应采取的战略、方案，避免受到不利环境的干扰作出错误的决策。

2. 技术和市场风险因素

(1) 创新驿站专家技术能力。创新驿站专家技术能力是创新驿站专家对技术创新项目中技术的获取、理解、利用、支配、创新和转移技术的能力。企业的技术能力有助于企业技术模仿、技术变化和技术创新，技术能力能够提高企业的技术水平和促进企业技术进步[150]。随着新技术、新工艺的不断出现，如果创新驿站专家对技术的了解和掌握不能跟上科学技术的飞速发展，终将被激烈的市场变化和市场竞争所淘汰。技术能力是创新驿站技术转移的前提和基础，创新驿站在进行技术转移时，首先要慎重考虑创新驿站专家的技术能力，如果达不到技术输出和技术需求的要求，将给创新驿站技术成功转移带来很大的不确定性。

(2) 技术优势。技术优势是创新驿站的核心竞争力。创新驿站利用技术优势可以降低竞争成本，提高竞争优势。创新驿站的技术优势是在其发展过程中形成的，一般有两方面的来源：一是创新驿站由多个中介转移组织构成，技术的积累效应和技术的规模效应使创新驿站拥有更加适合创新技术项目转移的能力；二是相对于单个技术中介转移组织而言，创新驿站能够突破组织界限，吸收驿站内多个中介组织的优势，形成相对先进的技术，通过技术内部化扩散以及边际化技术转移等有效的方式促进技术转移和提高技术转移效率。

(3) 技术的先进性。在提高自主创新能力、加速技术转移过程中，拥有保持创新驿站平稳发展的先进核心技术是立足于激烈的技术中介竞争市场的保障。技术先进性是技术具有价值优势的前提，因为新颖、独创的先进技术能为创新驿站带来独特的优势,是拓宽市场、取得超额利润的关键因素。如果技术先进程度不高,在市场竞争中将处于劣势,技术先进程度达不到创新项目转移需求将产生输出风险。

(4) 技术的适用性。技术的适用性是描述创新驿站进行创新项目转移所使用的技术的难易程度和适应性。技术的适用性表现在以下两个方面:一是创新驿站专家掌握的技术因为先进性不足、与技术转移项目要求技术类别不同、技术本身达不到要求等原因而不适应技术转移要求;二是技术含量较低或应用范围较窄,容易被模仿或替代,难以被技术需求方所接受。当技术适用性较强时,一方面可以降低因技术障碍而带来的不确定性;另一方面可以提高创新驿站技术竞争优势,从而扩大市场影响力。

(5) 数据库信息。创新驿站通过主动深入企业、科研院所、技术转移中心等单位收集企业需求信息、技术信息、项目信息、商务信息、投资信息等,将其在整个创新驿站内共享,创新驿站成员针对企业需求,从创新驿站各个站点提供的信息中提取有用信息为企业服务,实现信息的充分流通和利用。完备而准确的数据库信息使创新驿站呈现出与传统技术转移中介不同的特性。

(6) 网络平台。技术中介转移组织拥有的信息量和相对于信息的集散能力对技术中介服务起决定作用,信息是技术中介服务的前提,采用信息技术建立高效的信息化网络,收集技术源、企业需求信息以及技术转化信息,能提高技术转移的效率和成功率[151]。创新驿站通过信息技术将个体中介信息整合到一个网络,所有信息既相互独立,又相互联系,实现了技术信息共享和快速流动。信息技术提高了信息的全面性和快速传递性,避免了由于信息不对称、不及时导致资源配置的低效率,个体中介获得尽可能趋同的对称信息,促使资源产生最大的经济效益和创新技术成功转移率,实现了资源的有效配置[2]。为了提高创新驿站技术信息和技术资源的共享性,利用信息技术建立互相联通、互通信息、互相支持的技术中介网络,信息的共享性不仅使创新驿站成员以较低的成本获得与信息源完全、准确、及时的信息,而且能在信息提供者和获得者交互作用中使信息不断增值。创新驿站成员通过网络实现互动,促进了技术、资金、人才、管理等各种资源的交流与合作。

(7) 技术的垄断性。技术的垄断性又称技术的独占性。创新驿站技术的垄断性是获得高额垄断利润,提高竞争优势的核心竞争力。技术垄断和技术创新并存,使企业提高了创新技术转移的能力,是创新驿站保持竞争优势,赢得市场主导地位的有效途径。

(8) 知识产权保护。创新驿站属于高新技术行业,在进行创新技术转移时,面临较多的知识产权问题，由于对知识产权问题的不重视，在创新技术转移时隐藏着诸多的不确定性。因此，创新驿站对拥有专利和技术的知识产权应特别重视，利用知识产权的专属性和排他性保护技术创新转移项目稳健发展，降低创新驿站潜在的知识产权纠纷隐患。

(9) 市场需求。创新驿站在制定市场决策时受到技术输出企业和技术需求企业市场需求规模、市场需求信息和市场需求潜力等不确定性因素的影响。创新驿站在制定战略决策时，首先要考虑市场需求因素，掌握完整而可靠的市场需求信息、市场竞争情况、潜在的客户群和需求潜力等决策因素，制定出符合创新驿站的、切实可行的战略决策。如果市场风险较小，需求较明确，则市场竞争和市场预测难度降低，市场风险较小；相反如果市场竞争和市场预测难度提高，则市场风险加大。

(10) 品牌优势。Lieberman 和 Montgomery (1998) 认为品牌优势能够增加企业的市场份额、提高行业进入壁垒和竞争优势，它是创新驿站核心竞争优势之一。创新驿站只有建立市场知名度、认知度和忠诚度等方面的品牌优势，才能在激烈的技术转移中介市场中脱颖而出。

(11) 市场营销能力。市场营销能力主要指市场营销战略运筹能力、营销战术操作能力、营销渠道设计和控制能力、产品销售能力、信息获取和分析能力、市场进入和退出能力、市场管理能力等[152]。创新驿站为了降低市场风险，提高市场营销能力，应该采取这六种措施：一是市场细分，找准创新驿站实力和市场的结合点，实施个性化战略；二是通过分析需求市场变化，及时把握市场需求动态，调整营销方案；三是加强营销人员培训，提高营销人员的综合素质和技能，实施素质化营销；四是主动出击，走在市场前面，引导市场需求；五是与其他技术中介组织建立利益共享、风险共担的战略联盟；六是依托政府支持，提高竞争优势。

(12) 创新技术转移能力。创新技术转移能力是技术供需企业看重的价值。成功提供技术转移是技术转移中介在竞争中立于不败之地的基础，从未来成长角度考察，创新技术转移能力能够拓展市场和行业领域，创新技术转移能力是其他企业难以模仿的优势资源，是创新驿站内部多种资源能力的综合。创新技术转移面临着较多的不确定性和激烈的市场竞争，因此，相对于传统行业，创新驿站要求更高的技术转移能力。

(13) 市场进入和退出壁垒。市场进入和退出壁垒反映了创新技术转移项目进入和退出市场的难易程度。进入壁垒的高低是影响创新驿站技术转移市场的重要因素。技术转移中介面对的多为技术复杂、市场竞争激烈且进入壁垒较高的技术需求市场,因此,创新驿站为了提高竞争力,克服进入壁垒的影响,需要发展其规模,联合多个技术转移中介形成战略联盟,降低成本,提高运行效率,减少进入壁垒对创新驿站带来的不确定性影响。

(14) 营销策略。创新驿站营销策略是拓展市场的手段,主要包括技术组合策略、目标市场策略、价格策略、促销策略和渠道策略,营销策略制定不合理可能产生风险。如果技术组合不合理,技术组合不仅不能为企业带来竞争优势,还可能对市场发展产生不利的影响;目标市场选择与企业能力和发展战略不相宜,会给创新驿站带来风险,由目标市场选择错误而造成损失的可能性称为目标选择市场风险;价格策略是创新驿站利用价格的变动开展市场营销的行为;创新驿站利用促销策略可以扩大市场份额,但是,如果促销行为或方式不当可能对市场发展不利,增加企业蒙受损失的可能性;在渠道方面由于渠道选择错误、渠道不通畅、渠道不能满足市场发展目标、渠道管理不善等都会引发市场的不确定性。

(15) 风险应对机制。风险应对机制是制定风险应对策略及实施具体策略的措施和手段。Neville Turbit[153](2005)认为风险应对策略可分为避免风险、转移风险、减轻风险和接受风险四种;Miao Fan[154](2008)等认为风险应对策略可分为预防风险、适应风险和混合策略。谢科范[155]等认为风险应对策略包括风险回避、风险分散、风险分摊、风险转移和风险控制。为了有效降低风险,创新驿站应当建立风险预警系统、风险应急系统和风险控制系统,降低各种不确定性因素发生后造成损失的程度,将各种不利因素控制在企业能接受的范围内。

3. 人员风险因素

创新驿站人员风险指由于道德、技能、认知、心理和行为等因素偏离了企业发展目标和道德、法律法规而给创新驿站带来的风险。人员风险可能来自于人员本身,如缺乏敬业精神和职业道德、本位主义、业务能力不强、冒险赌博行为等,也可能来自于外部因素,如企业的激励机制不合理、管理缺陷、外部环境、法律法规不完善等因素。人员风险具有可防性、隐蔽性、突发性和职位相关性等特点,因此,要客观面对人员风险,有针对性地采取防范措施,降低人员风险发生的概率和对创新驿站造成的损失程度。

(1) 道德风险。创新驿站管理人员道德风险的产生主要来自以下原因:一是激烈的技术转移中介竞争市场给管理人员带来企业生存和业绩压力,而绩效评估系统仅评估经营结果而非经营手段,因此,管理人员往往为追求结果产生道德风险；二是管理人员对权利的目的、意义的理解和对权力的运用形成的价值观能够决定其职业道德选择方向，错误的职业道德选择方向可能引发道德风险；三是部分创新驿站没有脱离政府背景，由于内部所有者缺失，在创新驿站管理层存在着委托代理关系，使经营者既缺乏所有者的约束，也缺乏风险机制约束，创新驿站治理结构不完善容易产生管理者道德风险；四是对利益的关心和侥幸心理诱发经营者偏离社会道德和商业规范而产生道德风险；五是所有者对经营管理者的激励机制不合理容易产生道德风险；六是由于信息不对称（Narayanan，1985），管理者的决策倾向于牺牲股东长远利益而追逐短期利益形成道德风险；七是监管缺失、行业潜规则、制度缺陷等诱发道德风险。

（2）管理人员能力。管理者能力可分为决策能力、组织管理能力、表达能力、掌握知识能力、应变能力、激励能力、自律能力、基本综合能力和创新能力[156]。提高创新驿站管理人员能力能够充分利用高科技企业发展迅速、技术创新和技术转移日新月异的机遇，合理配置和管理企业人、财、物等资源，谋求最低成本，获取最大收益，降低创新驿站风险。

（3）高层管理管理团队。高层管理团队由创新驿站中承担战略决策的高层管理者组成，高层管理团队是影响创新驿站发展和组织绩效的核心群体，面对技术转移中介市场竞争激烈，技术生命周期大幅缩短，决策不确定性增加的动态环境，必须根据创新驿站发展的不同阶段，由不同素质的高层管理人员组成高层管理团队共同作出决策，才能提高决策的客观性和正确性。高层管理团队建设有利于创新驿站的战略管理、长远发展和核心竞争力的发挥。

（4）管理人员政治化倾向。管理人员政治化倾向，比如为追求政绩等可能对技术创新项目转移带来不利影响。

（5）管理人员的素质。管理人员的素质高低可能对技术创新项目转移带来影响。

（6）管理人员沟通能力。管理人员是组织的协调者，通过沟通领导组织开展工作，确保组织资源得到最佳利用。如果管理人员的沟通能力较低，在企业内部进行项目决策时往往不能达成一致意见，在企业外部协调各种关系和适应环境能力较弱，可能对创新技术项目转移带来不利影响。

（7）管理人员冒险和侥幸心理。在采取行动或作出决策时，管理人员冒险和侥幸心理会影响决策的制定和执行，给创新驿站技术创新项目转移带来不确定性。

（8）员工责任心。员工责任心是员工做好分内事务和履行道德义务的心理倾向。创新驿站员工的责任心表现在：主动学习业务和人际关系技能，提高工作能力；制订详细的学习和工作计划，不断提高业务水平；制定工作标准，出色完成自己的工作。员工的责任心能够驱使其履行创新驿站赋予自身的责任，形成责任行为，并对工作完成的结果承担责任。

（9）员工的基本素质。创新驿站员工基本素质是其职责范围内所具备的素质。员工的素质可分为基本素质和特殊素质。基本素质是员工具备工作的基础知识和基本技能，例如营销人员应具有营销知识和完成营销任务的基本技能；技术人员应掌握技术项目转移所需的基础知识和先进技术学习能力等。特殊素质是超越基本素质并区别于基本素质的素质，如处理应急问题能力、协调能力和人际能力等。

（10）关键人才离职。关键人才是技术转移项目取得成功转移的重要因素，关键人才离职，如关键营销人员离职可能带走手中的客户；关键财务人员离职可能泄露商业秘密；关键技术人员离职可能导致技术衔接问题等，必定给创新驿站技术转移带来风险。

（11）员工的学习能力。创新项目的动态性和复杂性对创新驿站专业人员学习能力提出了较高的要求，创新驿站员工属于知识型员工，为了能够在迅速变化的技术转移市场竞争中站稳脚，必须具有学习能力，通过持续学习获得最前沿的技术和知识，适应创新驿站发展的需要。

（12）对工作环境的适应能力。创新驿站员工只有具备适应环境的能力，才能较好地应对工作环境的变化。当外部环境有利时，及时抓住环境提供的机会；当外部环境不利时，通过避开环境的威胁降低风险。在适应环境的同时，尽可能改变环境，使环境更有利于工作的完成和个人未来发展。

（13）人力资源规划。人力资源规划应该适应企业战略的需要。战略决策制定后，需要相应人员来实施和执行，人力资源战略是企业战略之一。人力资源规划要明确对专业人员的需求，通过工作分析，建立岗位设置、人员数量和任职资格信息，发现现有人才缺口，根据人才需求数量，编制招聘计划书，确定岗位任职资格。

（14）人才测评风险。创新驿站人才测评应当运用先进而客观的科学方法，以心理学和管理学为基础，对人员的知识水平、工作技能、个性特征、发展潜力和协调能力实施测量与评估。统计研究发现，个性因素与特定职业绩效间的相关程度较低，与多数人力资源管理者认为的个性因素对于管理上的成功或其职业上的成就呈正相关的观点相违背，但个性技能和知识对于工作绩效有正向推动力。人才测评应该根据创新技术转移要求和创新驿站工作需求，通过定性和定量方式对组织成员的能力、个性因素等进行测试、分析和评价，提供人才和心理素质的信息，提高人才评价的客观性和准确性。

(15) 人才流失风险。创新驿站人才流失原因很多，主要包括以下几种：一是缺乏适当的激励机制，组织成员的积极性得不到提高；二是工资和福利待遇与同行相比不具有竞争性；三是忽视员工的发展，缺乏良好的人才培养机制；四是领导层的能力和企业愿景得不到组织成员认可；五是不具有良好的企业文化；六是组织成员认为无法实现自身价值。人才流失能够带来成本的增加、引发信息危机和人才危机、降低企业竞争力和诱发组织成员盲从风险。

(16) 人事变动风险。人事变动是指人员岗位调整、引进人才、辞退不合格员工、岗位轮换和人员交流等。人事变动不合理，会给创新驿站造成损失，形成人事变动风险。另外，人员变动后，有些被调整人员工作和原工作有较大差异，如果后续工作跟不上，可能会导致员工不能完成或胜任新的工作，因此，人员变动既打消了员工的积极性，也给创新驿站运营带来风险。如果人事变动频繁，员工容易产生不稳定情绪，降低员工对组织的忠诚度，造成人才流失，给创新驿站带来风险。

(17) 人力资本投资风险。创新驿站既是人力资本的投资者，又是人力资本的需求者。由于未来的不确定性，人力资本投资可能出现判断失误，引发财务风险。为了进行某一技术创新项目转移，创新驿站可能进行人力资源储备，而当项目失败或完成后，又会面临人员冗余风险。在人力资源投资决策时，由于决策错误、环境改变和投资对象选择错误，可能造成投资结果与目标不一致，导致人力资本投资失误风险。

(18) 人员配置不合理。创新驿站所处环境非常复杂，技术项目转移需要一个具有经验、技术和能力相结合的团队来完成，因此，人员配置合理性和适用性尤其重要。实现岗位和人员能力匹配是人力资源管理工作的目标，合理的团队能够极大地提高工作效率。但人员素质和岗位需求均呈现动态变化，能力和岗匹配常常处于交互状态，因此，在进行人员配置时，要全面考虑人员的政治素养、知识、创新能力、学习能力、经验、专业技术水平、适应新环境的能力、合作能力等因素，尽可能降低因团队结构不合理给创新驿站带来的风险。

4. 财务风险因素

财务风险主要指融资风险和财务管理风险。目前，关于财务风险的来源有两种代表性的观点：一种观点为，财务风险是由企业负债造成的，企业因为经营需要，不断借入资金，而由于不确定因素发生到期不能偿还债务的可能性和对利润影响的可变性；另一种观点认为，企业财务管理系统中客观存在着难以预料和控制的因素，增加了财务收益和预期收益的不确定性，从而使企业绩效与预期目标发生偏离，造成企业蒙受损失的不确定性[157]。创新驿站运营过程中，资金供应是否及时、充足，会给创新技术项目转移产生很大的影响，因此，应当建立财务预警和监督机制、融资风险管理机制，提供创新驿站稳定发展、加强创新驿站内部管理和适应创新驿站外部快速变化的财务支撑体系。

（1）融资结构。创新驿站的融资结构受到政策环境、融资体系、融资信用和融资能力影响，其融资结构主要来源于创新驿站自身经营产生的盈余和通过各种金融机构进行的融资。在确定融资结构时既要关注负债的数量及其占资金总额的比例，还要注意负债的结构和期限。不同的融资方式其融资风险不同，采用股票或债券融资，可能遇到金融市场风险；采用借贷融资，需要按期还本付息，如果创新驿站利润率低于借贷利率，这种借贷就会增加创新驿站的融资风险。

（2）融资渠道。创新驿站融资渠道风险主要来源于以下几种。

①自筹资金风险。创新驿站规模较小时，资金需求比较容易满足，可以采用自筹资金方式融资，而随着创新驿站规模扩大和技术转移项目要求提高，投资规模增大，资金使用周期较长，单靠自筹资金必然无法实现融资目标。

②银行贷款。银行贷款是创新驿站主要的融资来源之一，能否获得银行贷款对创新驿站融资十分重要。

③政府支持。创新驿站网络面向广大中小创新企业，其发展过程和性质决定了政府在创新驿站中重要的政治和经济地位。欧盟创新驿站运营资金40%~50%来源于政府支持，我国也要争取政府通过立法和政策导向推动及促进创新驿站发展。政府支持能够减轻创新驿站的资金压力，对创新驿站的发展产生较大影响。

④风险资金支持。风险投资不仅能够为创新驿站提供资金支持，而且能为创新驿站提供管理、咨询和市场运作方面的服务。

（3）财务决策。从财务决策角度可将风险因素分为：财务决策的科学性，财务管理人员对财务风险的客观性认识，资金的安全性，资金使用是否遵循收益最大化原则，财务投资实践和方式的选择。

（4）财务状况。从财务状况角度可将风险因素分为：资金结构合理性，股东结构合理性，应收、应付账款占资金总额的比例，费用超支情况。

（5）资金供应。从资金供应的角度可将风险因素分为：预期现金流供应情况，资金周转周期，资金供应的及时性，应收账款和应收票据占用资金情况，资金需求规划的科学性，信用情况，资金的时间价值，筹资成本和收益，投资成本和收益。

5. 项目转移过程风险因素

（1）项目选择的正确性。项目选择的正确性直接关系到企业技术创新的成败，是整个工作流程中最大的风险，因为错误的项目选择，不仅为企业技术创新带来风险，更有可能导致企业经营上的连锁反应。

（2）专家判断的主观性。选择项目过程中，创新驿站专家的人员因素占主要地位，因此，专家的主观判断性将直接影响项目的选择，构成走访企业模块的风险。

（3）项目本身的复杂性。技术创新项目具有前沿性和复杂性，对技术创新项目的可行性识别存在一定的困难，创新项目复杂性构成了走访企业模块的风险。

（4）技术需求层次和创新技术评估准确性。技术需求要达到的层次和现有技术水平评估准确性是创新技术项目中比较重要的风险，不合适的评估，不仅导致技术创新/技术供需项目衔接成本增加，甚至可能导致项目转移失败。

（5）创新技术需求时间评估。在技术快速更新时代，创新时间的延续会导致创新项目转移滞后，也可能导致技术创新后未利用即被淘汰。

（6）创新途径的识别。创新途径的识别是构成技术识别模块的风险之一，不同的创新途径给企业带来不同的收益和成本，选择正确的创新途径，既可以防止资源的浪费，又能为企业技术创新提供捷径。

（7）寻找合适的技术需求/技术输出方。是否能够为技术需求/技术输出方寻找到合适的合作者是主要风险，因为合适的合作者既能为技术的需求方提供合适的技术，又能为技术输出方提供将技术转化为生产力的合适孵化器。

（8）合作者道德风险。有些合作者，为了达到某种目的，或者由于商业秘密保护等原因，有时隐瞒技术的真实性，形成欺骗风险。

（9）合作者技术风险。由于合作者拥有的技术层次不能达到技术转移项目的要求，从而构成技术风险，技术风险有可能导致项目的失败、时间的浪费和合作成本的增加。

（10）创新驿站专业人员对项目了解程度。如果对项目了解不够深入，直接影响提出意见的深度和广度，提出的意见和支持可能会偏离项目需求，从而构成风险。

（11）专业人员知识水平。不同的知识水平，看问题角度会不同，得出的结论也会大相径庭。

（12）专业人员责任心。有些专家缺乏对进一步提供支持和意见的正确认识，认为项目进行到这一阶段已经不需要创新驿站的帮助，或者认为与计划偏离不大不会影响技术创新过程，因此，由于专业人员缺乏责任心造成此模块风险。

（13）合同条款的全面性。不全面的合同会因为应该在合同中体现的问题而没有在合同中出现导致合同纠纷。

(14) 合同对创新技术标准描述的准确性。由于创新技术的先进性和复杂性，不可预见性问题较多，有时在合同中难以用文字描述，使合同对创新技术标准描述的准确性降低，从而存在合同纠纷隐患。

(15) 合同语言叙述的恰当性。合同对双方的责任、义务及其他条款叙述是否恰当直接影响合同的效用，不恰当的语言叙述，有可能使双方对合同的内容产生误解，引起合同纠纷。

3.2.2 创新驿站绩效因素结构模型

从管理学角度可以将绩效定义为组织期望得到的结果，是组织为实现其目标而在不同层面的输出。回顾国内外对绩效的研究发现，不同研究者根据自己的研究目的采用不同的绩效衡量指标来定义企业绩效。对绩效的研究可分为两个阶段，第一阶段为19世纪80年代到20世纪80年代，重点放在财务评价，以利率、投资回报率和生产率作为绩效指标；第二阶段开始于20世纪80年代中后期，将客户满意度、战略、学习与创新能力等非财务指标引入绩效评价体系，更全面反映了企业综合状况和未来发展趋势[158]。

对绩效概念和评价标准的不同理解产生了不同的评价模型和流派，可分为行为绩效评价法、绩效产出评价法和平衡计分卡法。以坎贝尔为代表的行为绩效评价法认为绩效与组织目标有关，包括五个基本维度：财务管理、人事管理、信息管理、领导目标管理和基础设施管理；伯纳丁等人于1955年提出了绩效产出评价法，认为绩效是员工行为产出的结果，包括任务完成、目标实现、结果和产出等指标；Kaplan 和 Norton（1996）开发了包括财务维度、顾客维度、内部商业流程、学习与创新四个方面的平衡计分卡作为衡量企业绩效的指标[159]。

按照企业绩效评价指标的范围不同可分为财务绩效衡量法、非财务绩效衡量法和整体绩效衡量法。Steers（1975）采用自评方式，利用多重非单一指标衡量企业绩效；Compell（1977）将整理出的30个衡量绩效的指标分为五类：生产力、整体绩效、员工满足、利润或资产报酬率、员工流动率；Walker 和 Roering（1985）将绩效分为效率、效能和适应性；McKee（1989）等从财务角度定义绩效包括成长和获利能力；Deshpande（1993）、Drew（1997）从非财务角度出发认为绩效包括企业成功、市场份额、增长率、利润率、企业大小等指标。

绩效是指组织在运作过程中，组织及其成员运用一定的方法，对资源运用所达到的目标程度；指成果与目标的关系，强调目标的达成[160]。

参照以往学者研究成果，为了探讨风险因素对创新驿站企业绩效的影响，通过调查问卷和实地访谈，本书采用多维绩效指标作为评价创新驿站绩效的评判指标，最终将创新驿站绩效分为财务绩效和非财务绩效两大类。

1. 财务绩效

财务绩效是组织对资源运用所达到预期财务目标的程度。创新驿站财务绩效包括财务运用绩效、财务发展潜力和财务融资能力。财务运用绩效是按照创新驿站投入产出比的经济效益，对财务运用效能和效益等指标进行综合性评价；财务发展潜力从负面效益角度反映了创新驿站负债情况和财务风险承受能力；财务融资能力是创新驿站融资结构、融资渠道和融资成本等方面的能力。财务绩效指标包括收入年均增长率、报酬率、利润总额增长率、总资产周转率、总资产收益率、投资回报率、净现值、技术资产比重、主营业务增长率、内部利润率、资本积累率、主营业务税后利润率等指标。

2. 非财务绩效

一般情况下，财务绩效指标无法涵盖影响企业绩效的所有因素，尤其是对企业绩效有重大影响而又无法量化的因素。而非财务绩效通过经营管理系统获得内因、过程和无形资产的积累，对创新驿站可持续发展影响深远。衡量创新驿站非财务绩效指标种类较多，如市场占有率、市场开拓能力、新技术研发能力、企业信誉度、员工士气、市场竞争能力、创新驿站社会关系网络、客户保有率、客户满意度、可持续增长能力、投资能力等。

本书采用主营业务增长率、投资回报率、主营业务税后利润率作为创新驿站财务绩效指标；市场占有率、可持续增长能力、企业信誉度作为创新驿站非财务绩效指标建立绩效因素结构模型[109][110]（见表3-2）。

表3-2　　　　　　　　　　创新驿站绩效因素结构模型

一层指标	二层指标	三层指标
企业绩效	财务绩效	主营业务增长率
		投资回报率
		主营业务税后利润率
	非财务绩效	市场占有率
		可持续增长能力
		企业信誉度

3.2.3 风险因素对创新驿站绩效的影响

由于本书调查对象界定在不同行业，采用被调查企业内部公布的客观绩效评价不合适，同时，由于绩效指标属于商业竞争秘密，一方面得到真实绩效指标较困难，另一方面对绩效指标公开有抵触情绪，因此，采用5-Likert量表，以被调查者自我评价方式进行。Brownell和McInnes（1986）认为采用Likert五点量表、被调查者自我评价的方式，虽然偏差有高估的现象，但对结果影响并不严重，这种方式有效性待证实。为了保证结果的可信度和有效性，本书采用对2007~2009年三个年度绩效指标评价来减少结果的不稳定性，同时，采用多题项评价方式进行，以减少绩效因素不全面带来不具有代表性的结果。

1. 战略风险因素对创新驿站绩效的影响

Thomas（1967）认为战略风险和企业绩效在一些行业内表现为非相关性，而在另一些行业内表现为负相关性；Chang和Thomas（1989）[161]对美国企业多元化战略与收益的影响分析，认为企业多元化战略不一定带来高收益，多元化战略与收益的关系受到企业市场影响力和企业规模的影响；Miller和Bromiley（1990）[162]认为战略风险是企业无法回避的，能够使企业竞争优势丧失和长期财务目标不能实现，战略风险与企业绩效互相影响；Wright（1991）[163]、Parnell（2005）[164]等通过不同国家和行业采取差异化战略、低成本战略对企业绩效影响的实证研究，认为企业战略与企业绩效之间存在正相关关系；Parkhe（1996）[165]从企业合作分散风险、资源交换、规模经济、突破壁垒和协同经济效应等方面分析认为，不同的战略联盟模式和结构对企业绩效影响不同；蒋毅一、聂兴国[166]研究发现，企业战略风险与企业竞争力呈反向关系。战略风险容易产生企业决策错误，从而影响企业当前和未来的绩效；祝志明等[167]通过实证研究，验证了战略风险与收益的"鲍漫悖论"（Bowman's Paradox）关系，得到战略风险与收益的一致负相关关系，表明企业的持久竞争优势来源于长期高收益——低风险的绩效产出结果。

创新驿站面临着日益加剧的市场竞争、技术转移的快速变化和顾客需求的复杂多样性，为了应对上述变化，必须制定合理的战略规划方案。战略规划能够为企业提供更多的信息，带来持续竞争优势。从财务视角分析，创新驿站战略风险能够对资金筹集和运用、内部控制、资金结构的合理性、资金需求规划的科学性等全方位的财务绩效带来结果的不确定性；从市场角度分析，创新驿站战略风险将影响完整的市场信息掌握途径和方式、科学的市场决策制定、营销组合策略选取等,降低了创新驿站的市场竞争力和获利能力;从创新驿站生存和发展角度分析,宏观环境风险、市场需求、企业文化、决策环境与科学性等战略风险因素对创新驿站获得稳定利润、提高竞争力、增强创新驿站持续发展的潜力增加了不确定性,战略管理对降低风险发生的可能性,提高创新驿站财务绩效和非财务绩效的作用十分重要。

基于以上研究结果,本书提出以下假设:

假设1:战略因素风险管理与企业财务绩效之间存在正相关关系

假设2:战略因素风险管理与企业非财务绩效之间存在正相关关系

2. 技术和市场风险因素对创新驿站绩效的影响

Porter(1990)通过研究认为,注重技术创新的企业绩效要好于不注重创新的企业绩效,企业的技术创新能力对企业的长期绩效产生重要影响;Ernst[168](1995)通过对德国50家企业绩效和专利申请量的相关性分析表明,专利权数对企业绩效产生的影响具有滞后性,专利权转化为企业绩效需要经过产品化、产业化的时间过程,专利权申请量一般与申请后2~3年的企业绩效增长呈正相关关系;Phaal(1998)[169]等认为技术是企业发展核心能力的关键,是企业生存和发展的重要资源,技术管理不仅有利于技术创新,同时有利于产品创新,对企业价值增值的各个环节和企业绩效有着重要的影响;Bosworth和Rogers(2001)[170]认为,企业拥有的技术诀窍、声誉、商标、专利垄断性等独特的技术资产是造成企业之间竞争优势和绩效差异的重要原因;郑梅莲、宝贡敏[171]通过实证研究发现,企业获取新技术,尤其是外部技术时,通过学习、应用、模仿和创新能够提高自身的技术能力水平,技术获取和技术能力之间互相影响,同时又是影响企业绩效的两个重要因素,而技术战略对技术能力水平的提高和技术获取有着重要的影响,但对企业绩效影响不明显;王慧、蔡春凤[172]研究表明,高新企业的研发投入量、员工学历对企业经营绩效有着显著正相关关系,研发人员数量对企业经营绩效影响关系不显著;苑泽明等[173]研究认为,高新技术上市公司发明专利对企业后续经营绩效产生正向影响,而企业拥有的专利总数对企业未来绩效缺乏显著的相关关系。

Li、Cavusgil(1999)[174]认为,了解客户现在和潜在的需求信息,了解竞争对手的市场战略和产品或服务特色,促使外部信息和知识有效地体现在新产品和服务开发与设计中能够通过提高组织创新能力和组织竞争优势来影响企业绩效;Nickell(1996)[175]研究发现,产品市场竞争对公司生产率产生积极的影响;

Young、Smith 和 Grimm[176]认为企业采取"进攻"（Action）或"回应"（Response）的竞争行动与企业绩效之间存在着互动关系，在某种程度上决定了企业的绩效水平；美国 Narver 和 Slater（1990）、Jaworski 和 Kohli（1993）、Slater 和 Narver（1994）、Han（1998）、Wood（2002）等学者分别通过实证研究，验证了企业市场导向与企业绩效之间的正相关关系；陈金先等[177]研究表明，企业的顾客导向、竞争导向和跨部门协调通过两条路径对企业绩效产生影响。一条路径是通过组织的学习承诺、分享愿景、开放心智来影响企业的财务绩效和非财务绩效；另一条路径是通过组织的管理创新和技术创新来影响企业的财务绩效和非财务绩效。

基于以上研究结果，本书提出以下假设：

假设3：技术和市场因素风险管理与企业财务绩效之间存在正相关关系

假设4：技术和市场因素风险管理与企业非财务绩效之间存在正相关关系

3. 人员风险因素对创新驿站绩效的影响

Carol Ann Boyer（2003）[178]从个人和组织层面，认为组织管理者的创新能力、学习能力和沟通能力通过知识的获取、传递和积累得以提高，从而提高胜任能力和组织绩效；Chrader（1995）、Harhoff（1999）等通过对企业高层管理者特征进行研究表明，企业高层管理者的教育背景、职业背景与企业销售增长率、劳动生产率、企业战略之间存在着相关关系；Milliken 和 Martins（1996）认为员工多元化可以带给团队更多信息和知识而提升企业绩效，另外，员工多元化能够降低企业潜在小集团主义出现，提高企业绩效和信息的有效利用；Arthur（1994）、Huselid（1995）、MacDuffie（1995）、Ichniowski（1997）、Guthrie（2001）、Batt（2002）、Collins 和 Smith（2006）等人通过劳动生产率、产品质量、员工离职率、销售增长率、企业竞争力和企业声誉等企业绩效的指标验证了人力资源管理对企业绩效的正向促进作用。

创新驿站实施的创新技术转移项目大多是不同部门或机构通过契约关系结合成的一种活动，以项目管理方式运作，而人是项目运作中的主体。如果参与创新技术转移项目人员的行为偏离了目标和预期，直接后果是参与创新项目转移的企业遭受损失和失败，我们把人员的这种行为定义为人员风险。由于人的行为容易受到内外环境和主观因素的影响，如果不及时识别人员行为的不确定性，潜在的风险因素可能给创新技术转移项目带来威胁。

基于以上研究结果，本书提出以下假设：

假设5：人员因素风险管理与企业财务绩效之间存在正相关关系

假设6：人员因素风险管理与企业非财务绩效之间存在正相关关系

4. 财务风险因素对创新驿站绩效的影响

Myer（1984）、Stein（1997）认为，如果企业存在较多现金流，可能诱发过度投资行为，导致企业只注重短期绩效而忽视长期绩效，给企业绩效带来负面影响。吴树畅[179]通过融资结构和资产结构对企业绩效的影响分析，认为企业的财务管理在于资产结构和股权结构的管理，应该运用成本管理降低成本；加强市场营销，提高市场占有率；加强客户信用管理，提高货款回收率；及时处理闲置资产，提高资产周转率；提高企业营运水平，完善治理结构，提高运行效率。为了反映财务指标对企业绩效影响的真实性、可靠性和全面性，可以从多个角度进行考核，构建与企业绩效相适应的财务测评指标。美国Stren Stewart和CO提出了经济附加值（Economic Value Added，EVA）作为企业绩效的财务评价指标[180]；徐国柱[181]选用正常标准下的 EVA 计算公式为

$$EVA = NO_{RAT} - IC \times \left[\frac{D}{D+E}K_D + \frac{E}{D+E}(R_F + R_P) \right] \quad (3-1)$$

式中：NO_{RAT}——税后营业利润；IC——投资资本；D——长期负债；E——所有者权益；K_D——长期负债资本；R_F——无风险投资报酬率；R_P——风险补偿。

创新驿站是由多个技术转移中介组成的"企业集团"，同时由于国家政策和内外环境的支持，因而有较稳定的现金流、较强的经济实力、较好的信用、较多的外部市场融资渠道和机会保障。创新驿站财务风险表现为现金性风险、收支性风险、融资风险、财务管理人员风险、财务决策风险和财务结构风险等，风险因素给创新驿站财务绩效和非财务绩效带来不确定性和损失的可能性，甚至利用财务杠杆的放大作用，成倍放大财务风险所造成的不利影响。

基于以上研究结果，本书提出以下假设：

假设7：财务因素风险管理与企业财务绩效之间存在正相关关系

假设8：财务因素风险管理与企业非财务绩效之间存在正相关关系

5. 创新驿站项目转移过程风险因素对创新驿站绩效影响

创新驿站在进行创新技术转移过程中，能够将技术供给方和需求方进行有效对接，解决了供需双方信息不对称现象。以企业需求为目标帮助企业进行创新技术转移，解决了技术转移双方对技术供给和需求预期的断裂层问题，提高了创新技术转移成功率。创新驿站合作方式解决了技术转移中介主体实力不强，投入技术转移的资源不足而影响项目转移的成功率问题，降低了创新技术转移过程中的

不确定性，从而在很大程度上促进了技术转移中介行业的发展。创新驿站技术转移过程实现了：①为企业提供全程服务。包括项目选择、创新技术需求和创新项目输出评估、寻找合适的合作者、进一步提供支持和意见、帮助签订合同等。②实现网络平台信息共享。通过网络平台共享大大加速了资源、信息等快速流转，打破了地域界限，实现了资源的合理配置。网络平台主要包括技术供需互动平台、商务交易平台、人才交流平台、专利信息平台、企业家社区、专利信息库等。③整合各类资源。创新驿站在技术转移过程中，能够将科研机构、大学、企业、技术转移中介组织整合到一个系统中，按照统一标准共同完成项目转移活动。④培养了一批高素质人才。在创新技术转移过程中，打破了行业、地域界限，项目转移关联度较高的众多机构大量集聚，实现了知识外溢和协同效应，成员之间互相学习，共同提高技术和合作能力。⑤建立了信任机制。创新驿站技术转移运作方式，解决了由于双方在文化和目标上的差异，以及在技术转移过程中相互之间难以建立有效的信任机制等问题。

基于以上研究结果，本书提出以下假设：

假设9：项目转移过程因素风险管理与企业财务绩效之间存在正相关关系

假设10：项目转移过程因素风险管理与企业非财务绩效之间存在正相关关系

6. 创新驿站风险因素的交互作用对创新驿站绩效的影响

资源管理论认为，企业的持续竞争优势来源于企业内部核心资源，其理论假设资源是异质的和不完全流动的，同时需要其他资源的相互补充才能更好地发挥优势；行为理论认为，不同环境下需要使用与之匹配的行动和策略，各种行动和策略需要与之相联系的行为以提高绩效从而作出企业所需要的行为；控制理论认为，企业绩效取决于人力资源实践与给定的战略管理环境以及相关因素的匹配。引起创新驿站风险发生的根源是一个由多因素构成的相互联系、相互作用的系统。为了充分认识复杂现象的总体情况，必须从多个角度、多个方面进行分析和研究，通过各个风险因素交互作用的研究，有助于发现风险因素对企业绩效产生的真实影响。例如，Abetti（1991）认为，战略因素与技术和市场因素相互影响，战略与技术和市场的交互作用体现在引导企业制定合理规划、为企业提供产品和服务多样化活动，进而提高企业竞争优势；企业战略制定和实施要考虑人力资源对企业价值链运作的影响，管理者的使命、愿景、能力和环境影响等因素直接影响企业战略的制定和实施；技术和市场能力的提高可以影响企业人员的积极性，提高战略决策的科学性，进而影响财务因素和创新技术转移过程各个环节等。根据以上分析，本书认为创新驿站各个风险因素之间存在交互作用关系，并且其交互作用对创新驿站绩效产生正向影响。基于此，本书提出以下假设：

①战略因素与技术和市场因素的交互作用。

假设 11：战略因素与技术和市场因素之间存在正相关关系

假设 12：战略因素与技术和市场因素交互作用对创新驿站财务绩效产生正向效应

假设 13：战略因素与技术和市场因素交互作用对创新驿站非财务绩效产生正向效应

②战略因素与人员因素的交互作用。

假设 14：战略因素与人员因素之间存在正相关关系

假设 15：战略因素与人员因素交互作用对创新驿站财务绩效产生正向效应

假设 16：战略因素与人员因素交互作用对创新驿站非财务绩效产生正向效应

③战略因素与财务因素的交互作用。

假设 17：战略因素与财务因素之间存在正相关关系

假设 18：战略因素与财务因素交互作用对创新驿站财务绩效产生正向效应

假设 19：战略因素与财务因素交互作用对创新驿站非财务绩效产生正向效应

④战略因素与创新项目转移过程因素的交互作用。

假设 20：战略因素与创新项目转移过程因素之间存在正相关关系

假设 21：战略因素与创新项目转移过程因素交互作用对创新驿站财务绩效产生正向效应

假设 22：战略因素与创新项目转移过程因素交互作用对创新驿站非财务绩效产生正向效应

⑤技术和市场因素与人员因素的交互作用。

假设 23：技术和市场因素与人员因素之间存在正相关关系

假设 24：技术和市场因素与人员因素交互作用对创新驿站财务绩效产生正向效应

假设 25：技术和市场因素与人员因素交互作用对创新驿站非财务绩效产生正向效应

⑥技术和市场因素与财务因素的交互作用。

假设 26：技术和市场因素与财务因素之间存在正相关关系

假设 27：技术和市场因素与财务因素交互作用对创新驿站财务绩效产生正向效应

假设 28：技术和市场因素与财务因素交互作用对创新驿站非财务绩效产生正向效应

⑦技术和市场因素与创新项目转移过程因素的交互作用。

假设 29：技术和市场因素与创新项目转移过程因素之间存在正相关关系

假设 30：技术和市场因素与创新项目转移过程因素交互作用对创新驿站财务绩效产生正向效应

假设 31：技术和市场因素与创新项目转移过程因素交互作用对创新驿站非财务绩效产生正向效应

⑧人员因素与财务因素的交互作用。

假设 32：人员因素与财务因素之间存在正相关关系

假设 33：人员因素与财务因素交互作用对创新驿站财务绩效产生正向效应

假设 34：人员因素与财务因素交互作用对创新驿站非财务绩效产生正向效应

⑨人员因素与创新项目转移过程因素的交互作用。

假设 35：人员因素与创新项目转移过程因素之间存在正相关关系

假设 36：人员因素与创新项目转移过程因素交互作用对创新驿站财务绩效产生正向效应

假设 37：人员因素与创新项目转移过程因素交互作用对创新驿站非财务绩效产生正向效应

⑩财务因素与创新项目转移过程因素的交互作用。

假设 38：财务因素与创新项目转移过程因素之间存在正相关关系

假设 39：财务因素与创新项目转移过程因素交互作用对创新驿站财务绩效产生正向效应

假设 40：财务因素与创新项目转移过程因素交互作用对创新驿站非财务绩效产生正向效应

3.3 基于企业绩效的风险识别研究方法

3.3.1 风险因素调查

1. 创新驿站服务内容界定

本书对风险管理研究来源于创新驿站运作全过程，而创新驿站服务内容是创新驿站运作过程风险产生的来源和载体。根据调研结果，并参照中外学者对创新驿站的研究成果，界定创新驿站服务内容包括以下几个部分。

(1) 技术信息服务。

①建立分驿站，提供技术信息网络。创新驿站分驿站是创新驿站平台功能伸向技术转移市场的触角，是信息的接力站。创新驿站分驿站一方面要收集企业的需求，另一方面要汇聚资源帮助企业解决问题。创新驿站分驿站主动深入企业、科研院所、技术转移中心等单位收集企业需求信息、技术信息、商务信息、投资信息等，将其在整个创新驿站网络内共享，实现了信息的充分流通和利用，创新驿站及各个分驿站针对企业需求从驿站网络中提取有用信息，根据企业需求提供个性化服务。通过设立分驿站形成驿站网络，扩大了创新驿站服务市场范围，提高了市场竞争力。

②技术转移中心服务。技术转移中心依托大学、科研院所，以企业需求为源头，从研发开始就与市场紧密结合，减少了技术供需双方信息不对称程度，更好地实现了技术供给方和技术需求方的有效对接。

③专利检索服务。通过建立专利检索服务系统，开展专利检索培训、专利委托检索服务、专利文本打印服务、专利信息分析、专利数据库建设等一系列服务。

④专利展示。依托国家专利信息库和网络资源优势，进行数据的采集和整理，采用多形式、多渠道的宣传手段向社会推介市场前景好，有一定技术水平的项目，并做好咨询服务工作和回访工作，助力专利产品商品化过程。

(2) 创新资金服务。充分利用各种渠道帮助企业完成融资，为企业提供中介和担保服务。

①利用政府资金。充分利用国家和地方的科技政策，对符合条件的企业和项目帮助其申请各类政府科技扶持资金。

②银行贷款。银行贷款是创新企业重要的融资渠道，但由于中小企业自身条件限制，往往难以达到银行贷款条件，创新驿站可以协助中小企业与银行谈判，通过独有的信任机制降低银行贷款的门槛。

③利用风险投资融资。风险投资是助力创新企业发展的另一重要资金来源。创新驿站利用自身优势搭建风险投资与中小创新企业之间的沟通桥梁，实现资金与项目对接，引进有实力的投资公司帮助企业解决资金瓶颈。

④创业板上市。帮助有条件的中小创新企业准备资料，助其进入股市融资。

⑤企业债券。在当前政策法律框架内，帮助企业发行企业债券，吸收民间资本及有效利用社会闲散资金进行融资。

(3) 科技政策咨询。为企业提供国家和地方出台的扶持中小创新企业发展和促进创新的政策咨询，并为企业在申请优惠政策过程中提供全程服务。

(4) 专业服务。中小技术创新企业在技术创新过程中，必然需要各种专业服务支持。创新驿站利用中介机构职能优势，加强与律师事务所、会计师事务所、担保机构、商标事务所、管理咨询公司等的联系，为企业提供法律、财务、管理咨询、资质认证代理、知识产权等服务。

(5) 人力资源服务。建立专家库，将专家的研究领域、技术特长等信息向社会公开，建立企业和人才双选平台，使企业和专家实现互动，帮助企业提高技术水平。

(6) 提供研发资源服务。充分利用大学、科研院所、行业协会、专题数据库等社会上的研发资源，给中小创新企业技术创新实验提供便利条件。例如提供企业设计、新产品开发、小试和中试平台等。

2. 调查问卷对象的界定

为了更好地体现创新驿站风险因素与企业绩效之间的关系，在进行样本选择时，为了避免对技术转移中介不了解和行业之间的差距带来不具有代表性结果，同时，也为了避免来源上的局限性，所以，本次调查问卷发放和收集渠道上，既兼顾行业范围的固定性，又兼顾行业内地理位置和被调研人员广泛性。在样本广泛性方面，样本调查问卷的资源主体既选择了东部发达地区，又选择了中西部地区。东部地区包括江苏、山东、上海；中部地区包括安徽和江西；西部地区包括四川和广西；调查人员选择在企业参与技术创新和技术转移的管理人员及技术人员。由于技术中介转移行业本身的固有特性，不同行业人员对创新驿站不了解可能回答问题出现偏差等情况，因此，从行业选择上本调查问卷选择界定在技术创新企业、科研院所、大学、技术转移中介机构、大学科技园孵化器、创新驿站和政府（主要指科技局及附属产权交易所等机构）。

①技术创新企业。技术创新企业既是重要的技术供给方，也是重要的技术需求方，企业间的技术转移表现为企业相互购买技术产品和服务、转让非核心技术等，而任何创新技术必须由企业来加以产业化，它是技术转移的终结点。

②科研院所。科研院所作为专业的研究机构，占据了大量的研究资源，在技术研发上有着极其重要的地位，但由于科研体制等原因，目前有相当一部分科研院所与市场脱节，造成了研发资源浪费。

③大学。大学在技术转移方面与科研院所相似，但大学参与技术转移的自主

权更高,大学的研发人员自主与技术需求方结合,或者通过共建实验室等转让其发明成果。

④技术转移中介机构。技术转移中介机构利用其专业能力,沟通技术买方和卖方,减少了双方交流障碍,降低了交易成本,促成了技术转移。

⑤大学科技园孵化器。大学科技园孵化器作为培养企业技术创新的支撑机构,通过技术转移和服务促进孵化器内技术创新组织的技术创新和技术转移是联系研究界和产业界渠道之一。

⑥创新驿站。创新驿站以企业需求为源头,汇集和整合社会资源,围绕技术、资金、管理、人才等要素,通过对企业提供个性化服务,推动企业自主创新,促进技术转移,加速科技成果转化。

⑦政府。政府通过加强技术转移支撑机构建设,制定技术转移中介规范和引导技术创新方向等宏观措施和政策,建立技术中介运行机制等宏观支持,加强创新资源和技术转移资源的共享,推动了各个主体之间进行技术交流和技术转移。

3. 调查问卷设计

问卷是问卷调查的主要工具,问卷设计的质量直接影响回收问卷的有效性和被试者回答的质量,科学地设计问卷是问卷调查的关键环节。

(1) 调查问卷设计的原则。

①目的性原则。一方面,调查问卷必须与调查主体紧密相关,保证研究课题的有效性;另一方面,保证被调查对象能够理解其回答内容对研究的价值,从而认真、真实地填写问卷。

②简明扼要原则。被试问题应当设计的简明扼要,并且包含了所要调查的全面内容。

③可接受性原则。问卷设计应当比较容易让被调查者接受,保证大多数能得到对方答复。

④顺序性原则。合理安排要调查题目的顺序,使问卷条理清楚,提高回答的效率。可采用下列原则:先易后难、先简后繁,先一般问题、后特殊问题。

⑤逻辑性原则。问卷设计和编排要合乎逻辑,有整体感和统一性。

⑥针对性原则。问卷设计不涉及其他与调查问题无关事项和保密事项,保证被调查者毫无拘束地提供信息,便于获得整体和真实的信息。

(2) 调查问卷的设计过程。根据 Churchill(1979)、Gerbing 和 Anderson(1988)建议,在与技术转移中介管理人员访谈基础上,结合前人研究成果设计问卷,共经历了三个阶段。

①参照文献。笔者通过大量阅读与风险管理相关的文献，从中吸取与本研究相关的研究成果，并对文献中与本研究有关的问题进行分析和整理，在深入研究问题的基础上形成初始测量项，形成半开放式调查问卷初稿。

②实地访谈。就初稿测量题项与创新企业、科研机构、技术中介组织等机构中不同层次人员进行了实地深入访谈，征求他们对创新驿站管理、财务、技术和市场、人员、创新技术转移过程中各个阶段风险因素的评价意见，让被访者提出符合实际情况的测量题项，整理后对初稿进行了修改，修改后的测试问卷仍然使用半开放式问卷（见附录）。

③问卷预测试。根据文献研究、实地访谈结果，对创新驿站研究目的和背景进行修改，形成初始调查问卷。将修改后的初稿在山东省进行了问卷测试，抽取中小创新企业高层管理人员10名，中层管理人员10名，基层创新技术人员10名进行了问卷测试，根据测试结果分析测量题项与本研究的关联程度，删除关联较弱题项，增加合理选项，经过5次增删过程，通过对测试结果进行分析和汇总，形成最终调查问卷（见附录）。

4. 调查问卷收发

本书的调查对象为被访企事业单位与技术转移或技术创新有关联的管理人员和技术人员，主要考虑他们对创新技术项目转移及其存在的风险因素比较了解，并有足够的知识和能力加以分析与判断，能够对问卷中相关测量题项提出客观而全面的回答。调查范围较广，从而增强了结论的一般性。问卷调查采用三种方式进行。

(1) 实地调研。由笔者和所在研究团队上门与被调查者交流并当面指导被调查者填写问卷，亲临调研现场，让被调查者感到对其重视，从而能够认真填写，达到预期目的，提高回收率，在调研结束后将问卷带回。由于时间和经费限制，这种方式占总调查问卷比例较小，共发放问卷30份，回收问卷28份，其中有效问卷27份，回收率和回收有效率占93.3%和90%。

(2) 托付给相关联系人员。通过亲戚、朋友等私人社会关系网络将问卷交给被调查者或托付给被调查企业的某位联系人，按照调查内容填写后在规定时间内寄回。采用这种方式共发放问卷125份，回收问卷106份，其中有效问卷89份，问卷回收率和回收有效率分别为84.8%和71.2%。

(3) E-mail方式。首先与熟悉的科技局联系，通过科技局网络联系被访地科技局，并让其帮忙利用其职位职能和社会关系网络联系当地被调查资源，以随机抽样方式和 E-mail 方式进行调查，被调查者填写完问卷后通过 E-mail 方式发给笔者。通过这种方式共发放问卷 101 份，回收问卷 71 份，其中有效问卷 55 份，问卷回收率和回收有效率分别为 70.3% 和 54.5%。

整个问卷调查过程共涉及被调查企业 56 个，发放调查问卷 256 份，回收问卷 205 份，扣除回答不完整或回答不符合问卷设计要求的 34 份，共收到有效问卷 171 份，回收率和回收有效率分别为 80.08% 和 66.8%。调查样本情况见表 3-3。

表 3-3　　　　　　　　　创新驿站问卷调查样本情况

因素	类别	有效样本数	比例（%）	因素	类别	有效样本数	比例（%）
性别	男	102	56.65	年龄	20 岁以下	10	5.85
	女	69	40.35		20~30 岁	56	32.75
从事本行业年限	5 年以下	63	36.84		30~40 岁	58	33.92
	5~10 年	78	45.61		40~50 岁	35	20.46
	10 年以上	30	17.55		50 岁以上	12	7.02
管理层次	高层管理人员	29	16.96	企业类别	创新企业	59	34.5
	中层管理人员	39	22.81		科研院所	25	14.62
	基层管理人员	36	21.05		科技园孵化器	9	5.27
	技术人员	67	39.18		技术中介组织	40	23.39
学历	博士	15	8.77		政府	5	2.92
	硕士	51	29.83		创新驿站	23	13.45
	本科及以下	105	61.4		大学	10	5.85

本书采用实地调研、托付联系人和 E-mail 三种方式进行调研，为了考察通过三种方式问答是否存在显著差异，能否合并进行数据分析，本书选用技术转移市场需求、企业文化、技术的先进性、管理人员沟通能力、人力资源规划、融资渠道、合作者道德风险等题项进行单因素方差分析，结果表明，三种方式问卷题项均值不存在在显著差异，可以合并进行数据处理，见表 3-4。

表 3-4　　　　　　　　　　　　　ANOVA

题项		Sum of Squares	df	Mean Square	F	Sig.
技术转移市场需求	Between Groups	3.854	2	1.927	1.076	0.343
	Within Groups	300.778	168	1.79		
	Total	304.632	170			
企业文化	Between Groups	3.126	2	1.563	0.799	0.451
	Within Groups	328.5	168	1.955		
	Total	331.626	170			
技术的先进性	Between Groups	9.649	2	4.824	2.657	0.073
	Within Groups	304.995	168	1.815		
	Total	314.643	170			
管理人员沟通能力	Between Groups	9.562	2	4.781	2.582	0.079
	Within Groups	311.081	168	1.852		
	Total	320.643	170			
人力资源规划	Between Groups	8.927	2	4.463	2.118	0.123
	Within Groups	354.032	168	2.107		
	Total	362.959	170			
融资渠道	Between Groups	3.835	2	1.917	0.981	0.377
	Within Groups	328.352	168	1.954		
	Total	332.187	170			
合作者道德风险	Between Groups	7.175	2	3.587	1.919	0.15
	Within Groups	314.065	168	1.869		
	Total	321.24	170			

3.3.2 风险因素测量工具效度检验

1. 风险因素量表效度检验和因子萃取

效度指能正确测量到所要测量特质的程度，一般称为测验的可靠性或有效性。效度可分为内容效度、效标关联效度和建构效度[182]。校标关联效度是一种属于事后统计分析的检验方法，由于本研究对各个测量题项都是直接测量，很难找到其他标准作辅助,所以无法进行校标关联效度分析,因此,本节只讨论内容效度和建构效度。

内容效度是一种事前的逻辑分析、测量和理性的判断,指测量题项的代表性,对测量行为层面取样的适切性。由于研究所采用的测量项均来自于前人研究文献,并且在制定问卷之前已经抽取样本进行问卷预测试,将不合理选项删除,增添合理选项,经过多次"测试—分析—增删选项"的过程,最终确定总量表和各分量表的测量项,所以问卷具有较高的内容效度。

建构效度是用来解释个体行为的假设性理论架构的可靠性,指测量出理论的概念及特征程度。建构效度一般由收敛效度和区别效度来检验。

依据 Sethi 和 Carraher(1993)建议,如果测量模型中含有测量题项较多,而相对样本有限情况下,无法在同一个模型中以完整模型来检验收敛效度,则可采用有限信息方式,将模型测量题项按理论分成各个独立的小模型分别检验。本节根据前文分析结果将模型分为 6 个子模型,分别为战略风险因素、技术和市场风险因素、人员风险因素、财务风险因素、创新驿站项目转移过程风险因素和创新驿站绩效因素,分别进行独立检测。

(1)创新驿站战略风险因素分量表的效度检验和因子萃取。

根据书中研究已经设想能引发创新驿站战略风险的因素可以分为以下几类:①宏观经济环境因素、技术转移市场需求、市场竞争环境、创新技术转移对技术转移中介的依赖性、退出风险。②政治环境因素、法律环境因素。③管理机制、管理人员素质、管理团队结构合理性、企业文化、资源整合能力。④决策的科学性、信息因素、决策环境。根据以上分类,假设创新驿站战略风险因素包括环境因素、政治法律因素、管理因素、决策因素四个维度。实际情况是否和研究假设一致?我们采用实证研究来验证假设。

在分析、查阅和整理文献的基础上,与中介组织、科技局及中小科技创新企业进行深度访谈,针对创新驿站可能面临的风险因素进行全面测评和比较,由此得到的数据将更有意义。为保证测评质量,正式形成风险因素问卷之前,采用 5 - Likert 量表进行打分,1 表示风险最"低",5 表示风险最"高",1~5 分别表示风险从最低到最高水平。在山东、江苏等地选取 30 名技术中介转移组织中的不同层次人员进行了问卷预测试,并根据测试结果进行分析,将不合理的选项删除,增加合理选项,经过 5 次"测试—分析—增删选项"的过程,修订后的风险因素共有 15 个测量项,根据 Salancik 和 Pfefer(1977)避免思维定式回答问题一致性建议,将 $V3$、$V5$、$V7$、$V10$ 问题设置为反向问答,并按随机顺序进行编码,最后形成风险因素调查内容,见表 3 - 5。

表 3-5　　　　　　　　　创新驿站战略因素风险调查表

风险因素	代码	调查内容
管理机制	V1	管理机制与企业发展不相适应可能给创新驿站带来风险
决策的科学性	V2	决策缺乏科学性可能给创新驿站带来风险
管理人员素质	V3	管理人员素质较低可能给创新驿站带来风险
管理团队结构	V4	管理团队结构不合理可能给创新驿站带来风险
企业文化	V5	缺乏积极向上的企业文化可能给创新驿站带来风险
政策环境风险	V6	不利的政策环境可能给创新驿站带来风险
宏观经济环境因素	V7	不利的宏观经济环境可能给创新驿站带来风险
技术转移市场需求	V8	技术转移市场需求较弱可能给创新驿站带来风险
信息管理	V9	信息管理能力较差可能给创新驿站带来风险
市场竞争环境	V10	处于有利的市场竞争环境可能给创新驿站带来风险
决策环境	V11	不利的决策环境可能给创新驿站带来风险
技术转移的依赖性	V12	创新技术转移对技术中介的依赖性弱可能给创新驿站带来风险
法律因素风险	V13	法律法规的限制可能给创新驿站带来风险
资源整合能力风险	V14	资源整合能力较弱可能给创新驿站带来风险
退出风险	V15	退出壁垒较高可能给创新驿站带来风险

①数据分析。

本书利用 SPSS 13.0 统计软件对创新驿站风险因素指标进行主成分分析，首先进行 KMO（Kaiser - Meyer - Olkin）检验和 Bartlett's 球形检验，检验结果见表 3-6。

表 3-6　　　　　　　　　　　　**KMO and Bartlett's Test**

Kaiser - Meyer - Olkin Measure of Sampling Adequacy		0.856
Bartlett's Test of Sphericity	Approx. Chi - Square	1380.112
	df	298
	Sig.	0.000

由表 3-6 可知，KMO 值为 0.856，处于"有价值"和"极佳"间的标准，Bartlett's Test 值为 1380.112，显著性为 0.000，表明样本数据通过 KMO 取样适当性检验及 Bartlett 球面形检验，适合进行主成分分析。

对样本数据以主轴法初步抽取共同因素以及进行正交旋转（Varimax），提取特征根大于1的主成分见表3-7，同时输出陡坡检验结果主成分分析碎石图见图3-3。

表3-7　　　　　　　　　　**Total Variance Explained**

Component	Initial Eigenvalues			Extraction Sums of Squared Loadings			Rotation Sums of Squared Loadings		
	Total	% of Variance	Cumulative %	Total	% of Variance	Cumulative %	Total	% of Variance	Cumulative %
1	3.393	22.622	22.622	3.393	22.622	22.622	2.913	19.417	19.417
2	2.806	18.706	41.328	2.806	18.706	41.328	2.689	17.924	37.341
3	2.184	14.561	55.889	2.184	14.561	55.889	2.404	16.024	53.365
4	1.431	9.541	65.430	1.431	9.541	65.430	1.810	12.065	65.430
5	0.980	6.532	71.962						
6	0.925	6.163	78.125						
7	0.795	5.299	83.424						
8	0.681	4.538	87.963						
9	0.529	3.524	91.486						
10	0.439	2.925	94.412						
11	0.323	2.152	96.563						
12	0.263	1.755	98.318						
13	0.151	1.008	99.326						
14	0.058	0.389	99.715						
15	0.043	0.285	100.000						

Extraction Method: Principal Component Analysis.

表3-7得到特征根大于1的4个主成分因子，可解释变量变异量分别为22.622%、18.706%、14.561%、9.541%，累计反映了总体65.430%的信息。在社会科学中，保留的因素所能解释的变异量以达到60%为理想，本书达到65.43%，表示具有良好的效度。

根据陡坡检验碎石图可判定，陡坡中突然上升的因素，就是应该保留的因素。图3-3显示应该保留四个主成分因素因子，与特征值抽取的结果一致。

图 3-3 陡坡检验碎石图

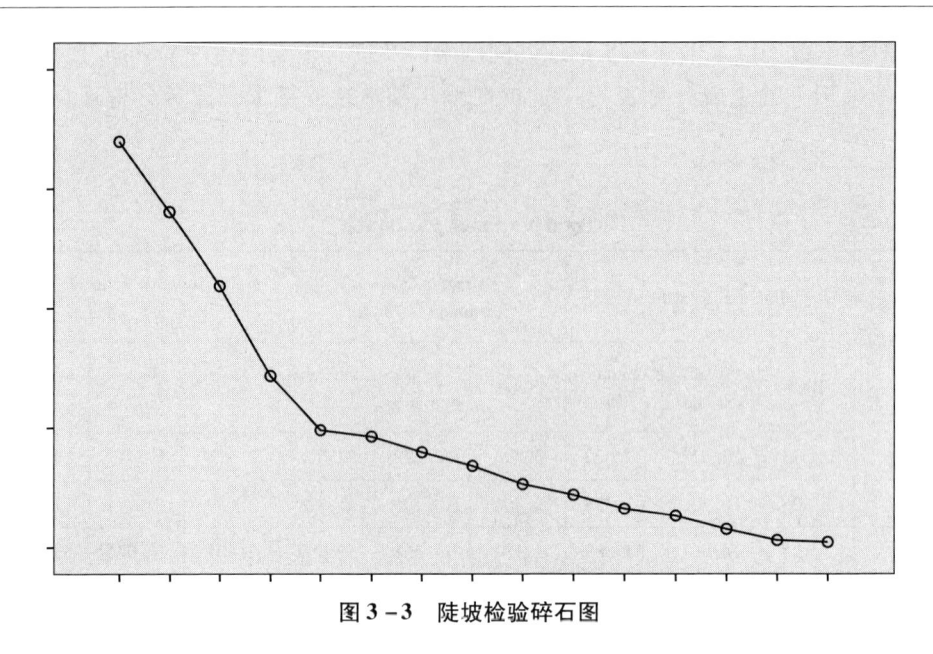

由于未经旋转时,无法区分主成分在每个风险因素上的载荷,为了体现主成分因子的代表性,采用正交旋转(Varimax),转轴总共经过 9 次迭代(Iteration)达到内设收敛(Converge)标准。旋转后的载荷矩阵见表 3-8,因子系数得分矩阵见表 3-9。

表 3-8　　　　　　　　Rotated Component Matrix（a）

代码	Component			
	1	2	3	4
V1	0.253	0.680	0.335	0.337
V2	0.248	0.212	0.847	0.009
V3	-0.337	-0.628	-0.356	-0.272
V4	0.093	0.769	0.016	0.289
V5	-0.066	-0.726	-0.148	-0.072
V6	0.238	0.080	0.327	0.636
V7	-0.782	-0.255	-0.024	-0.026
V8	0.673	0.287	0.211	0.178
V9	0.260	0.270	0.602	0.244

续表

代码	Component			
	1	2	3	4
V10	-0.782	-0.179	-0.234	-0.298
V11	0.169	0.052	0.721	0.168
V12	0.708	0.180	0.057	0.453
V13	0.018	0.082	0.138	0.812
V14	0.300	0.463	0.309	0.315
V15	0.732	0.129	0.198	0.045

Extraction Method: Principal Component Analysis.
Rotation Method: Equamax with Kaiser Normalization.
a Rotation converged in 9 iterations.

表3-9　　　　　**Component Score Coefficient Matrix**

代码	Component			
	1	2	3	4
V1	0.139	0.326	0.065	0.174
V2	0.030	0.109	0.379	-0.084
V3	-0.114	-0.249	-0.081	-0.059
V4	0.069	0.308	0.001	0.171
V5	-0.041	-0.287	0.110	-0.054
V6	0.106	0.034	0.059	0.355
V7	-0.308	-0.157	-0.071	-0.070
V8	0.226	0.076	0.050	0.126
V9	0.093	0.055	0.242	0.051
V10	-0.267	-0.001	-0.103	-0.095
V11	0.007	0.045	0.341	0.180
V12	0.681	0.102	0.055	0.141
V13	0.062	0.035	0.168	0.501
V14	0.053	0.210	0.059	-0.049
V15	0.251	0.009	0.050	0.052

Extraction Method: Principal Component Analysis.
Rotation Method: Equamax with Kaiser Normalization.

由创新驿站采取正交旋转后各因子负荷可以看出，量表中资源整合能力风险因素（V14）在各个主成分上的载荷均低于0.5。对创新驿站战略风险因素量表的各测量模型因子进行相关分析，由相关系数可知，战略风险量表的管理因素子量表中管理人员素质（V3）和资源整合能力风险（V14）之间的相关系数为0.781。如果变量之间的相关系数太高（>0.7），可能出现Ill-condition情况，进行因子分析所得结果将会不稳定，因此，对载荷因子太小（<0.5）和相关系数太大（>0.7）的因子进行分析，并结合实际情况，将不合适的因子剔除，以免影响总量表效度检验以及结果分析。在深入分析基础上，根据各指标对创新驿站的影响重要程度，结合因子分析结果，本研究中将资源整合能力风险（V14）剔除，剩余量表测量题项之间的相关系数介于0.182~0.628，且检验结果显示，KMO样本测度值为0.856，远远大于0.5可作因子分析的最低标准，Bartlett球度检验值为0，拒绝相关系数矩阵为单位矩阵的零假设，支持了采用因子分析的合理性。因子最小负荷为0.628，四个特征根大于1的主成分可解释变量的65.430%，说明量表进行因子分析的效果较好。

②因子命名。主成分分析是从多个实际测量的样本变量中提取较少的、互不相关的因子来反映总体信息，是在众多的风险变量中用几个彼此独立的公因子解释构成创新驿站风险因素。主成分分析如果提取公因子过多，则失去了分类意义，如果提取过少，则不能反映总体信息。根据本文分析结果，结合实际情况，将风险因素分为四类。V7、V8、V10、V12、V15在第一个主成分上有较大载荷，反映了创新驿站环境方面的风险，因此，将第一个主成分因子F1命名为"环境因素"因子，主要描述政治、市场环境给创新驿站造成的风险程度；V1、V3、V4、V5在第二个主成分上有较大载荷，反映了创新驿站管理方面的风险，因此，将第二个主成分因子F2命名为"管理因素"因子，主要描述创新驿站在战略管理中管理方面面临的风险；V2、V9、V11在第三个主成分上有较大载荷，反映了创新驿站战略决策方面的风险，将第三个主成分F3命名为"决策因素"因子，主要描述创新驿站在战略决策方面面临的风险；V6、V13在第四个主成分上有较大载荷，反映了政策法律方面的风险，将第四个主成分F4命名为"资金运作风险"因子，主要描述了创新驿站在政策法律方面面临的风险。需要进一步对剔除资源整合能力风险因素（V14）后的各因素进行假设验证。

（2）创新驿站技术和市场风险因素收敛效度检验。

①数据分析。

按照创新驿站战略风险因素效度检验步骤，采用SPSS（Statistical Product and

Service Solutions, SPSS) 默认特征根（Eigenvalue）为 1 的模式，进行主成分分析，并采用正交旋转，得到检验结果见表 3-10 和表 3-11。

表 3-10　　　　　　　　　　KMO and Bartlett's Test

Kaiser - Meyer - Olkin Measure of Sampling Adequacy		0.831
Bartlett's Test of Sphericity	Approx. Chi - Square	1162.112
	df	271
	Sig.	0.000

表 3-11　　　　　　技术和市场风险因素测量工具的因子载荷

代码	因素	Component 1	Component 2
$V1$	创新驿站专家技术能力	0.753	
$V2$	技术优势	0.398	
$V3$	品牌优势		0.698
$V4$	市场需求		0.789
$V5$	知识产权保护	0.63	
$V6$	市场进入和退出壁垒		0.636
$V7$	技术的适用性	0.782	
$V8$	技术的先进性	0.673	
$V9$	营销策略		0.883
$V10$	技术的垄断性	0.782	
$V11$	市场营销能力		0.868
$V12$	创新技术转移能力		0.708
$V13$	风险应对机制		0.812
$V14$	数据库信息	0.883	
$V15$	网络平台	0.732	

从采取正交旋转后各因子负荷可以看出，量表中技术优势（$V2$）在各个主成分上的载荷均低于 0.5。对创新驿站技术和市场风险因素量表的各测量模型因

子进行相关分析,由相关系数可知,技术和市场量表的技术风险因素子量表中技术优势（V2）与技术的先进性（V8）、技术的适用性（V7）、技术的垄断性（V10）之间的相关系数分别为0.823、0.799和0.818。变量之间的相关系数太高（>0.7）,可能出现Ill-condition情况,进行因子分析所得结果将会不稳定,因此,将载荷因子太小（<0.5）和相关系数太大（>0.7）的因素进行分析,并结合实际情况,将不合适的项目剔除,以免影响总量表效度检验以及结果分析。在深入分析基础上,根据各指标对创新驿站的影响重要程度,结合因子分析结果,本书中将技术优势（V2）剔除,剩余量表测量题项之间的相关系数介于0.163~0.536,且检验结果显示,KMO样本测度值为0.831,远远大于0.5可作因子分析的最低标准,Bartlett球度检验值为0,拒绝相关系数矩阵为单位矩阵的零假设,支持了采用因子分析的合理性。因子最小负荷为0.63,两个特征根大于1的主成分可解释变量的61.282%,说明量表进行因子分析的效果较好。

②因子命名。根据分析结果,结合实际情况,将技术和市场风险因素分为两类。V1、V5、V7、V8、V10、V14、V15在第一个主成分上有较大载荷,反映了创新驿站技术方面的风险,因此,将第一个主成分因子F1命名为"技术风险因素"因子,主要描述技术能力、网络平台建设、技术知识保护等因素给创新驿站造成的风险程度；V3、V4、V6、V9、V11、V12、V13在第二个主成分上有较大载荷,反映了创新驿站市场方面的因素,因此,将第二个主成分因子F2命名为"市场因素"因子,主要描述创新驿站在市场方面面临的风险。需要进一步将对剔除技术优势（V2）后的各因素进行假设验证。

（3）创新驿站人员风险因素收敛效度检验。

①数据分析。按照创新驿站战略风险因素效度检验步骤,采用SPSS默认特征根为1的模式,进行主成分分析,并采用正交旋转,得到检验结果见表3-12和表3-13。

表3-12　　　　　　　　　　　KMO and Bartlett's Test

Kaiser – Meyer – Olkin Measure of Sampling Adequacy		0.886
Bartlett's Test of Sphericity	Approx. Chi – Square	1371.339
	df	323
	Sig.	0.000

第3章 基于企业绩效的创新驿站风险识别研究

表 3-13　　　　　　　人员风险因素测量工具的因子载荷

代码	风险因素	Component 1	Component 2	Component 3
V1	员工责任心		0.811	
V2	员工的学习能力		0.732	
V3	道德风险	0.688		
V4	关键人才离职		0.755	
V5	管理人员政治化倾向	0.773		
V6	人事变动风险			0.377
V7	对工作环境的适应能力		0.715	
V8	管理人员能力风险因素	0.872		
V9	人才流失风险			0.805
V10	员工的基本素质		0.687	
V11	人力资源规划			0.801
V12	管理人员沟通能力		0.461	
V13	人员配置不合理			0.702
V14	高层管理管理团队	0.659		
V15	管理人员冒险和侥幸心理	0.367		
V16	人力资源招聘人才测评风险			0.652
V17	管理人员的素质	0.843		
V18	人力资本投资风险			0.593

采取正交旋转后各因子负荷可以看出，量表中人事变动风险（V6）、管理人员沟通能力（V12）、管理人员冒险和侥幸心理（V15）在各个主成分上的载荷均低于 0.5。对创新驿站人员风险因素量表的各测量模型因子进行相关分析，由相关系数可知，人员风险量表的管理人员风险子量表中管理人员政治化倾向（V5）和管理人员冒险和侥幸心理（V15）之间的相关系数为 0.774，管理人员能力风险因素（V8）和管理人员沟通能力（V12）之间的相关系数为 0.838；人员风险量表中的人事变动风险（V6）和人员配置不合理（V13）之间的相关系数为 0.778。变量之间的相关系数太高（>0.7），可能出现 Ill-condition 情况，进行因子分析所得结果将会不稳定，因此，对载荷因子太小（<0.5）和相关系数太大

(>0.7)的因子进行分析,并结合实际情况,将不合适的因子剔除,以免影响总量表效度检验以及结果分析。在深入分析基础上,根据各指标对创新驿站的影响重要程度,结合因子分析结果,将管理人员冒险和侥幸心理(V15)、管理人员沟通能力(V12)、人事变动风险(V6)等题项剔除,剩余量表测量题项之间的相关系数介于0.215~0.653,且检验结果显示,KMO样本测度值为0.831,远远大于0.5可作因子分析的最低标准,Bartlett球度检验值为0,拒绝相关系数矩阵为单位矩阵的零假设,支持了采用因子分析的合理性。剩余因子最小负荷为0.593,两个特征根大于1的主成分可解释变量的58.361%,说明量表进行因子分析的效果一般,需要对剔除后的剩余因子进一步进行效度分析。

②因子命名。根据分析结果,结合实际情况,将人员风险因素分为三类。V2、V3、V5、V8、V14、V17在第一个主成分上有较大载荷,反映了创新驿站人员风险中管理人员方面的风险,因此,将第一个主成分因子F1命名为"管理人员风险因素"因子,主要描述管理人员在道德、能力、管理团队建设、人员配置等方面给创新驿站带来的风险;V1、V4、V7、V10在第二个主成分上有较大载荷,反映了创新驿站人员风险因素中员工方面的因素,因此,将第二个主成分因子F2命名为"员工风险因素"因子,主要描述创新驿站员工的责任心、适应力、人员流失等方面面临的风险。V9、V11、V13、V16、V18在第三个主成分上有较大载荷,反映了创新驿站人员风险因素中人力资源方面的因素,因此,将第三个主成分因子F3命名为"人力资源管理风险因素"因子,主要描述创新驿站人力资源管理方面面临的风险。需要进一步对剔除管理人员冒险和侥幸心理(V15)、管理人员沟通能力(V12)、人事变动风险(V6)等题项后的各因素进行假设验证。

(4)创新驿站财务风险因素收敛效度检验。

①数据分析。按照创新驿站战略风险因素效度检验步骤,采用SPSS默认特征根为1的模式,进行主成分分析,并采用正交旋转,得到检验结果见表3-14和表3-15。

表3-14 KMO and Bartlett's Test

Kaiser – Meyer – Olkin Measure of Sampling Adequacy		0.763
Bartlett's Test of Sphericity	Approx. Chi – Square	532.638
	df	89
	Sig.	0.000

表 3-15　　　　　　　　财务风险因素测量工具的因子载荷

代码	因素	Component 1	Component 2
V1	财务决策	0.699	
V2	资金供应	0.832	
V3	融资结构		0.793
V4	财务状况	0.751	
V5	融资渠道		0.875

检验结果显示，KMO样本测度值为0.763，远远大于0.5可作因子分析的最低标准，Bartlett球度检验值为0，拒绝相关系数矩阵为单位矩阵的零假设，支持了采用因子分析的合理性。因子最小负荷为0.699，两个特征根大于1的主成分可解释变量的68.557%，说明量表进行因子分析的效果很好。

②因子命名。根据分析结果，结合实际情况，将财务风险因素分为两类。$V1$、$V2$、$V4$在第一个主成分上有较大载荷，反映了创新驿站管理中财务管理方面的风险，因此，将第一个主成分因子F1命名为"财务管理风险因素"因子，主要描述财务决策、资金供应、财务状况等方面的因素给创新驿站造成的风险程度；$V3$、$V5$在第二个主成分上有较大载荷，反映了创新驿站财务风险因素中融资方面的因素，因此，将第二个主成分因子F2命名为"融资风险因素"因子，主要描述创新驿站融资结构和融资渠道等方面面临的风险。

(5) 创新驿站项目转移过程风险因素收敛效度检验。

①数据分析。按照创新驿站战略风险因素效度检验步骤，采用SPSS默认特征根为1的模式，进行主成分分析，并采用正交旋转，得到检验结果见表3-16和表3-17。

表 3-16　　　　　　　　KMO and Bartlett's Test

Kaiser–Meyer–Olkin Measure of Sampling Adequacy		0.827
Bartlett's Test of Sphericity	Approx. Chi–Square	1101.351
	df	267
	Sig.	0.000

表3-17　　　创新驿站项目转移过程风险因素测量工具的因子载荷

代码	因素	Component 1	2	3	4	5
V1	合作者道德风险			0.813		
V2	技术需求层次和创新技术评估准确性		0.829			
V3	合同对创新技术标准描述的准确性					0.651
V4	合同条款的全面性					0.801
V5	项目本身的复杂性	0.855				
V6	合作的技术风险			0.726		
V7	专业人员责任心				0.738	
V8	创新驿站专业人员对项目了解程度				0.772	
V9	创新技术需求时间的评估		0.679			
V10	专家判断的主观性	0.878				
V11	创新途径的识别		0.722			
V12	专业人员知识水平				0.634	
V13	项目选择的正确性	0.891				
V14	合同语言叙述的恰当性					0.626
V15	寻找合适的技术需求/技术输出方			0.835		

检验结果显示，KMO样本测度值为0.827，远远大于0.5可作因子分析的最低标准，Bartlett球度检验值为0，拒绝相关系数矩阵为单位矩阵的零假设，支持了采用因子分析的合理性。因子最小负荷为0.626，两个特征根大于1的主成分可解释变量的78.115%，说明量表进行因子分析效果很好。

②因子命名。根据分析结果，结合实际情况，将创新驿站项目转移过程风险因素分为五类。V5、V10、V13在第一个主成分上有较大载荷，反映了创新驿站走访企业识别技术需求和技术输出方面的风险，因此，将第一个主成分因子F1命名为"走访企业模块风险因素"因子，主要描述项目本身的复杂性、专家判断的主观性、项目选择的正确性等方面的因素给创新驿站专家走访企业，选择合适技术需求和技术输出项目造成的风险；V2、V9、V11在第二个主成分上有较大载荷，反映了创新驿站对技术输出和技术需求识别等方面的因素，因此，将第二个主成分因子F2命名为"识别技术需求/技术输出风险因素"因子，主要描述创新驿站专家对技术的识别程度、需求时间评估和创新途径等方面面临的风险；

V1、V6、V15 在第三个主成分上有较大载荷,反映了创新驿站在寻求合作者方面面临的风险,因此,将第三个主成分因子 F3 命名为"寻求合作者模块风险因素"因子,主要描述合作者道德、合作者技术、能否找到合适的合作者等方面的因素给创新驿站造成的风险;V7、V8、V12 在第四个主成分上有较大载荷,反映了创新驿站对进一步提供支持和意见等方面面临的风险,因此,将第四个主成分因子 F4 命名为"进一步提出支持和意见风险因素"因子,主要描述创新驿站在进一步提供支持和意见过程中的责任心、专业人员对项目了解程度、专业人员知识水平等方面的风险;V3、V4、V14 在第五个主成分上有较大载荷,反映了创新驿站专家帮助签订合同方面的因素,因此,将第五个主成分因子 F5 命名为"帮助签订合同风险因素"因子,主要描述合同内容对创新技术标准描述的准确性、合同条款的全面性、合同语言叙述的恰当性等方面面临的风险。

(6)创新驿站绩效因素收敛效度检验。

按照创新驿站战略风险因素效度检验步骤,采用 SPSS 默认特征根为 1 的模式,进行主成分分析,并采用正交旋转,得到检验结果见表 3-18 和表 3-19。

表 3-18　　　　　　　　　　　　**KMO and Bartlett's Test**

Kaiser – Meyer – Olkin Measure of Sampling Adequacy		0.765
Bartlett's Test of Sphericity	Approx. Chi – Square	831.012
	df	101
	Sig.	0.000

表 3-19　　　　　　　　创新驿站绩效因素测量工具的因子载荷

代码	因素	Component	
		1	2
V1	主营业务税后利润率	0.838	
V2	市场占有率		0.856
V3	可持续增长能力		0.871
V4	投资回报率	0.869	
V5	企业信誉度		0.793
V6	主营业务增长率	0.832	

检验结果显示，KMO样本测度值为0.765，远远大于0.5可作因子分析的最低标准，Bartlett球度检验值为0，拒绝相关系数矩阵为单位矩阵的零假设，支持了采用因子分析的合理性。因子最小负荷为0.793，两个特征根大于1的主成分可解释变量的62.796%，说明量表进行因子分析的效果较好。

2. 创新驿站风险变量分析

根据SPSS对量表因子萃取结果，将不适合本研究的题项剔除，根据主成分分析结果保留其他题项并结合实际情况分为五个维度，即战略风险因素、技术和市场风险因素、人员风险因素、财务风险因素和创新技术项目转移过程风险因素五大类，绩效因素所有题项经主成分分析检验，符合研究要求，保留绩效所有测量题项。对重新整理后的创新驿站风险因素和创新驿站绩效因素进行编号。

（1）解释变量。

①创新驿站战略风险因素（见表3-20）。

表3-20　　　　　　　　　创新驿站战略风险因素

一层指标	二层指标	三层指标	变量代码
战略风险因素（$S1$）	环境风险因素（$X1$）	宏观经济环境因素	$A11$
		技术转移市场需求	$A12$
		市场竞争环境	$A13$
		创新技术转移对技术转移中介的依赖性	$A14$
		退出风险	$A15$
	政治法律因素（$X2$）	政策环境	$A21$
		法律因素	$A22$
	管理风险因素（$X3$）	管理机制	$A31$
		管理人员素质	$A32$
		管理团队结构合理性	$A33$
		企业文化	$A34$
	决策风险因素（$X4$）	决策的科学性	$A41$
		信息管理	$A42$
		决策环境	$A43$

②创新驿站技术和市场风险因素（见表 3 – 21）。

表 3 – 21　　　　　　　　创新驿站技术和市场风险因素

一层指标	二层指标	三层指标	变量代码
技术和市场风险因素（S2）	技术风险因素（X5）	创新驿站专家技术能力	B11
		技术的先进性	B12
		技术的适用性	B13
		数据库信息	B14
		网络平台	B15
		技术的垄断性	B16
		知识产权保护	B17
	市场风险因素（X6）	市场需求	B21
		品牌优势	B22
		市场营销能力	B23
		创新技术转移能力	B24
		市场进入和退出壁垒	B25
		营销策略	B26
		风险应对机制	B27

③创新驿站人员风险因素（见表 3 – 22）。

表 3 – 22　　　　　　　　创新驿站人员风险因素

一层指标	二层指标	三层指标	变量代码
人员风险因素（S3）	管理人员风险因素（X7）	道德风险	C11
		管理人员能力风险因素	C12
		高层管理团队	C13
		管理人员政治化倾向	C14
		管理人员的素质	C15
	员工风险因素（X8）	员工责任心	C21
		员工的基本素质	C22
		关键人才离职	C23
		员工的学习能力	C24
		对工作环境的适应能力	C25

续表

一层指标	二层指标	三层指标	变量代码
人员风险因素（S3）	人力资源管理风险因素（X9）	人力资源规划	C31
		人才测评	C32
		人才流失	C33
		人力资本投资	C34
		人员配置不合理	C35

④创新驿站财务风险因素（见表3-23）。

表3-23　　　　　　　　创新驿站财务风险因素

一层指标	二层指标	三层指标	变量代码
财务风险因素（S4）	融资风险因素（X10）	融资结构	D11
		融资渠道	D12
	财务管理风险因素（X11）	财务决策	D21
		财务状况	D22
		资金供应	D23

⑤创新驿站项目转移过程风险因素（见表3-24）。

表3-24　　　　　创新驿站项目转移过程风险因素

一层指标	二层指标	三层指标	变量代码
创新驿站项目转移过程风险因素（S5）	走访模块风险因素（X12）	项目选择的正确性	F11
		专家判断的主观性	F12
		项目本身的复杂性	F13
	识别技术需求/技术输出风险因素（X13）	技术需求层次和创新技术评估准确性	F21
		创新技术需求时间的评估	F22
		创新途径的识别	F23
	寻求合作者模块风险因素（X14）	寻找合适的技术需求/技术输出方	F31
		合作者道德风险	F32
		合作的技术风险	F33

续表

一层指标	二层指标	三层指标	变量代码
创新驿站项目转移过程风险因素（S5）	进一步提供意见和支持模块风险因素（X15）	创新驿站专业人员对项目了解程度	F41
		专业人员知识水平	F42
		专业人员责任心	F43
	帮助签订合同模块的风险因素（X16）	合同条款的全面性	F51
		合同对创新技术标准描述的准确性	F52
		合同语言叙述的恰当性	F53

（2）创新驿站绩效因素（见表3-25）。

表3-25　　　　　　　　创新驿站绩效因素

一层指标	二层指标	三层指标	变量代码
企业绩效（T）	财务绩效（Y1）	主营业务增长率	F11
		投资回报率	F12
		主营业务税后利润率	F13
	非财务绩效（Y2）	市场占有率	F21
		可持续增长能力	F22
		企业信誉度	F23

3. 萃取变量后问卷五维度量表整体效度检验

由于研究所采用的测量项均来自于前人研究文献，并且在制定问卷之前已经抽取样本进行问卷测试，将不合理选项删除，增添合理选项，经过多次"测试—分析—增删选项"的过程，最终确定总量表和各分量表的测量项，所以问卷具有较高的内容效度。

（1）收敛效度。

根据 Sethi 和 Carraher（1993）建议，按照变量分析结果，分别对战略风险因素、技术和市场风险因素、人员风险因素、财务风险因素、创新技术项目转移过程风险因素、创新驿站绩效因素利用结构方程分析软件（LISREL 8.51），采用二阶验证性因子分析进行检验。

①创新驿站战略风险因素测量模型的因子载荷和整体拟合优度（见表3-26）。

表3-26　　　战略风险因素测量模型的因子载荷和整体拟合优度

一阶因子载荷					
测量指标	测量题项	标准估计值	标准差	T值	显著性
环境因素风险（X1）	X1←A11	0.763	0.089	7.536	0.000
	X1←A12	0.665			
	X1←A13	0.788	0.105	6.323	0.007
	X1←A14	0.708	0.096	5.389	0.000
	X1←A15	0.729	0.113	3.985	0.019
政治法律因素（X2）	X2←A21	0.638	0.104	4.378	0.000
	X2←A22	0.818			
管理因素风险（X3）	X3←A31	0.691			
	X3←A32	0.605	0.092	4.397	0.025
	X3←A33	0.773	0.125	5.123	0.000
	X3←A34	0.728	0.116	7.215	0.016
决策因素风险（X4）	X4←A41	0.856			
	X4←A42	0.601	0.097	5.232	0.000
	X4←A43	0.722	0.133	6.285	0.003
二阶因子载荷					
测量指标	测量题项	标准估计值	标准差	T值	显著性
战略风险（S1）	S1←X1	0.823			
	S1←X2	0.598	0.056	4.327	0.011
	S1←X3	0.815	0.093	5.612	0.003
	S1←X4	0.807	0.085	5.798	0.000

模型拟合优度指标

$x^2 = 41.878$；$df = 19$；$x^2/df = 2.204$；$P < 0.05$；$NFI = 0.936$；$IFI = 0.958$；$TLI = 0.933$；$CFI = 0.962$；$RMSEA = 0.089$

②创新驿站技术和市场风险因素测量模型的因子载荷和整体拟合优度（见表3-27）。

表3-27 技术和市场风险因素测量模型的因子载荷和整体拟合优度

测量指标	测量题项	标准估计值	标准差	T值	显著性
一阶因子载荷					
技术风险因素（X5）	X5←B11	0.755	0.116	4.321	0.000
	X5←B12	0.695	0.095	3.879	0.002
	X5←B13	0.801			
	X5←B14	0.885	0.155	6.332	0.000
	X5←B15	0.762	0.132	5.341	0.021
	X5←B16	0.795	0.127	7.025	0.000
	X5←B17	0.628	0.058	5.226	0.015
市场风险因素（X6）	X6←B21	0.798	1.356	7.231	0.007
	X6←B22	0.702	1.097	6.563	0.000
	X6←B23	0.897			
	X6←B24	0.713	0.793	5.236	0.009
	X6←B25	0.597	1.259	5.389	0.013
	X6←B26	0.885	1.335	4.761	0.000
	X6←B27	0.828	1.289	6.975	0.026
二阶因子载荷					
测量指标	测量题项	标准估计值	标准差	T值	显著性
技术和市场风险（S2）	S2←X5	0.826			
	S2←X6	0.879	0.177	5.385	0.013

模型拟合优度指标

$x^2 = 181.26$；$df = 76$；$x^2/df = 2.385$；$P < 0.05$；$NFI = 0.915$；$IFI = 0.938$；$TLI = 0.921$；$CFI = 0.955$；$RMSEA = 0.091$

③创新驿站人员风险因素测量模型的因子载荷和整体拟合优度（见表3-28）。

表3-28　　　　人员风险因素测量模型的因子载荷和整体拟合优度

一阶因子载荷					
测量指标	测量题项	标准估计值	标准差	T值	显著性
管理人员风险（$X7$）	$X7 \leftarrow C11$	0.698	0.095	4.323	0.009
	$X7 \leftarrow C12$	0.883	0.139	3.856	0.015
	$X7 \leftarrow C13$	0.701	0.106	5.125	0.000
	$X7 \leftarrow C14$	0.785			
	$X7 \leftarrow C15$	0.856	0.128	5.332	0.000
员工风险（$X8$）	$X8 \leftarrow C21$	0.815	0.159	5.673	0.008
	$X8 \leftarrow C22$	0.712	0.177	7.127	0.000
	$X8 \leftarrow C23$	0.763			
	$X8 \leftarrow C24$	0.765	0.099	3.231	0.033
	$X8 \leftarrow C25$	0.723	0.108	4.785	0.011
人力资源管理风险（$X9$）	$X9 \leftarrow C31$	0.856			
	$X9 \leftarrow C32$	0.633	0.059	3.339	0.039
	$X9 \leftarrow C33$	0.818	0.126	3.986	0.027
	$X9 \leftarrow C34$	0.579	0.133	6.227	0.000
	$X9 \leftarrow C35$	0.735	0.117	5.236	0.000
二阶因子载荷					
测量指标	测量题项	标准估计值	标准差	T值	显著性
人员风险（$S3$）	$S3 \leftarrow X7$	0.838			
	$S3 \leftarrow X8$	0.721	0.185	5.279	0.007
	$S3 \leftarrow X9$	0.732	0.176	6.312	0.003

模型拟合优度指标

$x^2 = 185.36$；$\mathrm{df} = 89$；$x^2/\mathrm{df} = 2.083$；$P < 0.05$；$NFI = 0.928$；$IFI = 0.955$；$TLI = 0.941$；$CFI = 0.975$；$RMSEA = 0.092$

④创新驿站财务风险因素测量模型的因子载荷和整体拟合优度（见表3-29）。

表 3 - 29　　　　财务风险因素测量模型的因子载荷和整体拟合优度

一阶因子载荷					
测量指标	测量题项	标准估计值	标准差	T 值	显著性
融资风险（X10）	X10←D11	0.801	0.095	6.232	0.000
	X10←D12	0.882			
财务管理风险（X11）	X11←D21	0.703	0.106	7.155	0.000
	X11←D22	0.758			
	X11←D23	0.855	0.118	6.879	0.000

二阶因子载荷					
测量指标	测量题项	标准估计值	标准差	T 值	显著性
财务风险（S4）	S4←X10	0.853			
	S4←X11	0.812	0.103	6.956	0.000

模型拟合优度指标

$x^2 = 8.389$; $df = 4$; $x^2/df = 2.097$; $P < 0.05$; $NFI = 0.951$; $IFI = 0.987$; $TLI = 0.949$; $CFI = 0.989$; $RMSEA = 0.093$

⑤创新驿站项目转移过程风险因素测量模型的因子载荷和整体拟合优度（见表 3 - 30）。

表 3 - 30　　　项目转移过程风险因素测量模型的因子载荷和整体拟合优度

一阶因子载荷					
测量指标	测量题项	标准估计值	标准差	T 值	显著性
走访模块风险（X12）	X12←F11	0.883	0.098	4.356	0.006
	X12←F12	0.875	0.116	5.172	0.011
	X12←F13	0.858			
识别技术需求/技术输出风险（X13）	X13←F21	0.832	0.127	6.389	0.009
	X13←F22	0.681	0.065	3.298	0.035
	X13←F23	0.715			
寻求合作者模块风险（X14）	X14←F31	0.838	0.162	7.656	0.000
	X14←F32	0.821			
	X14←F33	0.726	0.119	6.379	0.000

续表

一阶因子载荷

测量指标	测量题项	标准估计值	标准差	T值	显著性
进一步提供意见和支持模块风险（X15）	X15←F41	0.775			
	X15←F42	0.638	0.087	4.327	0.019
	X15←F43	0.741			
帮助签订合同模块的风险（X16）	X16←F51	0.788	0.178	5.963	0.001
	X16←F52	0.597			
	X16←F53	0.638	0.089	6.332	0.000

二阶因子载荷

测量指标	测量题项	标准估计值	标准差	T值	显著性
创新驿站项目转移过程风险（S5）	S5←X12	0.811			
	S5←X13	0.765	0.128	6.025	0.011
	S5←X14	0.782	0.131	5.738	0.016
	S5←X15	0.698	0.106	4.397	0.018
	S5←X16	0.663	0.115	5.116	0.006

模型拟合优度指标

$x^2 = 195.361$；$df = 89$；$x^2/df = 2.195$；$P < 0.05$；$NFI = 0.923$；$IFI = 0.941$；$TLI = 0.916$；$CFI = 0.941$；$RMSEA = 0.088$

⑥创新驿站绩效因素测量模型的因子载荷和整体拟合优度（见表3-31）。

表3-31 绩效因素测量模型的因子载荷和整体拟合优度

一阶因子载荷

测量指标	测量题项	标准估计值	标准差	T值	显著性
财务绩效（Y1）	F11	0.838			
	F12	0.859	0.095	6.276	0.000
	F13	0.841	0.101	7.233	0.000
非财务绩效（Y2）	F21	0.866			
	F22	0.871	0.198	5.968	0.001
	F23	0.785	0.187	5.732	0.008

续表

二阶因子载荷					
测量指标	测量题项	标准估计值	标准差	T 值	显著性
企业绩效（T）	$T \leftarrow Y1$	0.851			
	$T \leftarrow Y2$	0.856	0.119	7.231	0.000

模型拟合优度指标

$x^2 = 19.856$；$df = 10$；$x^2/df = 1.986$；$P < 0.05$；$NFI = 0.943$；$IFI = 0.967$；$TLI = 0.938$；$CFI = 0.978$；$RMSEA = 0.092$

（2）区别效度。

经过分量表效度检验，并且剔除不合适测量题项，消除了多重共线因素，因此，可以利用主成分分析结果确定的公共因子得分作为风险因素的值进行计算。按照变量分析结果，分别对战略风险因素、技术和市场风险因素、人员风险因素、财务风险因素、创新技术项目转移过程风险因素五部分计算各个测量模型因子间的相关系数见表 3 - 32 ~ 表 3 - 36。

①创新驿站战略风险各因子间相关系数（见表 3 - 32）。

表 3 - 32　　　　　　战略风险各因子间相关系数

因子	环境因素风险（$X1$）	政治法律因素风险（$X2$）	管理因素风险（$X3$）	决策因素风险（$X4$）
环境因素风险（$X1$）	1	0.419	0.518	0.119
政治法律因素风险（$X2$）	0.419	1	0.152	0.106
管理因素风险（$X3$）	0.518	0.152	1	0.123
决策因素风险（$X4$）	0.119	0.106	0.123	1

②创新驿站技术和市场风险各因子间相关系数（见表 3 - 33）。

表 3 - 33　　　　　技术和市场风险各因子间相关系数

因子	技术风险因素（$X5$）	市场风险因素（$X6$）
技术风险因素（$X5$）	1	0.589
市场风险因素（$X6$）	0.589	1

③创新驿站人员风险各因子间相关系数（见表3-34）。

表3-34　　　　　　　　人员风险各因子间相关系数

因子	管理人员风险（X7）	员工风险（X8）	人力资源管理风险（X9）
管理人员风险（X7）	1	0.582	0.529
员工风险（X8）	0.582	1	0.16
人力资源管理风险（X9）	0.529	0.16	1

④创新驿站财务风险各因子间相关系数（见表3-35）。

表3-35　　　　　　　　财务风险各因子间相关系数

因子	融资风险（X10）	财务管理风险（X11）
融资风险（X10）	1	0.658
财务管理风险（X11）	0.658	1

⑤创新驿站技术转移过程风险各因子间相关系数（见表3-36）。

表3-36　　　　　　技术转移过程风险各因子间相关系数

因子	走访模块（X12）	识别技术模块（X13）	寻求合作者模块（X14）	意见和支持模块（X15）	签订合同模块（X16）
走访模块（X12）	1	0.568	0.123	0.283	0.323
识别技术模块（X13）	0.568	1	0.406	0.311	0.413
寻求合作者模块（X14）	0.123	0.406	1	0.512	0.312
意见和支持模块（X15）	0.283	0.311	0.512	1	0.535
签订合同模块（X16）	0.323	0.413	0.312	0.535	1

通过效度检验结果可知，各个因子载荷均在0.5以上，最小为0.579，最大为0.897；相关系数最小值为0.106，最大值为0.658；模型拟合优度指标均达到因子分析要求，适合进行因子分析。

3.3.3　测量工具信度检验

信度是指测验工具所得结果的一致性或稳定性。信度的特征包括：①信度不是指测验结果本身,而是测验结果的一致性。②信度不是泛指一般的一致性,而是某一特定类型下的一致性;信度是效度的必要条件,而非充分条件;信度检验完全依据统计方法。最常用的信度检验方法有重测信度、复本信度、分半信度、库里信度及 Cronbach α 值、测量标准误、Hoyt 信度系数值、评分者信度等[182]。通过访谈、测验等收集数据工具得到的数据是否具有较高信度,必须通过适当的统计方法检验,才能为研究所接受。本书采用 SPSS 17.0 统计内部一致性系数 Cronbach's α 值来分析变量测度的各题项间有多高频率保持得分相同。只有验证总量表和分量表的信度,才能验证变量的测量是否符合因子分析要求。其中,Cronbach's α 值的检验标准是:Cronbach's α 系数大于 0.9,表明量表的信度很高;Cronbach's α 系数介于 0.8~0.9,表明量表信度可以接受;Cronbach's α 系数介于 0.7~0.8,可以认为量表设计有一定的问题,但仍有一定的参考价值;如果 Cronbach's α 系数小于 0.7,说明量表设计存在较大问题,需要进行修改。本书通过计算每个维度所对应题项的 Cronbach's α 值来验证总量表和分量表的信度。

1. 创新驿站战略风险因素量表的信度检验及分析

(1) 环境风险因素测量工具的信度检验及分析。环境风险因素测量工具的信度检验结果见表 3-37。Cronbach's α 值为 0.909092,标准化的 Cronbach's α 值为 0.907977,表明量表的信度很高;由表 3-37 分析结果可知,修正条款总相关系数 (corrected item-total correlation) 的值都比较高,均大于 0.5;删除某问项后 (cronbach's alpha if item deleted) 的 α 值均没有得到提高。以上说明本量表的内在信度很高。

表 3-37　　　　　　环境风险因素测量工具的信度分析结果

	Scale Mean if Item Deleted	Scale Variance if Item Deleted	Corrected Item-Total Correlation	Squared Multiple Correlation	Cronbach's Alpha if Item Deleted
A11	13.80702	15.94489	0.88531	0.815852	0.865198
A12	14.54971	15.03722	0.820926	0.776111	0.878844
A13	14.69006	15.74455	0.788872	0.695767	0.885261
A14	13.96491	19.48111	0.548478	0.416574	0.898942
A15	13.95906	16.23949	0.827774	0.740641	0.876927
Cronbach's Alpha = 0.909092			Cronbach's Alpha Based on Standardized Items = 0.907977		

(2) 政治法律风险因素测量工具的信度检验及分析。政治法律风险因素测量工

具的信度检验结果见表 3-38。Cronbach's α 值为 0.905376，标准化的 Cronbach's α 值为 0.911534，表明量表的信度很高；由表 3-38 分析结果可知，修正条款总相关系数的值都比较高，均大于 0.5。以上说明本量表的内在信度很高。

表 3-38　　　　　政治法律风险因素测量工具的信度分析结果

	Scale Mean if Item Deleted	Scale Variance if Item Deleted	Corrected Item – Total Correlation	Squared Multiple Correlation	Cronbach's Alpha if Item Deleted
A21	3.192982	1.744892	0.837448	0.70132	***
A22	3.935673	1.272308	0.837448	0.70132	***
Cronbach's Alpha = 0.905376			Cronbach's Alpha Based on Standardized Items = 0.911534		

（3）管理风险因素测量工具的信度检验及分析。管理风险因素测量工具的信度检验结果见表 3-39。Cronbach's α 值为 0.928942，标准化的 Cronbach's α 值为 0.930539，表明量表的信度很高；由表 3-39 分析结果可知，修正条款总相关系数的值都比较高，均大于 0.5；删除某问项后的 α 值均没有得到提高。以上说明本量表的内在信度很高。

表 3-39　　　　　管理风险因素测量工具的信度分析结果

	Scale Mean if Item Deleted	Scale Variance if Item Deleted	Corrected Item – Total Correlation	Squared Multiple Correlation	Cronbach's Alpha if Item Deleted
A31	10.02924	11.41679	0.891047	0.815236	0.890872
A32	10.77193	10.42415	0.857247	0.775603	0.900871
A33	10.912281	11.05697	0.818898	0.69558	0.912733
A34	10.181287	11.97282	0.781808	0.683928	0.9241
Cronbach's Alpha = 0.928942			Cronbach's Alpha Based on Standardized Items = 0.930539		

（4）决策风险因素测量工具的信度分析。决策风险因素测量工具的信度检验结果见表 3-40。Cronbach's α 值为 0.890192，标准化的 Cronbach's α 值为 0.892562，表明量表的信度很高；由表 3-40 分析结果可知，修正条款总相关系数的值都比较高，均大于 0.5；删除某问项后的 α 值均没有得到提高。以上说明本量表的内在信度很高。

表 3-40　　　　　　　决策风险因素测量工具的信度分析

	Scale Mean if Item Deleted	Scale Variance if Item Deleted	Corrected Item – Total Correlation	Squared Multiple Correlation	Cronbach's Alpha if Item Deleted
A41	6.1929825	5.368421	0.82631	0.683158	0.814072
A42	7.0760234	5.023598	0.773298	0.61478	0.854995
A43	6.9883041	5.023392	0.763252	0.594744	0.864562
Cronbach's Alpha = 0.890192			Cronbach's Alpha Based on Standardized Items = 0.892562		

2. 创新驿站技术和市场风险因素量表的信度检验及分析

（1）技术风险因素测量工具的信度检验及分析。技术风险因素测量工具的信度检验结果见表 3-41。Cronbach's α 值为 0.928276，标准化的 Cronbach's α 值为 0.927568，表明量表的信度很高；由表 3-41 分析结果可知，修正条款总相关系数的值都比较高，均大于 0.5；删除某问项后的 α 值均没有得到提高。以上说明本量表的内在信度很高。

表 3-41　　　　　　技术风险因素测量工具的信度分析结果

	Scale Mean if Item Deleted	Scale Variance if Item Deleted	Corrected Item – Total Correlation	Squared Multiple Correlation	Cronbach's Alpha if Item Deleted
B11	20.736842	32.99505	0.90798	0.843886	0.904178
B12	21.479532	31.27458	0.880836	0.859452	0.906037
B13	21.619883	32.9076	0.800736	0.697754	0.914596
B14	20.894737	38.64768	0.526713	0.442189	0.917813
B15	20.888889	33.88758	0.812486	0.742491	0.913365
B16	21.532164	33.28572	0.762628	0.749606	0.918709
B17	20.883041	36.57448	0.730284	0.592193	0.92196
Cronbach's Alpha = 0.928276			Cronbach's Alpha Based on Standardized Items = 0.927568		

（2）市场风险因素测量工具的信度检验及分析。市场风险因素测量工具的信度检验结果见表 3-42。Cronbach's α 值为 0.920234，标准化的 Cronbach's α 值为 0.918010，表明量表的信度很高；由表 3-42 分析结果可知，修正条款总相关系数的值都比较高，均大于 0.5；删除某问项后的 α 值均没有得到提高。以上说明

本量表的内在信度很高。

表3-42　　　　　　市场风险因素测量工具的信度分析结果

	Scale Mean if Item Deleted	Scale Variance if Item Deleted	Corrected Item-Total Correlation	Squared Multiple Correlation	Cronbach's Alpha if Item Deleted
$B11$	20.859649	31.19195	0.902435	0.830384	0.892739
$B12$	21.602339	29.4527	0.88137	0.858747	0.893849
$B13$	21.74269	31.20399	0.787025	0.704261	0.904674
$B14$	21.023392	36.72886	0.528306	0.449531	0.917876
$B15$	21.011696	32.05869	0.806806	0.741755	0.902522
$B16$	21.654971	31.28614	0.772548	0.746816	0.906375
$v8$	20.877193	36.50836	0.596	0.409778	0.92251
Cronbach's Alpha = 0.920234			Cronbach's Alpha Based on Standardized Items = 0.918010		

3. 创新驿站人员风险因素量表的信度检验及分析

（1）管理人员风险因素测量工具的信度检验及分析。管理人员风险因素测量工具的信度检验结果见表3-43。Cronbach's α值为0.937855，标准化的Cronbach's α值为0.938612，表明量表的信度很高；由表3-43分析结果可知，修正条款总相关系数的值都比较高，均大于0.5；删除某问项后的α值均没有得到提高。以上说明本量表的内在信度很高。

表3-43　　　　　　管理人员风险因素测量工具的信度分析结果

	Scale Mean if Item Deleted	Scale Variance if Item Deleted	Corrected Item-Total Correlation	Squared Multiple Correlation	Cronbach's Alpha if Item Deleted
$C11$	13.169591	19.87107	0.888958	0.81759	0.914641
$C12$	13.912281	18.16285	0.903729	0.854772	0.909955
$C13$	14.052632	19.47368	0.81405	0.697259	0.927134
$C14$	13.321637	20.77241	0.76618	0.683929	0.935339
$C15$	13.964912	19.48111	0.804919	0.737967	0.928942
Cronbach's Alpha = 0.937855			Cronbach's Alpha Based on Standardized Items = 0.938612		

(2) 员工风险因素测量工具的信度检验及分析。员工风险因素测量工具的信度检验结果见表 3-44。Cronbach's α 值为 0.824807，标准化的 Cronbach's α 值为 0.826107，表明量表的信度较高；由表 3-44 分析结果可知，修正条款总相关系数的值都比较高，均大于 0.5；删除某问项后的 α 值均没有得到提高。以上说明本量表的内在信度很高。

表 3-44　　　　员工风险因素测量工具的信度分析结果

	Scale Mean if Item Deleted	Scale Variance if Item Deleted	Corrected Item - Total Correlation	Squared Multiple Correlation	Cronbach's Alpha if Item Deleted
$C21$	14.532164	10.13278	0.681792	0.544017	0.773003802
$C22$	13.900585	12.94888	0.583302	0.383583	0.824494655
$C23$	13.754386	12.76285	0.56581	0.337751	0.806261725
$C24$	13.883041	11.76271	0.685434	0.476086	0.77449392
$C25$	14.619883	9.954661	0.718608	0.564022	0.759743177
Cronbach's Alpha = 0.824807			Cronbach's Alpha Based on Standardized Items = 0.826107		

(3) 人力资源管理风险因素测量工具的信度检验及分析。人力资源管理风险因素测量工具的信度检验结果见表 3-45。Cronbach's α 值为 0.865417，标准化的 Cronbach's α 值为 0.866584，表明量表的信度较高；由表 3-45 分析结果可知，修正条款总相关系数的值都比较高，均大于 0.5；删除某问项后的 α 值均没有得到提高。以上说明本量表的内在信度较高。

表 3-45　　　　人力资源管理风险因素测量工具的信度分析结果

	Scale Mean if Item Deleted	Scale Variance if Item Deleted	Corrected Item - Total Correlation	Squared Multiple Correlation	Cronbach's Alpha if Item Deleted
$C31$	14.397661	12.93505	0.672182939	0.539228233	0.843376185
$C32$	13.766082	15.62731	0.53831043	0.445640709	0.865306371
$C33$	13.748538	14.6011	0.695200944	0.484860542	0.837932968
$C34$	14.48538	12.41596	0.752649381	0.601201686	0.82029856
$C35$	13.754386	12.76285	0.804961282	0.673014079	0.806261725
Cronbach's Alpha = 0.865417			Cronbach's Alpha Based on Standardized Items = 0.866584		

4. 创新驿站财务风险因素量表的信度检验及分析

(1) 融资风险因素测量工具的信度检验及分析。融资风险因素测量工具的信度检验结果见表3-46。Cronbach's α 值为0.921850，标准化的 Cronbach's α 值为0.922292，表明量表的信度很高；由表3-46分析结果可知，修正条款总相关系数的值都比较高，均大于0.5。以上说明本量表的内在信度很高。

表3-46　　　　　　融资风险因素测量工具的信度分析结果

	Scale Mean if Item Deleted	Scale Variance if Item Deleted	Corrected Item - Total Correlation	Squared Multiple Correlation	Cronbach's Alpha if Item Deleted
D11	3.1929825	1.744892	0.855790485	0.732377354	***
D12	3.1403509	1.603715	0.855790485	0.732377354	***
Cronbach's Alpha = 0.921850			Cronbach's Alpha Based on Standardized Items = 0.922292		

(2) 财务管理风险因素测量工具的信度检验及分析。财务管理风险因素测量工具的信度检验结果见表3-47。Cronbach's α 值为0.928445，标准化的 Cronbach's α 值为0.929653，表明量表的信度很高；由表3-47分析结果可知，修正条款总相关系数的值都比较高，均大于0.5；删除某问项后的 α 值均没有得到提高。以上说明本量表的内在信度很高。

表3-47　　　　　财务管理风险因素测量工具的信度分析结果

	Scale Mean if Item Deleted	Scale Variance if Item Deleted	Corrected Item - Total Correlation	Squared Multiple Correlation	Cronbach's Alpha if Item Deleted
D21	7.128655	5.512762	0.842602977	0.736489008	0.905376398
D22	7.0760234	5.023598	0.904980907	0.819030643	0.854994659
D23	6.3333333	6.211765	0.825805671	0.705908599	0.92185008
Cronbach's Alpha = 0.928445			Cronbach's Alpha Based on Standardized Items = 0.929653		

5. 创新驿站项目转移过程风险因素量表信度检验及分析

(1) 走访模块风险因素测量工具的信度检验及分析。走访模块风险因素测量工具的信度检验结果见表3-48。Cronbach's α 值为0.924099，标准化的 Cronbach's α 值为0.925905，表明量表的信度很高；由表3-48分析结果可知，修正条款总相关系数的值都比较高，均大于 0.5；删除某问项后的 α 值均没有得到提高。以上说明本量表的内在信度很高。

表 3-48　　　　走访模块风险因素测量工具的信度分析结果

	Scale Mean if Item Deleted	Scale Variance if Item Deleted	Corrected Item-Total Correlation	Squared Multiple Correlation	Cronbach's Alpha if Item Deleted
E11	6.245614	6.033437	0.842241543	0.721746393	0.897988506
E12	6.9883041	5.023392	0.878961112	0.774956805	0.864562076
E13	7.128655	5.512762	0.826952013	0.688514247	0.905376398
Cronbach's Alpha = 0.924099			Cronbach's Alpha Based on Standardized Items = 0.925905		

（2）识别技术需求/技术输出模块风险因素测量工具的信度检验及分析。识别技术需求/技术输出风险因素测量工具的信度检验结果见表 3-49。Cronbach's α 值为 0.912733，标准化的 Cronbach's α 值为 0.916555，表明量表的信度很高；由表 3-49 分析结果可知，修正条款总相关系数的值都比较高，均大于 0.5；删除某问项后的 α 值均没有得到提高。以上说明本量表的内在信度很高。

表 3-49　　　识别技术需求/技术输出风险因素测量工具的信度分析结果

	Scale Mean if Item Deleted	Scale Variance if Item Deleted	Corrected Item-Total Correlation	Squared Multiple Correlation	Cronbach's Alpha if Item Deleted
E21	6.9766082	5.164155	0.90128754	0.812380991	0.816216144
E22	7.7192982	4.708978	0.802920336	0.701507096	0.902505661
E23	7.128655	5.512762	0.786968458	0.676591708	0.905376398
Cronbach's Alpha = 0.912733			Cronbach's Alpha Based on Standardized Items = 0.916555		

（3）寻求合作者模块风险因素测量工具的信度检验及分析。寻求合作者模块风险因素测量工具的信度检验结果见表 3-50。Cronbach's α 值为 0.807504，标准化的 Cronbach's α 值为 0.807458，表明量表的信度较高；由表 3-50 分析结果可知，修正条款总相关系数的值都比较高，均大于 0.5；删除某问项后的 α 值均没有得到提高。以上说明本量表的内在信度较高。

（4）进一步提供意见和支持模块风险因素测量工具的信度检验及分析。进一步提供意见和支持模块风险因素测量工具的信度检验结果见表 3-51。Cronbach's α 值为 0.813437，标准化的 Cronbach's α 值为 0.819965，表明量表的信度较高；由表 3-51 分析结果可知，修正条款总相关系数的值都比较高，均大于 0.5；删除

某问项后的 α 值均没有得到提高。以上说明本量表的内在信度较高。

表 3-50　　寻求合作者模块风险因素测量工具的信度分析结果

	Scale Mean if Item Deleted	Scale Variance if Item Deleted	Corrected Item - Total Correlation	Squared Multiple Correlation	Cronbach's Alpha if Item Deleted
E31	7.5730994	3.634331	0.628236242	0.426207078	0.765319451
E32	7.5614035	2.741796	0.743720236	0.553451351	0.641824752
E33	7.5555556	3.671895	0.613735506	0.402915615	0.778962358
Cronbach's Alpha = 0.807504			Cronbach's Alpha Based on Standardized Items = 0.807458	

表 3-51　　寻求合作者模块风险因素测量工具的信度分析结果

	Scale Mean if Item Deleted	Scale Variance if Item Deleted	Corrected Item - Total Correlation	Squared Multiple Correlation	Cronbach's Alpha if Item Deleted
E41	6.9298246	3.900929	0.705765214	0.501563453	0.7
E42	7.5730994	3.634331	0.656030246	0.432524874	0.765319451
E43	6.9239766	4.717716	0.657214589	0.441338238	0.764043633
Cronbach's Alpha = 0.813437			Cronbach's Alpha Based on Standardized Items = 0.819965	

(5) 帮助签订合同模块的风险因素测量工具的信度检验及分析。帮助签订合同模块的风险因素测量工具的信度检验结果见表 3-52。Cronbach's α 值为 0.777214，标准化的 Cronbach's α 值为 0.782302，表明量表的信度较高；由表 3-52 分析结果可知，修正条款总相关系数的值都比较高，均大于 0.5；删除某问项后的 α 值均没有得到提高。以上说明本量表的内在信度较高。

表 3-52　　帮助签订合同模块的风险因素测量工具的信度分析结果

	Scale Mean if Item Deleted	Scale Variance if Item Deleted	Corrected Item - Total Correlation	Squared Multiple Correlation	Cronbach's Alpha if Item Deleted
E51	7.7017544	3.163467	0.661145806	0.441052729	0.654313738
E52	6.9239766	4.717716	0.563170613	0.317166226	0.764043633
E53	7.0584795	3.59656	0.653126283	0.430390581	0.653990359
Cronbach's Alpha = 0.777214			Cronbach's Alpha Based on Standardized Items = 0.782302	

3.3.4 创新驿站风险因素与企业绩效相关分析

相关分析是分析变量之间关联的强弱与方向,是否已达成"了解→预测→行为控制"的目的,但相关分析不能确定两变量之间的因果关系。相关可分为两类:①A 型相关。相关系数为 0~1,其值越接近 1,表示两变量之间关联性越强,越接近于 0,表示两变量之间的关联性越弱。②B 型相关。相关系数为 -1~1,其绝对值越接近 1,表示两变量之间关联性越强,绝对值越接近于 0,表示两变量之间的关联性越弱。本书运用 Pearson 相关分析来确认创新驿站风险因素与企业绩效因素之间的相关情形和显著水平,考察各个研究变量之间的相关性。

经过分量表效度检验,不合适的测量题项已经被剔除,消除了多重共线现象,因此,可以利用主成分分析结果确定的公共因子得分作为风险因素的值进行计算,按照创新驿站风险因素的五个维度分别与企业绩效的两个维度进行相关性分析。

(1) 创新驿站战略风险因素与企业绩效的相关分析(表 3 – 53)。

表 3 – 53　　　　　创新驿站战略风险因素与企业绩效的相关分析

	$F11$	$F12$	$F13$	$F21$	$F22$	$F23$
环境因素风险($X1$)	0.549**	0.380*	0.464*	0.583**	0.457*	0.411*
政治法律因素风险($X2$)	0.426*	0.358	0.383*	0.518**	0.228	0.175
管理因素风险($X3$)	0.497**	0.511**	0.502**	0.526**	0.572**	0.564**
决策因素风险($X4$)	0.504**	0.508**	0.575**	0.563**	0.535**	0.552**

注:　*　Correlation is significant at the 0.05 level (2 – tailed).
　　**　Correlation is significant at the 0.01 level (2 – tailed).

由表 3 – 53 分析可知,在战略风险因素四个维度中,环境因素与企业绩效因素呈显著正相关,其中与主营业务增长率、市场占有率在 0.01 水平呈显著正相关;政治和法律因素与市场占有率在 0.01 水平呈显著正相关,与财务绩效三个维度在 0.05 水平呈显著正相关,与可持续增长能力、企业信誉呈正相关,但相关性不显著,这说明政治法律因素对这两个维度的影响有限,对非财务绩效的两个维度影响可能来自于其他因素;管理因素和决策因素与企业财务绩效和非财务绩效的各个维度均在 0.01 水平呈显著正相关,说明管理因素和决策因素对企业绩效的提高有重大影响。

（2）创新驿站技术和市场风险因素与企业绩效的相关分析（表3-54）。

表3-54　　　　　技术和市场风险因素与企业绩效的相关分析

	F11	F12	F13	F21	F22	F23
技术风险因素（X5）	0.265*	0.236	0.281	0.350**	0.245**	0.184*
市场风险（X6）	0.244**	0.239**	0.219**	0.262**	0.303**	0.273**

注：＊　Correlation is significant at the 0.05 level（2-tailed）.
　　＊＊　Correlation is significant at the 0.01 level（2-tailed）.

由表3-54可知，在技术和市场因素的两个维度中，技术因素与主营业务增长率在0.05水平呈显著正相关，与投资回报率和主营业务税后利润率呈正相关，但相关性不显著，技术因素与非财务绩效的三个维度均在0.01水平呈显著正相关；市场因素与企业财务绩效和非财务绩效的各个维度均在0.01水平呈显著正相关。

（3）创新驿站人员风险因素与企业绩效的相关分析（表3-55）。

表3-55　　　　　　人员风险因素与企业绩效的相关分析

	F11	F12	F13	F21	F22	F23
管理人员风险（X7）	0.536**	0.531**	0.583**	0.505**	0.477**	0.621**
员工风险（X8）	0.386*	0.069	0.128	0.434*	0.388*	0.531**
人力资源管理风险（X9）	0.571**	0.414*	0.435*	0.365*	0.548**	0.577**

注：＊　Correlation is significant at the 0.05 level（2-tailed）.
　　＊＊　Correlation is significant at the 0.01 level（2-tailed）.

由表3-55可知，人员风险因素中，管理人员因素与创新驿站绩效的各个维度均在0.01水平呈显著正相关；员工因素与投资回报率、主营业务利润率呈正相关，但相关性不显著，可能因为员工不参与企业的战略决策，员工行为对财务绩效的两个维度不起决定性作用，企业信誉度在0.01水平呈显著正相关，与企业绩效的另外三个维度均在0.05水平呈显著正相关；人力资源管理风险与投资回报率、主营业务税后利润率、市场占有率均在0.05水平呈显著正相关，与企业绩效的另外三个维度均在0.01水平呈显著正相关。

(4) 创新驿站财务风险因素与企业绩效的相关分析 (表 3-56)。

表 3-56　　　　　　　　财务风险因素与企业绩效的相关分析

	F11	F12	F13	F21	F22	F23
融资风险 (X10)	0.523**	0.579**	0.648**	0.526**	0.589**	0.621**
财务管理风险 (X11)	0.662**	0.608**	0.557**	0.621**	0.628**	0.656**

注：* Correlation is significant at the 0.05 level (2-tailed).
　　** Correlation is significant at the 0.01 level (2-tailed).

由表 3-56 可知，财务因素与创新驿站绩效因素的各个维度均在 0.01 水平呈显著正相关，说明财务因素对企业绩效有很大的影响。

(5) 创新驿站项目转移过程风险因素与企业绩效的相关分析 (表 3-57)。

表 3-57　　　　　　项目转移过程风险因素与企业绩效的相关分析

	F11	F12	F13	F21	F22	F23
走访模块风险 (X12)	0.344*	0.349*	0.380*	0.546**	0.564**	0.583**
识别技术需求/技术输出风险 (X13)	0.350*	0.426*	0.358*	0.384*	0.358*	0.518**
寻求合作者模块风险 (X14)	0.382*	0.397*	0.391*	0.404*	0.402*	0.526**
提供意见和支持模块风险 (X15)	0.408*	0.204	0.208	0.348*	0.375*	0.363**
帮助签订合同模块的风险 (X16)	0.355*	0.161	0.265	0.336*	0.381*	0.550**

注：* Correlation is significant at the 0.05 level (2-tailed).
　　** Correlation is significant at the 0.01 level (2-tailed).

由表 3-57 可知，创新驿站走访模块因素与企业财务绩效均在 0.05 水平呈显著正相关，与企业非财务绩效均在 0.01 水平呈显著正相关；识别技术需求/技术输出风险因素和寻求合作者模块风险因素除了与企业信誉度在 0.01 水平呈显著正相关外，与企业绩效其他维度均在 0.05 水平呈显著正相关；提供意见和支持模块风险及帮助签订合同模块风险均与主营业务增长率在 0.05 水平呈显著正相关，与采取绩效的另外两个维度呈正相关，但相关性不显著，说明提供意见和支持模块风险及帮助签订合同模块风险能够影响这两个维度，但影响效果不严重。与非财务绩效中的企业信誉度在 0.01 水平呈显著正相关，与非财务绩效的另外两个维度在 0.05 水平呈显著正相关。

分析结果显示，创新驿站战略风险、技术和市场风险、人员风险、财务风险、创新驿站项目转移过程风险五个维度均与企业财务绩效和非财务绩效有较强的相关性，并且大多数显著，说明创新驿站风险因素对企业绩效能够产生显著的影响。

3.4 基于企业绩效的创新驿站风险识别模型检验

3.4.1 结构方程模型

结构方程模型（structural equation model，SEM）是一种通用的统计建模技术，广泛用于教育学、心理学、市场学、社会学、经营学、经济学和行为科学等领域。SEM 是探索和检验社会、自然现象因果关系的统计方法，其目的是研究事物间的因果关系，在已有理论基础上，通过相应的线性方程表示因果理论的一种统计技术。结构方程模型最初由 Bock 和 Bargmann（1969）倡议，Jŏreskog（1970）描述了其建构的可能性，Jŏreskog（1978）通过整合路径分析、多项联立方程及验证性因子分析最终形成。结构方程模型改变了传统的因子分析方式，由验证性因子分析为主逐渐发展成以探索性因子分析为主，致力于找出事物的内在本质结构。结构方程模型与传统的统计方法相比，具有以下优点。

（1）引入潜变量使研究更加深入。传统因子分析虽然可以对潜变量建立多元标识，但不能分析潜变量之间的因果关系，SEM 可以将多个潜变量纳入统一模型中分析变量之间的结构关系。

（2）多元回归、路径分析等技术只能处理有观察值的变量，而且还要假定观察值不存在误差，而 SEM 没有对观察值进行严格的假定限制，同时允许自变量和因变量之间存在误差。

（3）SEM 能同时考虑多个变量之间的因果关系，不仅可以计算变量的直接效应，而且可以计算间接效应和总效应。

（4）更侧重于依赖数据间的相互关系，避免了主观性。

（5）容许潜在变量有多个外源变量组成，可以同时估计因子结构和因子关系。

（6）应用范围更广，SEM 可以包含方差分析、回归分析、路径分析和因子分析等传统的统计方法。

（7）估计整个模型的拟合度。在传统路径分析中，只能估计每一条路径强弱，在结构方程模型中，可以同时估计参数和不同模型对同一样本数据的拟合程度。

结构方程建模包括模型设定、模型识别、模型估计、模型评价和模型修正五个步骤。SEM对样本有一定的要求，一是所需要的样本容量不少于150，如果样本太小可能违反正态分布，从而影响结果的稳定性；二是必须使用具有代表性和无偏性样本，以提高结论的可靠性。结构方程模型可分为测量方程（Measurement Equation）和结构方程（Structural Equation）两部分。

1. 测量方程描述

测量方程描述潜变量与指标之间的关系，可以用方程表示为

$$x = \Lambda_x \xi + \delta$$
$$y = \Lambda_y \eta + \varepsilon \tag{3-2}$$

式中，x为外源指标组成的项量；y为内生指标组成的项量；Λ_x为外源指标与外源变量之间的关系，是外源指标在外源变量上的因子负荷矩阵；Λ_y为内生指标与内生潜变量之间的关系，是内生指标在内生潜变量上的因子负荷矩阵；δ为外源指标x的误差项；ε为内生指标y的误差项。

2. 结构方程描述

结构方程描述潜变量之间的关系，写成方程为

$$\eta = B\eta + \Gamma\xi + \zeta \tag{3-3}$$

式中，η为内生潜变量；ξ为外源潜变量；B为内生潜变量之间的关系；Γ为外源潜变量对内生潜变量的影响；ζ为结构方程的残差项，反映η在方程中未能解释的部分。

3.4.2 创新驿站风险因素对企业绩效影响拟合度检验

在进行问卷信度和效度检验后，本书运用结构方程模型来验证创新驿站战略风险因素、技术和市场风险因素、人员风险因素、财务风险因素与创新技术转移过程风险因素对企业财务绩效和非财务绩效的影响，采用拟合度检验验证假设模型和实际数据样本的一致性。利用公共因子得分作为各风险因素的测量值，借助Lisrel 8.51软件进行结构方程模型分析，主要以x^2（卡方）、df（自由度）、*RMSEA*、*NNFI*、*CFI*等指标作为拟合度考核指标，评测指标见表3-58~表3-63。

(1) 创新驿站战略风险因素与企业绩效关系拟合度检验。

表 3-58　　　创新驿站战略风险因素与企业绩效关系拟合度检验

	x^2	df	p	x^2/df	NFI	IFI	TLI	CFI	RMSEA
假设模型	129.05	58	0.182	2.225	0.906	0.923	0.915	0.921	0.043
				≤3	≥0.9	≥0.9	≥0.09	≥0.9	≤0.05

(2) 创新驿站技术和市场风险因素与企业绩效关系拟合度检验。

表 3-59　　　创新驿站技术和市场风险因素与企业绩效关系拟合度检验

	x^2	df	p	x^2/df	NFI	IFI	TLI	CFI	RMSEA
假设模型	112.15	51	0.216	2.199	0.922	0.939	0.927	0.936	0.04
				≤3	≥0.9	≥0.9	≥0.09	≥0.9	≤0.05

(3) 创新驿站人员风险因素与企业绩效关系拟合度检验。

表 3-60　　　创新驿站人员风险因素与企业绩效关系拟合度检验

	x^2	df	p	x^2/df	NFI	IFI	TLI	CFI	RMSEA
假设模型	178.41	77	0.213	2.317	0.911	0.926	0.919	0.925	0.041
				≤3	≥0.9	≥0.9	≥0.09	≥0.9	≤0.05

(4) 创新驿站财务风险因素与企业绩效关系拟合度检验。

表 3-61　　　创新驿站财务风险因素与企业绩效关系拟合度检验

	x^2	df	p	x^2/df	NFI	IFI	TLI	CFI	RMSEA
假设模型	112.08	48	0.177	2.335	0.905	0.921	0.911	0.911	0.046
				≤3	≥0.9	≥0.9	≥0.09	≥0.9	≤0.05

(5) 创新驿站创新技术转移过程风险因素与企业绩效关系拟合度检验。

表 3-62　创新驿站创新技术转移过程风险因素与企业绩效关系拟合度检验

	x^2	df	p	x^2/df	NFI	IFI	TLI	CFI	RMSEA
假设模型	184.84	83	0.177	2.227	0.927	0.941	0.932	0.944	0.039
				≤3	≥0.9	≥0.9	≥0.09	≥0.9	≤0.05

(6) 创新驿站假设模型（交互效应模型）拟合度检验。

表 3-63　创新驿站假设模型（交互效应模型）拟合度检验

	x^2	df	p	x^2/df	NFI	IFI	TLI	CFI	RMSEA
假设模型	431.05	159	0.177	2.711	0.899	0.912	0.909	0.913	0.049
				≤3	≥0.9	≥0.9	≥0.09	≥0.9	≤0.05

从表 3-58～表 3-63 分析可知，除了创新驿站创新技术转移过程风险因素与企业绩效关系检验中 NFI 值为 0.899，与 0.9 有较小差距外，其余指标都比较理想，说明模型拟合度基本达到要求，可以接受。

3.4.3　创新驿站风险因素对企业绩效影响路径分析与因子分析

运用 Lisrel 8.51 软件对结构方程模型进行分析，得到潜在变量之间的路径系数以及指标与潜在变量之间的因子负荷，见表 3-64 和表 3-65。

表 3-64　路径系数

路径和因素			标准化估计值	T 值
财务绩效	←	战略因素	0.671**	3.879
财务绩效	←	技术和市场因素	0.775**	4.025
财务绩效	←	人员因素	0.432*	2.276
财务绩效	←	财务因素	0.856**	6.399
财务绩效	←	创新技术转移过程	0.335*	2.201
非财务绩效	←	战略因素	0.833**	4.563

续表

路径和因素			标准化估计值	T 值
非财务绩效	←	技术和市场因素	0.859**	6.491
非财务绩效	←	人员因素	0.461*	2.568
非财务绩效	←	财务因素	0.389*	2.215
非财务绩效	←	创新技术转移过程	0.322*	2.012
财务绩效	←	非财务绩效	0.798**	6.303
非财务绩效	←	财务绩效	0.501*	2.885
战略因素	↔	技术和市场因素	0.815**	6.098
战略因素	↔	人员因素	0.367*	2.157
战略因素	↔	财务因素	0.509*	2.985
战略因素	↔	创新技术转移过程	0.173	1.783
技术和市场因素	↔	人员因素	0.587**	3.886
技术和市场因素	↔	财务因素	0.321*	2.011
技术和市场因素	↔	创新技术转移过程	0.529**	3.056
人员因素	↔	财务因素	0.178	1.765
人员因素	↔	创新技术转移过程	0.796**	5.963
财务因素	↔	创新技术转移过程	0.196	1.879

表 3-65　　　　　　　　　　因子负荷

路径和因素			标准化估计值	T 值
环境因素风险（$X1$）	←	战略风险因素（$S1$）	0.832[b]	
政治法律因素（$X2$）	←	战略风险因素（$S1$）	0.818*	5.768
管理因素风险（$X3$）	←	战略风险因素（$S1$）	0.781*	6.332
决策因素风险（$X4$）	←	战略风险因素（$S1$）	0.855**	8.991
技术风险因素（$X5$）	←	技术和市场风险（$S2$）	0.887[b]	
市场风险（$X6$）	←	技术和市场风险（$S2$）	0.839**	7.379
管理人员风险（$X7$）	←	人员风险（$S3$）	0.796[b]	
员工风险（$X8$）	←	人员风险（$S3$）	0.828**	8.117
人力资源管理风险（$X9$）	←	人员风险（$S3$）	0.773*	5.483

续表

路径和因素			标准化估计值	T 值
融资风险（X10）	←	财务风险（S4）	0.891[b]	
财务管理风险（X11）	←	财务风险（S4）	0.904**	9.565
走访模块风险（X12）	←	创新驿站项目转移过程风险（S5）	0.756[b]	
识别技术需求/技术输出风险（X13）	←	创新驿站项目转移过程风险（S5）	0.779*	6.433
寻求合作者模块风险（X14）	←	创新驿站项目转移过程风险（S5）	0.763*	6.781
提供意见和支持风险（X15）	←	项目转移过程风险（S5）	0.801**	8.562
帮助签订合同模块风险（X16）	←	项目转移过程风险（S5）	0.795*	6.015
主营业务增长率（F11）	←	财务绩效（Y1）	0.858[b]	
投资回报率（F12）	←	财务绩效（Y1）	0.875**	8.792
主营业务税后利润率（F13）	←	财务绩效（Y1）	0.832**	8.318
市场占有率和市场竞争能力（F21）	←	非财务绩效（Y2）	0.799[b]	
市场保有率和可持续增长能力（F22）	←	非财务绩效（Y2）	0.813*	6.698
客户满意度和企业信誉度（F23）	←	非财务绩效（Y2）	0.801**	8.213

注：** 为 $P<0.001$，* 为 $P<0.05$，因子负荷 b 上标指标参数固定为 1。

从表 3-64 和表 3-65 分析可知，各个潜变量的因子负荷都在 0.5 以上，除了战略因素与创新技术转移过程因素、人员因素和财务因素、财务因素和创新技术转移过程因素的相关系数以外，t-value 均大于 2.0 的拟合要求，显示经过处理后的测量项能够很好地反映对应的潜变量。

3.4.4 路径结果分析和假设验证结果

1. 直接路径分析

为了验证研究假设和进一步了解变量之间的影响关系，需要进行路径分析和比较。路径系数采用标准化系数，值越大表明变量之间的影响越大。

(1) 假设 1 与假设 2 的验证。表 3-64 交互模型表中潜在变量间的直接路径分析结果显示，战略因素与企业绩效存在较强的正相关关系，其中，战略因素与创新驿站财务绩效间的直接路径系数为 0.671（$P<0.001$），说明战略因素能够提升财务绩效。假设 1：战略因素与企业财务绩效之间存在正相关关系得到验证；战略因素与创新驿站非财务绩效间的直接路径系数为 0.833（$P<0.001$），说明战略因素能够提升非财务绩效，假设 2：战略因素与企业非财务绩效之间存在正相关关系得到验证。

(2) 假设 3 与假设 4 的验证。表 3-64 交互模型表中潜在变量间的直接路径分析结果显示，技术和市场因素与企业绩效存在较强的正相关关系，其中，技术和市场因素与创新驿站财务绩效间的直接路径系数为 0.775（$P<0.001$），说明技术和市场因素能够提升财务绩效。假设 3：技术和市场因素与企业财务绩效之间存在正相关关系得到验证；技术和市场因素与创新驿站非财务绩效间的直接路径系数为 0.859（$P<0.001$），说明技术和市场因素能够提升非财务绩效，假设 4：技术和市场因素与企业非财务绩效之间存在正相关关系得到验证。

(3) 假设 5 与假设 6 的验证。表 3-64 交互模型表中潜在变量间的直接路径分析结果显示，人员因素与项目绩效存在较强的正相关关系，其中，人员因素与创新驿站财务绩效间的直接路径系数为 0.432（$P<0.05$），说明人员因素能够提升财务绩效。假设 5：人员因素与企业财务绩效之间存在正相关关系得到验证；人员因素与创新驿站非财务绩效间的直接路径系数为 0.461（$P<0.05$），说明人员因素能够提升非财务绩效，假设 6：人员因素与企业非财务绩效之间存在正相关关系得到验证。

(4) 假设 7 与假设 8 的验证。表 3-64 交互模型表中潜在变量间的直接路径分析结果显示，财务因素与企业绩效存在较强的正相关关系，其中，财务因素与创新驿站财务绩效间的直接路径系数为 0.856（$P<0.001$），说明财务因素能够提升财务绩效。假设 7：财务因素与企业财务绩效之间存在正相关关系得到验证；财务因素与创新驿站非财务绩效间的直接路径系数为 0.389（$P<0.05$），说明财务因素能够提升非财务绩效，假设 8：财务因素与企业非财务绩效之间存在正相关关系得到验证。

(5) 假设 9 与假设 10 的验证。表 3-64 交互模型表中潜在变量间的直接路径分析结果显示，创新技术转移过程因素与项目绩效存在较强的正相关关系，其中，创新技术转移过程因素与创新驿站财务绩效间的直接路径系数为 0.335（$P<0.05$），说明创新技术转移过程因素能够提升财务绩效。假设 9：创

新技术转移过程因素与企业财务绩效之间存在正相关关系得到验证;创新技术转移过程因素与创新驿站非财务绩效间的直接路径系数为 0.322 ($P<0.05$),说明创新技术转移过程因素能够提升非财务绩效,假设 10:创新技术转移过程因素与企业非财务绩效之间存在正相关关系得到验证。

2. 效应分解

表 3-64 交互模型表中潜在变量间的直接路径分析结果显示,创新驿站风险因素间大多存在显著相关性。其中,战略因素与技术和市场之间的路径系数为 0.815 ($P<0.001$),说明战略因素与技术和市场因素之间呈显著正相关关系,假设 11 获得支持。

同理,从路径分析可得到:假设 14(战略因素与人员因素之间存在正相关关系)、假设 17(战略因素与财务因素存在正相关关系)、假设 23(技术和市场因素与人员因素之间存在正相关关系)、假设 26(技术和市场因素与财务因素存在正相关关系)、假设 29(技术和市场因素与创新项目转移过程因素存在正相关关系)、假设 35(人员因素与创新项目转移过程因素存在正相关关系)同样获得支持。

表 3-64 交互模型表中潜在变量间的直接路径分析结果显示,战略因素与创新技术转移过程因素呈正相关(路径系数为 0.173),但相关性不显著,假设 20(战略因素与创新项目转移过程因素存在正相关关系)没有获得支持;人员因素与财务因素呈正相关(路径系数为 0.178),但相关性不显著,假设 32(人员因素与财务因素存在正相关关系)没有获得支持;财务因素与创新技术转移过程因素呈正相关(路径系数为 0.196),但相关性不显著,假设 38(财务因素与创新项目转移过程因素存在正相关关系)没有获得支持。

通过模型分析结果可知,创新驿站风险因素均与企业绩效存在着直接路径,说明风险因素与企业绩效之间具有直接效应。从模型分析可以看到,创新驿站财务绩效和非财务绩效之间存在一定的联系,创新驿站战略因素、技术和市场因素、人员因素、财务因素和创新技术转移过程因素等风险因素不仅对企业绩效产生直接影响,而且会通过企业绩效的一部分对另一部分可能产生间接效应,例如,技术和市场风险因素除了对企业财务绩效和非财务绩效直接产生影响外,可能通过财务绩效的中介作用对非财务绩效产生影响,也可能通过非财务绩效对财务绩效产生影响,这种影响称为间接效应。同时,战略因素、技术和市场因素、人员因素、财务因素和创新技术转移过程因素相互之间存在正相关关系,风险因素对企业绩效除了直接影响外,彼此交互作用的结果表现为对企业绩效产生未分解效应（中介效应），例如，战略因素对企业财务绩效和非财务绩效产生直接影响，又由于战略因素与技术和市场因素、人员因素、财务因素和创新技术转移过程因素相互影响，战略因素会通过其他风险因素的中介作用对企业绩效产生影响，这种表现为风险之间的交互作用产生的影响称为未分解效应。

表3-66　　　创新驿站战略风险因素（S1）对企业绩效效应分析

路径和因素			直接效应	间接效应	中介效应			
					S2	S3	S4	S5
财务绩效（Y1）	←	S1	0.671	0.115	0.116	0.108	0.173	0.065
非财务绩效（Y2）	←	S1	0.833	0.256	0.186	0.157	0.116	0.088

表3-67　　　创新驿站技术和市场风险因素（S2）对企业绩效效应分析

路径和因素			直接效应	间接效应	中介效应			
					S1	S3	S4	S5
财务绩效（Y1）	←	S2	0.775	0.085	0.053	0.051	0.211	0.055
非财务绩效（Y2）	←	S2	0.859	0.183	0.099	0.108	0.123	0.101

表3-68　　　创新驿站人员风险因素（S3）对企业绩效效应分析

路径和因素			直接效应	间接效应	中介效应			
					S1	S2	S4	S5
财务绩效（Y1）	←	S3	0.432	0.105	0.123	0.112	0.188	0.159
非财务绩效（Y2）	←	S3	0.461	0.159	0.187	0.126	0.107	0.173

表3-69　　　创新驿站财务风险因素（S4）对企业绩效效应分析

路径和因素			直接效应	间接效应	中介效应			
					S1	S2	S3	S5
财务绩效（Y1）	←	S4	0.856	0.139	0.143	0.069	0.189	0.039
非财务绩效（Y2）	←	S4	0.389	0.056	0.059	0.083	0.112	0.036

表3-70　　创新驿站创新技术转移过程风险因素（S5）对企业绩效效应分析

路径和因素			直接效应	间接效应	中介效应			
					S1	S2	S3	S4
财务绩效（Y1）	←	S5	0.335	0.033	0.055	0.063	0.059	0.031
非财务绩效（Y2）	←	S5	0.322	0.038	0.067	0.102	0.089	0.097

由表3-66~表3-70可知，战略因素、技术和市场因素、人员因素、财务因素、创新技术转移过程因素的中介作用对创新驿站财务绩效和非财务绩效产生的未分解效应均为正值，说明创新驿站战略因素、技术和市场因素、人员因素、财务因素、创新技术转移过程因素的交互作用对企业绩效有正向影响。例如，战略因素对企业财务绩效和非财务绩效的直接效应分别为0.671和0.088；战略因素通过财务绩效对非财务绩效产生的间接效应为0.115；战略因素通过非财务绩效对财务绩效产生的间接效应为0.256。战略因素通过技术和市场因素、人员因素、财务因素、创新技术转移过程因素的中介作用对企业财务绩效产生的未分解效应分别为0.116、0.108、0.173和0.065；战略因素通过技术和市场因素、人员因素、财务因素、创新技术转移过程因素的中介作用对企业非财务绩效产生的未分解效应分别为0.186、0.157、0.116和0.088。说明战略因素与创新驿站其他风险因素的相关性对企业绩效都有正向效应，假设12、假设13、假设15、假设16、假设18、假设19、假设21、假设22得到验证。同理，假设24、假设25、假设27、假设28、假设30、假设31、假设33、假设34、假设36、假设37、假设39、假设40得到验证。

按照理论假设的检验顺序，综合分析结果，将理论假设及其相应的检验结果列出，内容见表3-71。

表3-71　　　　　　　　　假设检验结果汇总

假设	内容	结果
假设1	战略因素风险管理与企业财务绩效之间存在正相关关系	证实
假设2	战略因素风险管理与企业非财务绩效之间存在正相关关系	证实
假设3	技术和市场因素风险管理与企业财务绩效之间存在正相关关系	证实
假设4	技术和市场因素风险管理与企业非财务绩效之间存在正相关关系	证实
假设5	人员因素风险管理与企业财务绩效之间存在正相关关系	证实
假设6	人员因素风险管理与企业非财务绩效之间存在正相关关系	证实

续表

假设	内容	结果
假设7	财务因素风险管理与企业财务绩效之间存在正相关关系	证实
假设8	财务因素风险管理与企业非财务绩效之间存在正相关关系	证实
假设9	项目转移过程因素风险管理与企业财务绩效之间存在正相关关系	证实
假设10	项目转移过程因素风险管理与企业非财务绩效之间存在正相关关系	证实
假设11	战略因素与技术和市场因素存在正相关关系	证实
假设12	战略因素与技术和市场因素交互作用对创新驿站财务绩效产生正向效应	证实
假设13	战略因素与技术和市场因素交互作用对创新驿站非财务绩效产生正向效应	证实
假设14	战略因素与人员因素之间存在正相关关系	证实
假设15	战略因素与人员因素交互作用对创新驿站财务绩效产生正向效应	证实
假设16	战略因素与人员因素交互作用对创新驿站非财务绩效产生正向效应	证实
假设17	战略因素与财务因素存在正相关关系	证实
假设18	战略因素与财务因素交互作用对创新驿站财务绩效产生正向效应	证实
假设19	战略因素与财务因素交互作用对创新驿站非财务绩效产生正向效应	证实
假设20	战略因素与创新项目转移过程因素存在正相关关系	未证实
假设21	战略因素与创新项目转移过程因素交互作用对创新驿站财务绩效产生正向效应	证实
假设22	战略因素与创新项目转移过程因素交互作用对创新驿站非财务绩效产生正向效应	证实
假设23	技术和市场因素与人员因素之间存在正相关关系	证实
假设24	技术和市场因素与人员因素交互作用对创新驿站财务绩效产生正向效应	证实
假设25	技术和市场因素与人员因素交互作用对创新驿站非财务绩效产生正向效应	证实
假设26	技术和市场因素与财务因素存在正相关关系	证实
假设27	技术和市场因素与财务因素交互作用对创新驿站财务绩效产生正向效应	证实
假设28	技术和市场因素与财务因素交互作用对创新驿站非财务绩效产生正向效应	证实
假设29	技术和市场因素与创新项目转移过程因素存在正相关关系	证实
假设30	技术和市场因素与创新项目转移过程因素交互作用对创新驿站财务绩效产生正向效应	证实
假设31	技术和市场因素与创新项目转移过程因素交互作用对创新驿站非财务绩效产生正向效应	证实
假设32	人员因素与财务因素存在正相关关系	未证实
假设33	人员因素与财务因素交互作用对创新驿站财务绩效产生正向效应	证实

续表

假设	内容	结果
假设 34	人员因素与财务因素交互作用对创新驿站非财务绩效产生正向效应	证实
假设 35	人员因素与创新项目转移过程因素存在正相关关系	证实
假设 36	人员因素与创新项目转移过程因素交互作用对创新驿站财务绩效产生正向效应	证实
假设 37	人员因素与创新项目转移过程因素交互作用对创新驿站非财务绩效产生正向效应	证实
假设 38	财务因素与创新项目转移过程因素存在正相关关系	未证实
假设 39	财务因素与创新项目转移过程因素交互作用对创新驿站财务绩效产生正向效应	证实
假设 40	财务因素与创新项目转移过程因素交互作用对创新驿站非财务绩效产生正向效应	证实

3.5 本章小结

本章阐述了创新驿站风险识别的概念、目标、作用、原则和流程，建立了创新驿站风险识别的一般理论。其中，对风险识别流程进行了详细论述并建立了创新驿站风险识别流程模型，并就模型中风险识别的目标和原则、确定人员分工、风险识别工作启动、收集数据和信息、分析不确定性因素、明确风险因素分类、建立风险源清单、编制风险识别报告、风险识别结束等内容进行了描述和说明。其次，建立了创新驿站风险因素结构模型，根据文献研究和调研结果，将创新驿站风险因素分为五大类：战略风险因素、技术和市场风险因素、人员风险因素、财务风险因素和项目转移过程风险因素，并对创新驿站五个维度的风险进行了详细的论述。建立了绩效结构模型，将创新驿站绩效因素分为两大类：财务绩效和非财务绩效，对财务绩效和非财务绩效进行了探讨和内容界定；通过文献研究并结合创新驿站运营情况，建立了风险因素对企业财务绩效和非财务绩效影响研究假设。然后，对样本对象进行了界定，阐述了调查问卷设计的原则和过程，说明了调查问卷收发的三种方式，选择技术转移市场需求、企业文化、技术的先进性、管理人员沟通能力、人力资源规划、融资渠道、合作者道德风险等调研数据进行了方差分析，验证了通过三种方式采集数据的差异性；通过主成分分析进行因子萃取，根据因子负荷，结合实际情况删除部分不合适的因子，进一步利用 AMOS 软件对因子萃取后剩余因子进行了内容效度和建构效度检验，验证了利用测量工具收集数据的可靠性和有效性；利用 SPSS 17.0 软件对测量工具进行了信度检验，验证了利用测验工具所得结果的一致性和稳定性；进行了风险因素各维度与企业财务绩效和非财务绩效之间的相关分析，得到了风险因素和绩效因素关联的强弱程度，确认了创新驿站风险因素与企业绩效之间的相关情形和显著水平。最后，本章介绍了结构方程模型，利用结构方程模型进行了拟合度检验，验证了创新驿站战略风险因素、技术和市场风险因素、人员风险因素、财务风险因素、创新技术转移过程风险因素对企业财务绩效和非财务绩效的影响假设模型和实际数据分析的一致性；进行了路径分析和因子分析，得到潜在变量之间的路径系数，以及指标与潜在变量之间的因子负荷；通过模型假设与模型分析的路径系数一致性程度，验证了创新驿站风险因素对企业绩效的直接影响、间接影响和交互作用影响。其结果显示，战略因素与创新项目转移过程因素存在正相关关系、人员因素与财务因素存在正相关关系、财务因素与创新项目转移过程因素存在正相关关系的显著性未被证实，其余假设均得到证实。

第 4 章

基于企业绩效的创新驿站风险评估研究

由于创新驿站风险具有复杂性和多样性，同时，风险种类和风险属性处于动态的变化过程中，风险因素对企业绩效影响受到科技水平的限制和人们的忽视，以及评价方法限制而没有得到认真的研究。本章通过对创新驿站风险因素相对于企业绩效的影响评估探讨，研究了创新驿站风险因素对企业绩效的影响程度，首先建立创新驿站风险相对于企业绩效的评估框架，进而采用"风险矩阵—改进的层次分析法"模型对创新驿站风险因素进行实证研究，评价出风险因素相对于绩效的影响权重及各维度风险所属等级，为风险防范提供了可靠的理论依据。

4.1 基于企业绩效的创新驿站风险评估框架

4.1.1 创新驿站风险评估面临的难题和困境

（1）风险评估机制薄弱。风险评估是连接风险识别和风险防范的纽带，是风险管理过程中的重要环节。建立创新驿站风险相对于企业绩效的评估机制，有利于及时、有效地开展工作，发现风险因素对企业绩效的影响程度及风险等级。目前，创新驿站在风险评估机制方面很不完善，既没有专门的风险评估机构和风险评估管理部门，又没有一套完整的风险评估流程和风险评估管理框架。

（2）专业性风险评估人员匮乏。创新驿站作为技术转移中介组织，在运营过程中面临着较多的不确定性，对技术评估人员提出了较高的要求。目前，创新驿站风险评估人员都是兼职的业务人员，没有设置专业风险评估岗位和储备专业风险评估人才，评估人员由于缺乏系统的风险管理知识和应有的风险评估意识，在分析风险时受到能力或态度的限制，评估结果往往过于粗糙和主观，难以满足风险评估工作的需要。

（3）风险评估方法单一。创新驿站风险评估程序和评估环节职责不清，评估人员一般采用定性评估方式，更多地依赖于个人经验和主观判断。

（4）风险评估缺乏长效机制。风险评估工作应该是一个连续的、闭环的过程，而大多数创新驿站将风险评估工作作为阶段性的工作，风险评估往往流于形式；在风险评估效果方面未能结合实际情况进行评估，不能真正体现风险评估的价值；在思想上存在一劳永逸的观念，对已评估的风险不能及时更新，未实现随着外界环境、人员、流程等因素的变换而变化的动态管理。

4.1.2 创新驿站风险评估框架的构建

为了真正体现创新驿站风险因素与创新驿站运营绩效关系的评估管理，提高创新驿站风险评估质量，借鉴中外学者对企业风险评估方面已有的研究成果，结合创新驿站运营的实际情况，坚持风险评估专业化、流程化、科学化、严谨化的原则，构建出一个完整、高效、切实可行的风险评估体系，将风险评估工作纳入常规化的运行轨道。创新驿站风险评估框架如图4-1所示。

1. 系统管理子系统

系统管理子系统负责创新驿站风险评估的需求管理、评估人员进入及评估程序权限、评估数据整理和备份工作、数据字典等。

（1）需求管理。需求管理包括两部分：需求和管理。需求是指创新驿站评估系统对系统的各项管理工作所要求达到的程度和更新协议，又称为给定需求或分配需求，是系统需求的一部分，在评估系统的软件部分实现。管理是按系统需求建立协议并加以管理。需求分析是需求管理的前提，也是最重要的一步，需求分析的输出实际上就是需求管理的输入，需求管理是管理和控制需求分析的结果。需求管理的目标有两个：一是控制给定评估标准的需求，为创新驿站风险评估提供基线；二是保持创新驿站风险评估计划和活动与给定评估方案系统需求相一致。需求管理的任务包括：评估变更控制、评估系统控制和需求跟踪。

第4章 基于企业绩效的创新驿站风险评估研究

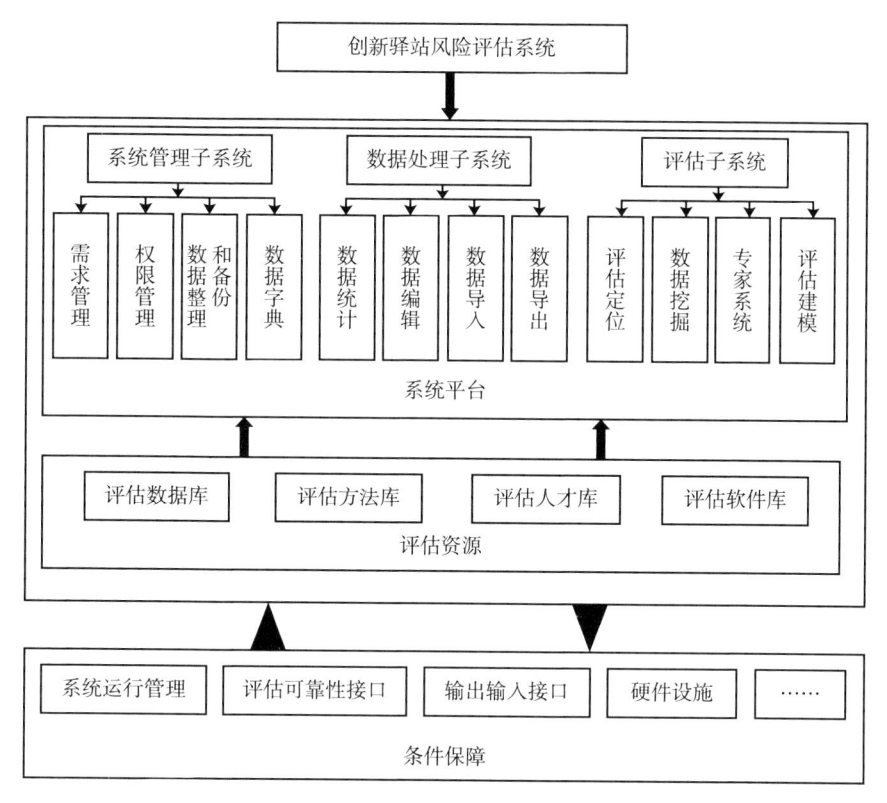

图 4-1 创新驿站风险评估框架

（2）权限管理。权限管理是系统管理子系统中的重要组成部分，是对评估系统功能层和数据库访问层的权限控制。创新驿站风险评估权限模型包括对系统功能的访问权限和对数据库的访问权限。对系统功能访问权限管理涉及岗位信息、部门信息、操作员信息、系统信息和授权信息等；数据库权限管理涉及数据库信息、数据库对象和账号授权等，授权的权限包括查询、修改、增删和运行。

（3）数据整理和备份。数据整理应当以编码为主线，风险源清单和企业绩效清单为重点。编码是为了系统分类和检索而对数据进行唯一标识，凡是纳入系统管理子系统的数据均要进行编码。考虑周全、成熟的编码体系需要结合评估创新驿站风险和绩效因素的标准及企业特点，遵循统一编码的原则，做到清晰、易于理解。

数据备份是将具有相同含义和属性的风险和绩效因素数据存储到多个不同的存储介质上，以一定的编码来界定一致性数据，便于数据使用和保存。创新驿站评估数据备份可采用本机备份和异机备份，一般情况下采用本机备份。

（4）数据字典。创新驿站数据字典包括数据项、数据结构、数据流、数据查询和数据库维护五项内容,如图4-2所示。数据项是不可再分的最小数据单位,包括数据项名称、含义、说明、类型、长度、取值范围、数据项别名等;数据结构包括数据结构名称、数据结构含义和数据结构分类三部分;数据流表示数据的来源、去向、组成和数据流的定量描述;数据查询建立在已有数据库或数据表基础上,包括数据查询界面、数据查询流程、数据查询功能和查询程序代码等;创新驿站风险评估数据库维护包括区分不同的数据库、建立数据库维护表、数据安全维护、数据库变更和恢复等,目的是保证数据库安全和可用。

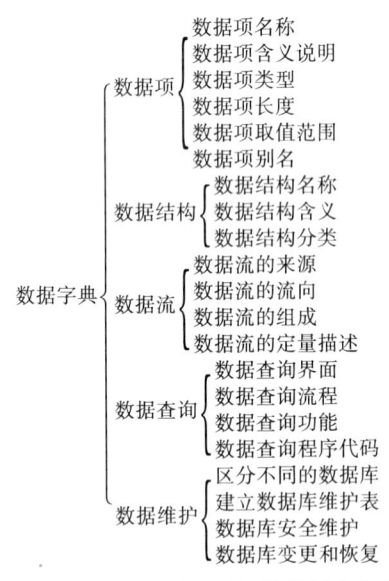

图4-2 创新驿站风险评估数据库字典

2. 数据处理子系统

数据处理子系统负责创新驿站风险评估数据的统计、编辑、导入和导出。

(1)评估数据的统计。创新驿站评估系统数据统计包括数据的抽取、转换和加载三个过程。数据抽取是将风险和绩效因素不同种类的分散数据,按照数据源和数据定义,从风险源清单或数据库中获得需要的数据;数据转换是实现数据从业务模型向分析模型转变,数据转换可能只是简单的数据格式转换,也可能是高度复杂的数据组合转化;数据加载是将转换的数据加载到数据仓库中。

(2)数据编辑。数据编辑根据数据的不同模型、不同内容和不同用途,利用软件将数据整理成所需要的形式,从而便于进行数据评估。

(3)数据的导入和导出。数据的导入和导出是以管理员身份进入系统并执行数据整理和分析所需数据的导入及导出的操作。

3. 评估子系统

（1）评估定位。"定位"一词是由美国的艾尔·里斯（Al Ries）和杰克·特劳特（Jack Trout）在1972年提出的。创新驿站评估定位是根据风险管理和本身的条件，确定风险评估在风险管理中的地位及评估要达到的目标和结果。具体地说，就是怎样将风险评估纳入到风险管理日程，采取什么样的评估方式，达到怎样的效果等，从而争取得到企业决策者的重视和认可。

（2）数据挖掘。数据挖掘（data mining）是从已经积累起来的、不完全的、模糊随机的历史数据和信息中，通过科学的技术和方法抽取隐含的、有潜在价值的知识和信息，发现重要因素，为风险评估提供决策。数据挖掘是基于知识的、具有前瞻性的预测未来趋势和行为的决策，主要有这些功能：自动预测趋势和行为、关联分析、聚类分析、概念描述和偏差检验。

（3）专家系统。专家系统是一个具有大量专门知识与经验的程序系统，应用人工智能和计算机技术，根据某一领域专家的知识和经验，利用人类专家知识和解决问题的方法处理评估领域的问题，为风险评估进行推理和判断。

（4）评估建模。创新驿站风险评估建模可以描述为：为了确定创新驿站风险因素对于企业绩效的影响，根据风险因素运行的内在规律，作出一些简单的假设和猜测，运用适当的数学工具，建立一个数学模型，对风险因素影响企业绩效的程度进行评估。评估建模包括四个步骤：模型假设和模型构成描述、模型求解、求解结果解释、模型验证。

4.2 常用评估方法回顾及评价

1. 专家打分法

专家打分法就是通过风险识别将导致人才流失的所有风险列出，根据专家经验，对每个要素逐一打分并赋予权重后得到一个分数，再综合成风险整体评价，从而确定风险等级。具体步骤为：先确定每个人才流失风险因素的权重，再确定该因素的等级，通过将每个因素的权重和等级相乘得到该因素的得分，分数越高，风险就越大。专家打分法适用于资料不足、信息指标难以量化、不能进行多次试验的事件，使用专家打分法需要有经验丰富、对行业和风险因素非常清楚的资深专家组成的专家团队。

优点：依靠专家的智慧和集体的合理判断，加上专家经验和科学分析，对于相对简单情境能作出迅速的判断，决策的速度快，不需要太多的资料。

缺点：由于信息量较少和缺乏统一的标准，相对来说定性的成分较多，同时由于主观判断的误差，容易导致估计的结果与实际结果偏差较大。

2. 德尔菲法

德尔菲法首先是选择一批懂业务且经验丰富的专家，采用信函调查方式，被调查的专家互不见面，以调查表和个别征询意见的方式就所评因素分别向有关专家提出问题，将专家反馈的信息进行综合、归纳和分类，随下一轮调查表发送给各位专家，要求专家作出新的判断，这样不断循环，分散结果趋于集中，最后得到一个相对一致的结果，从而作出评价结论。

优点：能够对一些复杂而没有经验借鉴的风险进行评价，操作简单，准确性和可靠性令人满意。

缺点：与专家评价法一样其评价结果来源于专家的主观判断，受专家经验、知识、选择偏好的影响，对事件评价带有很大的主观性，同时，操作起来费时费力。

3. 模糊数学综合评判法

由于受到认识能力和知识水平的限制，对风险的不确定性认知常常是模糊的，有很多风险因素的性质和影响无法用数字定量描述和单一准则来判断。为解决这一问题，1965年，美国学者L. A. Zadeth首次提出对模糊行为建立模型，利用模糊集合的概念将绝对的"是"与"非"转移到连续的逻辑上来，通过模糊理论进行分析，以严格的数学方法处理模糊现象，从而达到风险分析的目的，揭示风险的本质。由于不确定性常常是模糊的，所以，模糊综合评价法适用于各种不确定性问题的评价和分析。

模糊数学综合评判模型分为一级和多级模型，一般有以下几个操作步骤：

（1）建立模糊评判集。

$$\boldsymbol{U} = \{u_1, u_2, \cdots, u_m\} \tag{4-1}$$

式中，风险评判对象$u_1, u_2, \cdots, u_m$是风险识别中确定的因素，模糊评判集$\boldsymbol{U}$是风险评判因素的集合。

（2）建立评判集。

$$\boldsymbol{V} = \{v_1, v_2, \cdots, v_n\} \tag{4-2}$$

式中，评判集中的因素 v_1，v_2，$\cdots$，v_n 是风险等级，评判集 V 是风险等级的集合。

(3) 建立一个从 U 到 $F(V)$ 的模糊映射为。

$$f: U \to F(V), \quad \forall u_i \in U$$

$$ui \mid \to f(ui) = \frac{r_{i1}}{v_1} + \frac{r_{i2}}{v_2} + \cdots + \frac{r_{in}}{v_n} \tag{4-3}$$

式中，$0 \leq r_{ij} \leq 1$，$1 \leq i \leq m$，$1 \leq j \leq n$。

得到单因素模糊评判矩阵 R 为

$$R = \begin{bmatrix} r_{11} & r_{12} & \cdots & r_{1n} \\ r_{21} & r_{22} & \cdots & r_{2n} \\ \cdots & \cdots & \cdots \\ r_{m1} & r_{m2} & \cdots & r_{mn} \end{bmatrix} \tag{4-4}$$

(4) 对集合 U 中的每个因素赋予不同的权重，可以表示为 U 上的一个模糊子集 A。

$$A = \{a_1, a_2, \cdots, a_m\} \tag{4-5}$$

式中，$\sum_{i=1}^{m} a_i = 1$。

建立综合评判矩阵 B，记 $B = \{b_1, b_2, \cdots, b_n\}$，是 V 上的一个模糊子集，式中，$b_j = \bigvee_{i=1}^{n}(a_i \wedge r_{ij})$。

根据计算 b_j 的值得大小进行排列，得到风险的不同风险等级。

优点：模糊综合评价法理论以数学方式给不清晰的问题提供了一种充分的概念化结构，使模糊问题得以量化，评价结果更加科学化和准确化。

缺点：模糊集合中各元素对应于模糊关系的隶属度仍然以专家的经验确定，结果存在较大的主观性，对于多因素、多层次的问题评价计算比较复杂。

4. 蒙特卡罗模拟法

蒙特卡洛模拟法是法国数学家 John. Ron. Neuman 提出的，因该方法与轮盘掷色子赌博原理类似，所以采用著名赌城摩洛哥首都 Monte Caro 命名。蒙特卡洛模拟法运用概率论和数理统计方法来预测与分析各种不确定性因素对行为主体带来的影响，其具体步骤包括以下几个。

(1) 编制风险清单，根据研究提出的问题构造一个简单、实用的概率模型，把风险因素当作某一特征的随机变量，模型中主要特征变量与实际问题一致，使问题的解对应于模型中变量的某些特征。

（2）根据模型中随机变量的分布，用随机发生器产生随机数序列，生成服从某一分布的随机数序列进行随机模拟试验。理论上试验次数越多，分布越接近真实值。根据模型特点和随机变量分布特征，选取合适的抽样方式对每个随机变量进行抽样。

（3）进行模拟实验，求出问题的随机解，从中找出规律进行分析和总结，用标准差检验结果，给出问题的解以及对解的精度进行评价，确定模拟可靠程度。

优点：在可靠性分析和设计中，蒙特卡罗法可以确定随机复杂变量的概率特征和数字特征，直接处理每个因素的不确定性，使决策更加合理和准确。

缺点：注重因素的相关性识别和评价，给使用此方法带来难度，造成使用该方法费用较高，并且该方法不太适合中小风险评价问题。

5. 敏感性分析法

敏感性分析是研究风险因素集合中的一个因素或者是多个因素发生变化时对事件主体的影响程度。通过敏感性分析，可以了解和掌握由于某些风险因素估算错误或是使用数据偏差对事件主体的影响程度，找出敏感因素并确定其敏感程度。敏感性分析分为单因素敏感性分析和多因素敏感性分析。单因素敏感性分析是每次只变动一个因素，而其他因素保持不变。确定需要变动哪个因素的原则：一是估计在所有因素中，对事件主体影响最大的因素；二是对其在影响事件主体风险评价中采用的数据准确性把握不大的因素。多因素敏感性分析是同时变动两个以上的因素，例如同时变动两个因素可以得到一个敏感面。多因素敏感性分析的假设条件是多个变动的因素之间互相独立。敏感性分析的步骤是：选定分析因素，设定分析因素的变化范围，进行敏感性分析，绘制分析图，确定变化临界点。

优点：有助于决策者了解事件主体的风险情况和不确定因素对事件主体风险的影响程度，启发评价者对那些较为敏感的因素重新进行分析研究，从而提高预测和决策的准确性。

缺点：敏感性分析没有考虑不确定因素未来的变化，随着环境的变化，敏感因素和不敏感因素可能发生互换，对于这种情况无法使用敏感性分析进行解决。

6. 决策树分析法

决策树分析法是美国贝尔实验室于20世纪60年代在预测民兵导弹发射随机失效概率时提出的，到20世纪60年代中期，随着概率估计在核电安全中的应用,决策树法成为主要的定性分析方法。决策树使用"树"形图来表示可供选择的行动方案及其关系、行动后果及其发生的概率。利用决策树图形形成由上朝下的分支,对风险因素进行研究,对引起风险事件并导致风险损失的因素进行逐级详细分析,计算各种可选方案的数学期望,进而对风险因素进行评价。

优点:表达直观,逻辑性强。既可作定性分析,又可作定量评价,适于对直接经验较少、技术性较强、极为复杂的问题进行分析。

缺点:所有事件仅考虑正常和失效两种状态,难以做到对风险事件的详细研究,同时,对使用者的专业知识要求较高。

7. 神经网络

神经网络是一种模拟生物神经系统的人工智能技术,能从数据样本中通过自动学习和训练找出输入和输出之间的内在关系,使得输入信号先向前传播到隐结点,经过变换函数后把隐结点的输出信号传到输出结点得到输出结果,揭示数据样本中所蕴含的非线性关系。神经网络研究的内容多种多样,从生物原型到网络建模与算法研究再到人工神经网络与反向传播神经网络应用研究,全面反映了技术交叉和多学科的特点。

优点:可以实现非线性分类等问题,并且能够以任意的精度逼近任意非线性函数。

缺点:不能清晰地反映出数据之间的内涵关系,过于关注输入和输出之间的关系。

8. 影响图

影响图是表示决策问题中决策、不确定性和价值的新型图形工具,是 20 世纪 80 年代兴起的一门决策科学。影响图由节点和有向弧组成的无环路的有向图,节点代表所研究问题中的主要变量,有向弧表示变量间的相互关系[53]。它是概率估计和决策分析的图形表现,用图形表示变量间的相互关系,可以解决风险因素之间存在的关联问题。影响图使复杂的不确定性问题表征为新颖有效的图形语言,给决策者提供了一种直观的分析工具,广泛地应用于处理含有不确定问题的决策分析。

优点:清晰表达了变量之间的时序关系、信息关系和概率关系,图形直观明了,表达力强,克服了传统分析方法中分析顺序单一性的局限。

缺点:描述影响图的方法具有较大的主观性,目前没有一种描述影响图的规范化方法。

9. 马尔科夫法

马尔科夫（Markov）法是利用某一系统的现在状态和状态转移，预测该系统未来状态的一种方法。马尔科夫过程认为，系统未来状态受到现在状态的支配，可以用某些变量现在的状态来预测未来状态的相应变化。

随机过程 $[X(t), t \in T]$，

其中，$t_1 < t_2 < \cdots < t_n$，$n \geq 3$ 在 $X(t) = x_i$，$x_i \in I$，$i = 1, 2, \cdots, n-1$ 的条件下，$X(t_i)$ 的条件分布函数恰等于在条件 $X(t_{n-1}) = X_{n-1}$ 的 $X(t_n)$ 条件分布函数，即

$$P[X(t_n) \leq X_i \mid X(t_1) = X_1, X(t_2) = X_2, \cdots, X(t_{n-1}) = X_{n-1}]$$
$$= P[X(t_n) < X_i \mid X(t_{n-1}) = X_{n-1}], X_n \in R \quad (4-6)$$

则称此随机过程 $[X(t), t \in T]$ 为马尔科夫过程。即一个随机过程的 t_1 时刻状态只与 t_0 时刻状态相关，而与系统 t_0 时刻以前的状态无关。

优点：不需要连续不断的大量历史资料，只需要现在的动态资料就可以预测。

缺点：需要假定上次结果向下次试验转移过程中的概率不变，而且只有当转移次数足够大时，统计结果向量才趋于稳定。

10. 贝叶斯推断

18 世纪，英国牧师 Tomas Bayes 认为，当未来决策因素不完全确定时，必须利用包括样本信息和先于样本信息的主观信息等所有能够获得的信息来进行统计推断和决策，减少未来事物的不确定性，这就是贝叶斯推断原理。贝叶斯公式表述如下：

设 N 个事件 $B_1, B_2, \cdots, B_n$ 是一组完备的互斥事件集，$P(B_i)$ 是事件 B_i 的先验概率，事件 A 当且仅当事件集中某一事件发生时才发生，A 为观察值，其中，$P(A) > 0$，$P(B_i) > 0$，在事件 A 发生的条件下，事件 B_i 发生的概率计算如下：

$$P(B_i \mid A) = \frac{P(A \mid B_i) P(B_i)}{\sum_{i=1}^{n} P(A \mid B_i) P(B_i)} \quad (4-7)$$

优点：利用样本信息修改主观信息，充分利用了先验信息和样本信息，在众多的风险因素中抓住主要因素，从而提高风险评价的效率。

缺点：先验概率和条件概率确定的难度较大。

11. 风险矩阵法

风险矩阵（Risk Matrix）方法是一种基于采办全寿命周期的风险评价和管理

办法,由美国空军电子系统中心(Electronic System Center,ESC)的采办小组于1995年4月提出[54]。风险矩阵法综合考虑风险事件发生的概率及其后果,通过计算两者的乘积,得到风险等级。其计算公式为

$$R = P \times C \tag{4-8}$$

式中,R 表示风险程度,P 为风险发生的概率,C 为风险发生时带来的后果。

优点:按照风险发生的概率和危害程度进行分类,根据风险的等级采取不同的防控措施,可以进行定性分析和定量分析,更适合现场作业。

缺点:主观性较强,风险发生的概率和危害程度由专家或研究者确定,存在较大的误差。

12. 层次分析法

层次分析法(Analytical Hierarchy Process,AHP)是美国运筹学家、匹兹堡大学萨迪(T. L. Saaty)教授于20世纪70年代初提出的一种定性分析和定量研究相结合的决策方法。通过对复杂问题的本质、影响因素及其内在关系研究,利用较少的定量信息将决策思维过程数学化,为多目标、多准则、无结构特性的复杂问题提供简便的决策,较完整地体现了系统分析和系统综合的思想。层次分析法的实施包括以下几个步骤。

(1)建立递阶层次结构。按照某一准则把一个复杂的、无结构的风险因素分解成互不相交的层次,上一层次对相邻的下一层次的全部或部分元素起自上而下的逐层支配作用。

递阶层次结构数学定义[55]:设 Z 为带有唯一最大元素 b 的有限局部有序集合,Z 为一个递阶层次,需要满足以下条件。

①存在 Z 的一个分划 $\{L_K\}$,$K=1,2,\cdots,m$,其中 $L_1=\{b\}$,每个分化 L_K 成为一个层次。

②对于每个 $x \in L_K(1 \leq K \leq m-1)$,$x-$非空且 $x-$包含于 L_{K+1}。

③对于每个 $x \in L_K(2 \leq K \leq m)$,$x+$非空,且 $x+$包含于 L_{K-1}。

(2)构造两两判别矩阵。利用 T. L. Saaty 提出的 1~9 比例标度法,经过专家对同一层次的要素进行两两比较,给出相对权重的判别值而形成判别矩阵,判别矩阵表示在层次结构模型中,针对上一层而言,本层与它相关联的各要素之间的相对优越程度。

(3)单一准则下元素相对权重计算。层次分析法是根据判别矩阵,利用排序方法得到各元素重要性排序。由判别矩阵计算被比较元素的相对权重称作层次单排序,即把本层各元素按照某一准则对上一层进行优劣排序,这种排序是通过对

判别矩阵的计算得到的,常用的方法有和法、方根法、幂乘法等。

(4)一致性检验。由于评价对象的复杂性和认识的差异性,运用层次分析法计算的权重和专家通过两两判断矩阵打分可能出现判断上的矛盾,需要通过一致性检验指标 C.I. 和 R.I. 检验才能判断判别矩阵的一致性。

优点:可靠性高,误差相对较少,易于推广。

缺点:影响因素众多,在规模计算中容易出现问题。

4.3 风险矩阵——改进的层次分析法模型

4.3.1 风险矩阵方法介绍

1. 风险矩阵概述

风险矩阵方法是一种基于采办全寿命周期的风险评估和管理办法[183],它是对项目风险(风险集)进行识别的一种结构性方法,同时,该方法又能够对项目风险潜在影响重要性进行评估。运用风险矩阵方法,不仅能够综合评价项目整体风险,而且能对项目风险重要性进行排序,找出风险事件关键因素,予以重点防范。自1996年以后,ESC 的大量项目都采用风险矩阵方法对项目风险进行评估。美国米托公司(MITRE Corporation)对 ESC 的风险矩阵方法进行了改进和扩展,形成了两种风险矩阵模式:基本模式和高级模式。

风险矩阵不直接由专家意见得出评判矩阵,而是综合考虑风险后果和风险概率两方面因素,事先对风险后果和风险概率确定等级划分,通过专家经验判断风险影响和风险概率所处的量化等级,利用 Borda 分析方法对风险因素重要性进行排序,通过综合群体的意见,对风险因素进行最直接的评估[184]。Robert B. B. (1999)认为运用风险矩阵能够识别和评估潜在的风险、计算风险发生的概率、评定风险的等级,为风险的监测和控制提供基础数据。

风险矩阵作为一种简单、实用的风险评估方法,在风险管理实践中具有以下优点[185]。

(1)能够综合分析风险影响和风险概率,识别哪一种风险对行为主体影响最大。

(2)结合风险管理需求,加强了风险影响、风险概率、技术和风险防控之间相互关系分析。

（3）风险矩阵方法是在项目全周期过程中评估和管理风险的直接方法。

（4）应用矩阵分析能为风险管理提供一份详细的可供进一步研究的历史记录。

（5）采用 Borda 方法是在多个评判准则基础上形成的对风险级别排序的一种投票式运算方法，增加了结果的可靠性。

（6）风险矩阵方法具有自动分类和列表功能，能在特定评价标准上进行敏感性评估，起到识别、评估和监控风险的作用。

2. 风险矩阵的构建

（1）创新驿站风险矩阵栏目的确定。原始的风险矩阵由需求栏、技术栏、风险栏、风险影响栏、风险发生概率栏、风险等级栏和风险管理栏组成。结合创新驿站风险特点和风险管理需求，本书在原始风险矩阵基础上进行了改进，改进后的风险矩阵由风险栏、影响栏、风险发生概率栏、风险等级栏和风险权重栏构成。风险栏主要识别和描述创新驿站面临的具体风险；影响栏包括量化值与等级两个子栏，评估风险对创新驿站的影响，一般可分为 5 个影响等级，其对应的量化值为 0~5（可保留一位小数）；风险发生概率栏评估风险事件发生的概率；风险等级栏包括量化值与等级两个子栏，由影响栏和风险发生概率栏共同决定，其对应的量化值为 0~5（可保留一位小数）；风险权重栏用来评估风险的重要程度，其对应的量化值为 0~1（可保留 3 位小数）；且风险权重之和为 1。创新驿站风险矩阵栏目如图 4-3 所示。

风险评估 { 风险栏 / 风险影响栏 { 量化值 / 等级 } / 风险发生概率栏 / 风险等级栏 { 量化值 / 等级 } / Borda 序值栏 / 风险权重栏 }

图 4-3　创新驿站风险矩阵栏目

（2）风险栏内容确定。风险栏内容确定可根据创新驿站风险的具体特征、所属领域和风险的重要性等要素，在综合风险研究成果和本书研究基础上，将创新驿站风险分为 5 大模块，即战略风险、技术和市场风险、人员风险、财务风险和创新技术项目转移风险。对于各模块的具体指标，在本书风险分类中已经具体说明，由于篇幅限制，仅以创新驿站人员风险因素为例进行风险因素定义和说明（见表4-1）。

表4-1　　　　　　　　创新驿站人员风险因素定义和说明

风险因素	定义和说明
道德风险	合作者道德问题可能给新驿站绩效带来影响
管理人员能力风险	管理人员能力不强可能给创新驿站绩效带来影响
高层管理团队	高层管理团队结构不合理、凝聚力差可能给创新驿站绩效带来影响
管理人员政治化倾向	管理人员追求业绩等政治化倾向可能给创新驿站绩效带来影响
管理人员的素质	管理人员素质较低可能给创新驿站绩效带来影响
员工责任心	员工责任心差可能给创新驿站绩效带来影响
员工的基本素质	员工的基础知识和技能等基本素质差可能给创新驿站绩效带来影响
关键人才离职	管理、营销、财务等岗位关键人才离职可能给创新驿站绩效带来影响
员工的学习能力	员工的持续学习能力不强可能给创新驿站绩效带来影响
对工作环境的适应能力	员工对工作环境适应能力较差可能给创新驿站绩效带来影响
人力资源规划	人力资源规划不合理可能给创新驿站绩效带来影响
人才测评风险	人力资源测评不准确、不客观可能给创新驿站绩效带来影响
人才流失风险	由于人力资源管理问题造成人才流失可能给创新驿站绩效带来影响
人力资本投资风险	人力资本投资失误可能给创新驿站绩效带来影响
人员配置不合理	人力资源管理问题造成人员配置不合理可能给创新驿站绩效带来影响

（3）风险栏和风险发生概率栏内容确定。风险度包含风险影响和风险发生概率两个维度，对风险影响和风险发生概率评价采用专家评价法，聘请有经验的风险评估专家、创新技术转移中介项目经理、创新驿站专家和管理人员等组成专家组，根据专家组成员的知识结构和对项目熟悉程度将风险因素按分类进行评估，同时采用不同的权值对专家评估结果给予校正，得到误差最小的评估值。

①风险影响量化及等级。将风险影响因素分为关键、严重、中度、微小、可忽略5个等级，相应的风险程度依次赋予5、4、3、2、1分，考虑到风险因素的非离散性和专家最大可辨别能力，在相邻等级之间相应加入1.5、2.5、3.5、4.5等级，同时，对风险影响内容进行界定和说明（见表4-2）。

表 4-2　　　　　　　　　　风险影响内容界定和说明

风险影响等级	分值	界定和说明
关键（Critical）	4~5	一旦发生，将导致创新驿站运营失败
严重（Serious）	3~4	一旦发生，将导致创新驿站运营严重亏损
一般（Moderate）	2~3	一旦发生，将导致创新驿站运营受到中度影响，部分绩效能够达到
微小（Minor）	1~2	一旦发生，创新驿站运营受到较小影响，基本能达到目标运营绩效
可忽略（Negligible）	0~1	一旦发生，创新驿站运营不受影响，完全能够达到目标运营绩效

②风险发生概率量化及等级。参照风险影响量化方式，采用百分制方式将风险发生概率分为5级，并对风险发生概率内容进行界定和说明（见表4-3）。

表 4-3　　　　　　　　　　风险发生概率内容界定和说明

风险概率范围（%）	界定和说明
0~10	极不可能发生
11~30	发生的可能性很小
31~70	有可能发生
71~90	发生的可能性很大
91~100	极有可能发生

（4）风险等级栏的确定。根据创新驿站风险特点和有关文献研究，通过将风险影响栏和风险发生概率栏的值输入风险矩阵来确定风险等级栏，将风险等级栏分为高、中、低3级，并定义风险等级与等级量化值的关系为：0~1.5为低级风险；1.5~3为中级风险；3~5为高级风险，建立风险等级对照表（见表4-4）。

表 4-4　　　　　　　　　　风险等级对照表

风险概率范围（%）	风险影响等级				
	可忽略	微小	一般	严重	关键
0~10	低	低	低	中	中
11~30	低	低	中	中	高
31~70	低	中	中	中	高
71~90	中	中	中	中	高
91~100	中	高	高	高	高

由表 4-4 得到的风险等级只是一个细化的范围，为求得一个确切的风险等级量化值，采用线性插值法，其计算包括以下过程[186]。

令某风险模块的影响级量化值为 I，属于 $[I_1, I_2]$；风险发生的概率为 RP，属于 $[RP_1, RP_2]$，风险等级为 RR，由表 4-4 可确定 RR 属于 $[RR_1, RR_2]$ 的等式为

$$RR = RR_1 + \frac{(I - I_1)(RP - RP_1)}{(I_2 - I_1)(RP_2 - RP_1)}(RR_2 - RR_1) \quad (4-9)$$

在得到各模块风险影响和风险模块量化值后，根据计算结果，对照表 4-4 即可确定各风险模块风险等级的大小。

(5) 风险权重栏的确定

风险等级可分为"高、中、低"3级，在对创新驿站风险评估过程中发现，有多个风险可能同时处在同一个风险等级，而处于同一等级的风险，其重要程度可能不一样，即风险等级还存在着风险结（Risks Tie，处于同一风险等级的风险具有基本相同的属性，还可以再继续细分），使风险管理者无法从众多的风险结中分离出最为关键的风险，因而，接下来的问题是如何确定哪一种风险更关键，如何进行资源分配以消除风险？为解决这类问题，ESC 研究人员将投票理论应用到风险矩阵中，提出了 Borda 序值法，计算 Borda 序值可以解决这一问题。具体计算方法如下：

设 N 为总风险因素的个数（与风险矩阵中的行数相同），i 为某一特定的风险，k 为某一准则。原始风险矩阵中只有两个准则：$k=1$ 表示风险影响 I；$k=2$ 表示风险发生的概率 RP。如果 RP_{ik} 表示风险 i 在 k 准则下的风险等级（在风险矩阵中，定义比风险 i 影响程度大或概率大的风险因素个数为准则 k 下的风险等级），则风险 i 的 Borda 数可由式（4-10）给出[187]：

$$b_i = \sum_{k=1}^{2}(N - R_{ik}) \quad (4-10)$$

通过计算可以得到 Borda 序值，按照从小到大的次序对 Borda 序值进行排列。Borda 序值方法是结合风险影响和风险发生概率的风险重要性进行排序，风险等级序列显示在 Borda 序列栏中，一个 Borda 序值表示比其更高的关键风险个数。例如，风险 5 的 Borda 序值为 0，表示该风险为最关键风险；风险 3 的 Borda 序值为 6，表明另外 6 中风险更为关键。

由 Borda 序值法将风险因素按照重要性进行排序，在制定风险管理决策时就可以忽略不重要的风险，集中精力和资源防范和控制关键风险，降低风险管理成本，提高风险管理效率。Borda 序值方法在应用中的优点主要表现为以下四

个方面[188]。

①Borda 序值方法表示的风险较表 4-3 表示的风险具有更少的风险结,但是,Borda 序值方法不能消除所有的风险结。当两种风险具有相同的风险等级和 Borda 序值时就会形成一个风险结。

②Borda 序值方法除了风险影响和风险发生的概率原始输入外,不需要其他主观的评价,例如,表 4-3 中的风险级别的确定完全基于主观评价。

③Borda 序值能够对风险矩阵中的风险进行跨类别评定。

④对给定的风险,可用 Borda 序值方法对风险影响和风险概率进行敏感性分析,反映出对某一特定风险产生非关键性序值时要作出的改进。

(6) 综合风险等级的确定

采用加权法将风险因素的风险等级量化值和相应的风险因素的风险权重相乘,将得到的结果累加,即可得到综合风险等级量化值。结果可由式 4-11 计算得到:

$$RRT = \sum_{i=1}^{n} RR \times RW_i \qquad (4-11)$$

式中,风险因素的风险等级量化值为 RR_i;风险权重为 RW_i;综合风险等级量化值为 RRT。

计算结果参照风险等级量化标准,与所得的综合风险等级量化表进行比较,即可得到综合风险等级。

4.3.2 改进的层次分析方法介绍

1. 层次分析法概述

决策是人们进行选择和判断的一种思维活动,决策要求进行的选择和判断应尽可能符合客观要求,因此,决策工具在决策中起到了很重要的作用,人们往往利用数学模型对实际问题进行简化和系统分析,20 世纪 80 年代初,最优化技术发展使数学模型越来越复杂,对计算机性能要求越来越高,形成了一种数学模型的"泥潭"。一些有远见的运筹学家认为决策中有大量的因素无法定量地利用数学模型来分析,在这种背景下,美国运筹学家、匹兹堡大学萨迪(T. L. Saaty)教授于 20 世纪 70 年代初提出层次分析法(Analytical Hierarchy Process,AHP),它是一种结合定性分析和定量研究决策的方法。利用该种方法,1971 年为美国国防部研究了"应急计划";1972 年,为美国研究了电力分配问题;1973 年为苏丹研究了运输问题，同年，正式提出了层次分析方法；1977年，Satty在第一届国际数学建模会议上发表了《无结构决策问题的建模——层次分析理论》，引起了人们的广泛注意；1986年，Saaty完成了层次分析法的公理证明，使AHP方法得到了深入研究和应用，1986年，芬兰学者在《社会——经济计划科学》上发表了关于AHP方法解决能源资源规划的问题。运用AHP需要掌握一些简单的数学工具，但AHP从本质上来讲是一种将复杂问题分解成不同的构成因素，并将这些因素按支配关系形成分组递阶层次的一种思维方式，使复杂问题的决策思维过程系统化、模型化和数量化。

AHP方法作为一种决策工具具有很多优点：①适用性。AHP方法改变了决策者和决策分析者难以沟通状况，决策过程加深了决策者对决策问题的认识，大大增加了决策的有效性。②简洁性。AHP方法通过将复杂问题按照包含的因素及其因素间的相互关系进行分类，表明上下层因素间的联系，形成一个多层结构，使决策分析过程简单明确，一目了然。③系统性。AHP方法对问题的研究建立在各个组成因素相互关系和所处环境中进行系统决策，纳入具有递阶层次的指标分析结构中，最终将分析归结于最低层次对最高层次的相对重要性排序。④综合性。决策问题中大量的因素属于定性因素，不能以某种定量的标度表示，例如在识别创新驿站风险因素时，不仅要考虑企业经济状况、人员状况、管理能力等，而且还要考虑企业面临的政治环境、经济环境、市场环境等因素。AHP方法能对定性问题和定量问题进行综合处理，通过优劣排序得到明确的定量化理论，为决策者提供科学的决策依据。⑤准确性。AHP方法能够利用决策者的阅历、经验、判断能力，借助于数学工具提高决策的准确性，为企业决策提供"满意的决策"或"最优的决策"。

2. AHP的基本思想

AHP方法按照因素间的支配关系将复杂问题进行分类并形成递阶层次结构，通过两两比较和综合判断，确定层次中诸因素的相对重要性并确定相对重要性的总排序，整个过程体现了"分解—判断—综合"的思维特征[189]。AHP方法基于独特的技术和深刻的哲学原理成为社会经济系统决策的工具，而涉及AHP方法作为经济系统测度理论问题、递阶层次结构模型合理问题、采取 1~9 标度的依据和 $N(N-1)/2$ 两两比较的重要性问题的基本思想需要从科学和哲学角度进行论述[190]。

①AHP方法决策的核心思想。AHP方法决策的核心问题是对决策因素的测度问题，是从一组已知方案中选择理想的或满意的方案。在一定标度下对事物某种属性的定量测量面临的困难首先是测度对象大多具有相对性的属性，难以确定

绝对标度；另一个困难是即使有统一绝对标度，也往往缺乏必要的测量工具。AHP方法利用专家的经验和判断，采用适应环境变化的相对标度（比例标度），通过两两比较和层次测度，以重要性权重排序，解决了有形和无形、可定量和不可定量因素的测度，为决策提供了科学依据，成为解决社会系统问题的重要手段。

②比例标度的合理性。AHP方法采用在某一准则下一组元素两两比较相对强弱的比例标度来测定，用1~9的整数及其倒数构成正互反判断矩阵。AHP方法比例标度的合理性表现在三个方面：第一，1~9的整数及其倒数符合判断者的心理习惯，对从属性质和准则有较为接近的强度。第二，符合判断属性的分级需求。人们在比较某种属性强弱时通常采用绝对弱、很弱、明显弱、较弱、相等、较强、明显强、很强和绝对强的习惯判断，而这种判断分级正好是9级。第三，两两比较的核心思想。虽然通过$N-1$次比较即可得到判别矩阵，但$N-1$次比较中任何一个不合理的判断必然导致不合理的排序，AHP方法两两比较判断是推导出各因素相对于某一属性排序的一大特色，通过$N(N-1)/2$比较判断和不同角度反复比较，降低了个别判断失误的影响，为决策者提供了更多、更可靠的信息。

3. AHP方法的实施步骤

进行评判或决策时，运用AHP方法可分为4个步骤：分析各个基本要素之间的关系，建立递阶层次的分析结构模型；对同一层次的各个元素依据上一层次中的某一准则进行两两比较，构造两两判断矩阵，进行一致性检验；根据判断矩阵计算被比较元素对于该准则的相对权重；计算各层元素对总目标的合成权重，按照计算结果的大小对备选方案进行排序。

（1）建立评价系统的递阶层次结构。AHP方法递阶层次思想是把一个复杂的、无结构的问题属性分解成按照某一准则分组形成互不相交的层次，上一层次对相邻的下一层次的全部或部分元素起着自上而下的逐层支配作用。

递阶层次结构数学定义[190]为：

设Z为带有唯一最大元素b的有限局部有序结合，Z成为一个递阶层次，必须满足以下条件。

①存在Z的一个分划$\{L_K\}$，$K=1,2,\cdots,m$，其中$L_1=\{b\}$，每个分化L_K成为一个层次。

②对于每个$x\in L_K(1\leq K\leq m-1)$，$x-$非空且$x-$包含于$L_{K+1}$。

③对于每个$x\in L_K(2\leq K\leq m)$，$x+$非空，且$x+$包含于L_{K-1}。

根据递阶层次结构数学定义可以得出以下性质。

①Z中任一元素属于且仅属于一个层次，不同层次的交集是空集。

②同层次之间的元素是独立的,不存在隶属或支配关系。
③$L_K(2 \leq K \leq m)$ 中任一元素必然受到至少一个或只能受 L_{K-1} 支配。
④不相邻的两层次间的元素不存在隶属和支配关系。

在深入分析待解决的问题后,可以将所要解决的问题分为三个层次(见图4-4):①目标层。目标层表示要解决问题的目标或理想结果,一般只有一个元素,对决策问题而言即为决策问题要达到的目标或理想结果。②中间层。中间层表示要实现目标需要采取的某种措施、政策、准则和自准则,是为实现目标所设计的中间环节,中间层又称为准则层。③最低层。最低层表示参与选择的各种备选方案和措施,最低层又称为措施层或方案层。

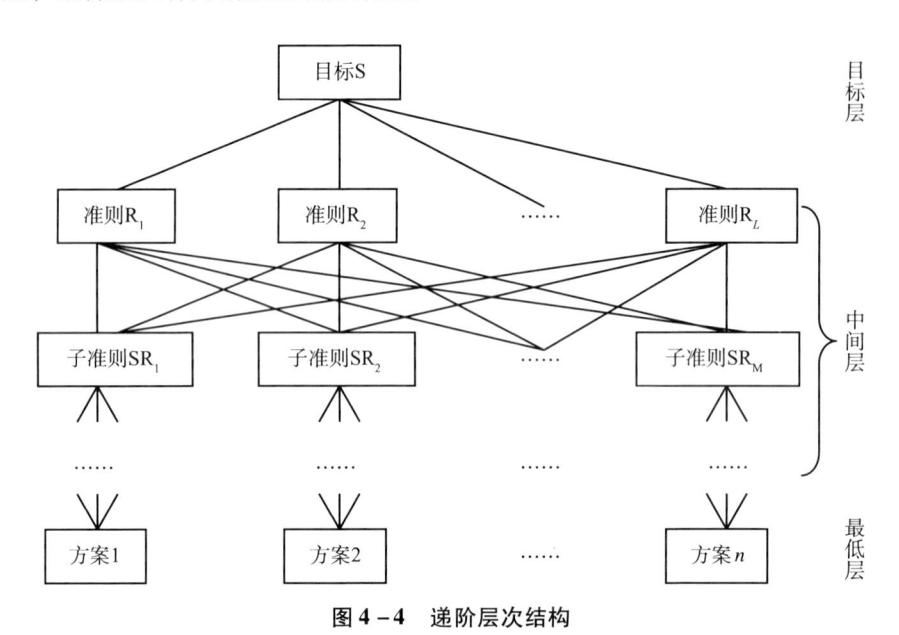

图4-4 递阶层次结构

(2)构造两两判别矩阵。判别矩阵是指经过专家对同一层次的要素进行两两比较,给出相对权重的判别值而形成的矩阵,判别矩阵表示在层次结构模型中,针对上一层而言,本层与它相关联的各要素之间的相对优越程度。$T.L.Saaty$ 提出了 1~9 比例标度法。

假定方案层 $P_1,P_2,P_3,\cdots,P_n$ 与上一准则层 C_K 有联系,构造判别矩阵为

$$A = \begin{bmatrix} a_{11} & a_{12} & \cdots & a_{1n} \\ a_{21} & a_{22} & \cdots & a_{2n} \\ \vdots & \vdots & \vdots & \vdots \\ a_{n1} & a_{n2} & \cdots & a_{nn} \end{bmatrix} \quad (4-12)$$

对于准则 C_K，n 个被比较的元素构成了一个两两判别矩阵

$$A = (a_{ij})_{n \times n} \qquad (4-13)$$

式中，a_{ij} 表示对于准则 C_K，方案 P_i 与 P_j 比较得到的相对重要程度。

判别矩阵具有下列性质：

$$a_{ij} > 0, \quad a_{ii} = 1, \quad a_{ij} = \frac{1}{a_{ji}} = \frac{a_{ik}}{a_{jk}} \qquad (4-14)$$

由判别矩阵的性质可知判别矩阵 A 为正互反矩阵。

层次分析法采用 T. L. Saaty 提出的 1~9 比例标度法，其取值见表 4-5。

表 4-5　　　　　　　　　　1~9 比例标度法及含义

标度	重要性等级
1	a_i，a_j 两元素同样重要
3	两元素相比，a_i 比 a_j 稍重要
5	两元素相比，a_i 比 a_j 明显重要
7	两元素相比，a_i 比 a_j 强烈重要
9	两元素相比，a_i 比 a_j 极端重要
2，4，6，8	介于上述两相邻判断的中间
倒数	若两元素 a_i 与 a_j 的比为 a_{ij}，则 a_j 与 a_i 的比为 $1/a_{ij}$

（3）单一准则下元素相对权重计算。层次分析法是根据判别矩阵，利用排序方法得到各元素重要性排序。由判别矩阵计算被比较元素的相对权重称为层次单排序，即把本层各元素按照某一准则对上一层进行优劣排序，这种排序是通过对判别矩阵的计算得到，常用的方法有和法、方根法与幂乘法等。

①和法。

a. 计算判别矩阵 A 每一行元素的和

$$M_i = \sum_{j=1}^{1} a_{ij} \quad (i = 1, 2, \cdots, n) \qquad (4-15)$$

b. 计算各行的算术平均数

$$\omega_i = \frac{1}{n} \sum_{j=1}^{n} a_{ij} \qquad (4-16)$$

c. 对项量 M_i 做归一化处理，

即

$$w_i = \frac{\omega_i}{\sum_{j=1}^{n} \omega_i} \qquad (4-17)$$

式中，w_i 为权重系数。

d. 计算矩阵最大特征根

$$\lambda_{\max} = \sum_{i=1}^{n} \frac{(Aw_i)}{nw_i} \quad (4-18)$$

式中，$(\boldsymbol{A}w_i)$ 表示 $\boldsymbol{A}w$ 的第 i 个分量。

②方根法。

a. 计算判别矩阵 $\boldsymbol{A}$ 的每一行元素的积

$$M_i = \prod_{j=1}^{n} a_{ij} \quad (i=1, 2, \cdots, n) \quad (4-19)$$

b. 计算各行 M_i 的 n 次方根

$$\omega_i = \sqrt[n]{M_i} \quad (4-20)$$

c. 对项量 $\boldsymbol{\omega} = (\omega_1, \omega_2, \cdots, \omega_n)^T$ 做归一化处理，即 $w_i = \dfrac{\omega_i}{\sum_{j=1}^{n} \omega_i}$（$w_i$ 即为权重）。

d. 计算 $\boldsymbol{A}$ 的最大特征值

$$\lambda_{\max} = \frac{1}{n} \sum_{i=1}^{n} \frac{(Aw)_i}{w_i} \quad (4-21)$$

式中，$(\boldsymbol{A}w_i)$ 表示 $\boldsymbol{A}w$ 的第 i 个分量。

③幂乘法[191]。

a. 任取一个正的规范化矢量初值 W^0。

b. 计算 $\overline{W}^{K+1} = AW^K \quad (K=1, 2, \cdots, n) \quad (4-22)$

c. 使 $m = \sum_{i=1}^{n} \overline{W}_i^{K+1}$，计算 $W^{K+1} = \dfrac{1}{M} \overline{W}^{K+1} \quad (4-23)$

d. 对与精确度 ε，如果有 $|W_i^{K+1} - W_i^K| \in \varepsilon (i=1, 2, \cdots, n)$ 成立，则 $W = W^{K+1}$ 为特征矢量，进入 e，否则，重复步骤 b。

e. 计算矩阵最大特征根

$$\lambda_{\max} = \frac{1}{n} \sum_{j=1}^{n} \frac{\overline{W}_i^{K+1}}{W_i^K} \quad (4-24)$$

（4）一致性检验。由于评价对象的复杂性和认识的差异性，运用层次分析法计算的权重和专家通过两两判断矩阵打分可能出现判断上的矛盾，需要通过一致性检验指标 C.I.（Consistency Index）和 R.I.（Random Index）检验才能判断判别矩阵的一致性。

①计算一致性指标 C.I.

计算最大特征值 λ_{max} 与 n 的差,把计算 $\lambda_{max} - n$ 与 $(n-1)$ 的比值作为度量判断矩阵偏离一致性指标 C.I.

$$C.I. = \frac{\lambda_{max} - n}{n - 1} \tag{4-25}$$

②查找平均随机一致性指标 R.I.,见表 4-6。

表 4-6 判断矩阵所对应的平均随机一致性指标 R.I.

n	1	2	3	4	5	6	7	8	9	10	11	12
R.I.	0	0	0.52	0.89	1.12	1.26	1.36	1.41	1.46	1.49	1.52	1.54

③计算一致性比例 C.R.（Consistency Ratio）。将判断矩阵的一致性指标 C.I. 与平均随机一致性指标 R.I. 进行比较,可得到一致性比例 C.R.

$$C.R. = \frac{C.I.}{R.I.} \tag{4-26}$$

式中,C.R. <0.1 时,一般认为判断矩阵具有满意的一致性,其一致性是可以接受的;当 C.R. ≥0.1 时,认为判断矩阵不具有一致性,应作适当的修正,直到通过一致性检验为止;一阶、二阶矩阵总是一致的,其 C.R. =0。

④计算各层元素对目标层的组合权重。计算指标的组合权重,组合权重的计算要自上而下,将单准则下的权重进行合成,计算评价指标体系中各层指标对总目标的权重系数,并逐层进行一致性检验,获得各元素对于总目标的相对权重,从而进行方案选择。

4. 传统层次分析法存在的不足

（1）传统层次分析法的判别矩阵采用九标度法（1~9 标度赋值法）,级别跨度较大,由于实际操作中专家的主观因素及指标影响区域的连续性,使得判断结果带有一定的片面性,不能满足相对完善的指标赋权,例如,当 r_1 稍优于 r_2 时,如果采用九标度法,权重比应为 2:1 或者 3:1,前者是后者的两倍或三倍,与评判者评判标准"稍优"差距很大,造成评判结果精度不高。同时,在一致性检验时,如果判断矩阵不具一致性,破坏了层次分析法优选排序的主要功能,重新构造计算量大。

（2）层次分析法与一般评价方法相比客观性较高,但在实际应用中,由于被评判指标的复杂性和不可预见性,以及评判专家判断的片面性和主观性,两两比较结果不一定具有一致性。一致性检验在层次分析法中必不可少,在实际应用中如果评判矩阵不具有一致性。常规做法是凭大致估计来调整矩阵,往往带有一定的盲目性，而且工作量大大增加。

5. 层次分析法的改进

（1）对于传统层次分析法在指标赋值方面存在的不足，本书采用一种新的标度方法——连续标度法进行改进。连续标度法是在传统标度法各个标度区间采取连续赋值方式对指标之间的相对权重进行赋值，例如，当 r_1 稍优于 r_2 时，可以根据评判者的评判标准，取连续的数值作为指标相对权重值，如 1.2、1.22、2.36 等，使评判专家很容易对两两因素哪个因素相对重要作出决策，既增加了评估结果的精度和可靠度，又大大减少了迭代速度，从而提高了收敛效度。

（2）为了提高判断矩阵的一致性，减少工作量，本书对传统层次分析法进行改进，利用最优传递矩阵概念，使之自然满足一致性要求，直接求出权重。改进的层次分析法具体包括以下几个步骤。

①建立层次分析模型，首先把问题层次化。

②建立比较矩阵。利用连续标度法，通过专家评判每组两两比较其相对重要性进行评分，得到相应的比较矩阵 A。

$$A = \begin{bmatrix} r_{11} & r_{12} & \cdots & r_{1n} \\ r_{21} & r_{22} & \cdots & r_{2n} \\ \vdots & \vdots & \vdots & \vdots \\ r_{n1} & r_{n2} & \cdots & r_{nn} \end{bmatrix} \quad (4-27)$$

式中，r_{ij} 是第 i 个指标与第 j 个指标相对比的重要性，且有 $r_j = 1$。

③计算重要性排序 w_i。

$$w_i = \sum_{i=1}^{n} r_i$$

取
$$w_{\max} = \max\{r_i\}, \quad w_{\min} = \min\{r_i\} \quad (4-28)$$

④构造判别矩阵 B_{ij}。

对每组指标构造判别矩阵，其指标 b_{ij} 遵循下列公式

$$b_{ij} = \begin{cases} \dfrac{w_i - w_j}{w_{\max} - w_{\min}} \cdot (k_m - 1) + 1, & w_i \geq w_j \\ \left[\dfrac{w_j - w_i}{w_{\max} - w_{\min}} \cdot (k_m - 1) + 1\right]^{-1}, & w_i < w_j \end{cases} \quad \text{其中，} k_m = \dfrac{w_{\max}}{w_{\min}} \quad (4-29)$$

⑤求上述判别矩阵 B_{ij} 的传递矩阵 C_{ij}。

传递矩阵的指标元素 $c_{ij} = \lg b_{ij} (i = 1, 2, \cdots, n; j = 1, 2, \cdots, n)$ （4-30）

⑥求传递矩阵 C_{ij} 的最优传递矩阵 D_{ij}。

最优传递矩阵的指标元素 $\quad d_{ij} = \dfrac{1}{n}\sum\limits_{k=1}^{n}(c_{ik}-c_{jk})\quad$ (4-31)

⑦求判别矩阵 $\boldsymbol{B}_{ij}$ 的拟优一致矩阵 $\boldsymbol{E}_{ij}$。

拟优一致矩阵指标元素 $\quad e_{ij}=10^{d_{ij}}\quad$ (4-32)

⑧计算矩阵 $\boldsymbol{E}_{ij}$ 的特征向量。

利用方根法计算矩阵 $\boldsymbol{E}_{ij}$ 的特征向量，具体步骤如下：

第一，计算矩阵 $\boldsymbol{E}_{ij}$ 每一行元素乘积

$$M_i = \prod_{j=1}^{n} e_{ij},\ (i=1,2,\cdots,n) \quad (4-33)$$

第二，计算方根

$$\overline{W_i} = \sqrt[n]{M_i} \quad (4-34)$$

第三，对向量
$\overline{\boldsymbol{W}} = (\overline{W_1},\overline{W_2},\cdots,\overline{W_n})^{\mathrm{T}}$ 作归一化处理，即

$$W_i = \overline{W_i}\Big/\sum_{i=1}^{n}\overline{W_i} \quad (4-35)$$

则 $W=(W_1,W_2,\cdots,W_n)$ 为每组单排序结果。

⑨总排序。

利用单层次排序结果计算总层次排序，并按总层次列出排序结果。其计算公式为

$$V_i = \alpha W_i$$

式中，α 为某一指标权重；V_i 为总层次中第 i 个指标的权重。

4.4 基于风险矩阵——改进层次分析法模型的实例研究

为使风险矩阵——改进的层次分析方法在基于企业绩效的创新驿站风险评估中得到有效运用，构建风险矩阵后，必须按照风险评估流程对风险因素进行评估。基本流程如图 4-5 所示。

组建专家组 → 选定风险集 → 确定风险级 → 确定风险权重 → 风险综合评价

图 4-5 风险评估流程

（1）组建专家组。根据创新驿站风险特点和风险管理需要，组建由技术、管

理、融资、人力资源和市场等方面的专家委员会或专家咨询决策组。专家人数一般以 10~12 人为宜，根据决策委员会单数原则，本书采用 11 人专家团队。专家组成员根据创新驿站运营特征，对创新驿站及其工作进行全面深入的调查和了解并加以分析，结合自身经验给出若干组指标量值，再应用线性模型计算出综合评估值。

（2）选定风险集。为了简化运算，先假设对创新驿站人员风险因素进行评估。由表 4-1 可知，创新驿站人员风险因素包括管理人员能力、高层管理团队、管理人员政治化倾向、管理人员素质、员工责任心、员工的基本素质、关键人才离职、员工的学习能力、员工对工作环境适应能力、人力资源规划、人才测评、人才流失、人力资本投资和人员配备不合理等。

（3）风险等级的确定。为了能够较好地通过定量分析评估创新驿站人员风险，需尽可能地收集相关信息，结合专家的经验作出合理的判断，根据表 4-2 和表 4-3 的内容，对创新驿站人员风险进行打分，在此基础上进行加权处理，推导出各个风险因素的风险影响量化值分别为（2.5、3.8、3.1、3.5、4.3、2.9、3.5、4.1、2.1、3.9、3.5、1.8、3.5、2.2、4.6）；风险概率分别为（65.92%、39.88%、43.55%、82.29%、32.67%、78.51%、44.73%、79.69%、38.52%、56.77%、51.23%、77.41%、80.28%、82.25%、57.12%），根据风险集量化表 4-4 可得到风险等级量化范围，并由公式（4-9）进行相应处理计算得到量化值和风险等级，将取得的具体数值填入风险矩阵中（见表 4-7）。

表 4-7 创新驿站人员风险评估风险矩阵

风险因素	风险影响（I）量化值（I）	等级	风险概率（RP）	风险等级（RR）量化值范围	量化值	等级	Borda 数	Borda 序值	风险权重（RW）
道德风险	2.5	一般	0.6592	1.5~2	1.72	中	13	10	1.72
管理人员能力风险	3.8	严重	0.3988	2~3	2.18	中	14	9	2.18
高层管理团队	3.1	严重	0.4355	2~3	2.03	中	10	13	2.03
管理人员政治化倾向	3.6	严重	0.8229	3~3.5	3.18	高	24	1	3.18
管理人员的素质	4.3	关键	0.3267	3~4	3.01	高	15	7	3.01
员工责任心	2.9	一般	0.7851	2~2.5	2.18	中	16	6	2.18
员工的基本素质	3.7	严重	0.4473	2~3	2.25	中	15	7	2.25
关键人才离职	4.1	严重	0.7969	3~3.5	3.02	高	25	0	3.02
员工的学习能力	2.1	一般	0.3852	1.5~2	1.51	中	4	14	1.51

续表

风险因素	风险影响（I）量化值（I）	风险影响（I）等级	风险概率（RP）	风险等级（RR）量化值范围	风险等级（RR）量化值	风险等级（RR）等级	Borda数	Borda序值	风险权重（RW）
工作环境的适应能力	3.9	严重	0.5677	2~3	2.59	中	19	4	2.59
人力资源规划	3.3	严重	0.5123	2~3	2.16	中	13	10	2.16
人才测评风险	1.8	微小	0.7741	1~1.5	1.13	中	11	12	1.13
人才流失风险	3.5	严重	0.8028	3~3.5	3.12	高	21	3	3.12
人力资本投资风险	2.2	一般	0.8225	2~2.5	2.06	中	17	5	2.06
人员配置不合理	4.6	关键	0.5712	3~4	3.4	高	23	2	3.40

（4）风险权重的确定。根据公式（4-10），通过 Borda 序值方法计算创新驿站人员风险因素的 Borda 数，根据计算结果，对创新驿站人员风险因素的重要性进行排序，然后将计算结果列入表4-7 Borda 序值栏。

例如计算创新驿站人员道德风险的 Borda 值为

$$b_1 = \sum_{k=1}^{2}(N - R_{1k}) \tag{4-36}$$

R_{11}表示比人员道德风险影响程度高的因素的个数为11；R_{12}表示比人员道德风险发生概率高的因素的个数为6。

则 $B_1 = (15-11) + (15-6) = 13$。同样可以算出人员风险的其他 Borda 数分别为：14、10、24、15、16、15、25、4、19、13、11、21、17、23。根据计算结果进行排序，得到创新驿站人员风险因素的 Borda 序值分别为（10、9、13、1、7、6、7、0、14、4、10、12、3、5、2），填入表4-7 Borda 序值栏。

由 Borda 序值可知，在考虑多个准则下，所得结果与仅考虑单准则不同，Borda 序值方法比单一准则方法更为合理。计算结果表明，创新驿站人员风险的 14 个风险因素中，其重要性由高到低的顺序依次为：关键人才离职、管理人员政治化倾向、人员配置不合理、人才流失、对工作环境的适应能力、人力资本投资、员工责任心、管理人员的素质、员工的基本素质、管理人员能力风险、道德风险、人力资源规划、人才测评风险、高层管理团队、员工的学习能力。

（5）由专家组根据计算的 Borda 序值，对创新驿站人员风险因素按照其重要程度，采用连续标度法进行两两比较打分，构造判别矩阵。每位专家给出一个判别矩阵，通过求得 11 位专家给出的判别矩阵的相应元素的简单算术平均值，作为最后判别矩阵的相应元素值，得到最后综合判别矩阵，在判别矩阵基础上计算传递矩阵，进而计算最优传递矩阵，求得拟优一致矩阵和特征向量，最后计算总层次排序并标明排序序号。为了保证收敛效度，本章继续使用一致性指标进行验证，确保评估结果的可靠性。把判别矩阵的计算结果作为风险权重的依据。修正后的最终创新驿站人员风险判别矩阵为

$$B = (b_{ij})_{15 \times 15} = \begin{bmatrix} 1 & 1.25 & 0.46 & 6.29 & 1.54 & 1.86 & 1.59 & 7.11 & 0.13 & 3.12 & 1.02 & 0.61 & 4.22 & 2.24 & 5.54 \\ 0.80 & 1 & 0.36 & 5.04 & 1.23 & 1.49 & 1.28 & 5.69 & 0.16 & 2.50 & 0.80 & 0.49 & 3.38 & 1.79 & 4.43 \\ 2.20 & 2.75 & 1 & 5.76 & 2.25 & 2.56 & 2.36 & 6.25 & 0.26 & 3.61 & 1.69 & 1.21 & 4.41 & 2.89 & 5.29 \\ 0.16 & 0.20 & 0.17 & 1 & 0.39 & 0.44 & 0.38 & 1.09 & 0.13 & 0.63 & 0.29 & 0.21 & 0.77 & 0.51 & 0.92 \\ 0.65 & 0.81 & 0.44 & 2.54 & 1 & 1.21 & 1.06 & 4.61 & 0.12 & 2.18 & 0.76 & 0.44 & 2.89 & 1.45 & 3.61 \\ 0.54 & 0.67 & 0.39 & 2.25 & 0.82 & 1 & 0.85 & 3.82 & 0.11 & 1.68 & 0.54 & 0.33 & 2.26 & 1.20 & 2.97 \\ 0.63 & 0.78 & 0.42 & 2.63 & 0.94 & 1.17 & 1 & 4.63 & 0.13 & 2.03 & 0.65 & 0.39 & 2.68 & 1.56 & 3.91 \\ 0.14 & 0.18 & 0.16 & 0.92 & 0.22 & 0.26 & 0.22 & 1 & 0.14 & 0.58 & 0.27 & 0.19 & 0.71 & 0.46 & 0.85 \\ 7.75 & 6.25 & 3.85 & 7.81 & 8.47 & 9.09 & 7.69 & 7.14 & 1 & 4.74 & 3.26 & 2.78 & 5.25 & 4.31 & 5.78 \\ 0.32 & 0.40 & 0.28 & 1.59 & 0.46 & 0.60 & 0.49 & 1.73 & 0.21 & 1 & 0.15 & 0.17 & 1.65 & 0.57 & 2.60 \\ 0.98 & 1.25 & 0.59 & 3.41 & 1.32 & 1.87 & 1.54 & 3.70 & 0.31 & 6.67 & 1 & 0.61 & 4.22 & 2.24 & 5.54 \\ 1.65 & 2.06 & 0.83 & 4.76 & 2.27 & 3.08 & 2.54 & 5.15 & 0.36 & 6.06 & 1.65 & 1 & 3.65 & 2.39 & 4.37 \\ 0.24 & 0.30 & 0.23 & 1.31 & 0.35 & 0.44 & 0.37 & 1.42 & 0.19 & 0.61 & 0.24 & 0.27 & 1 & 0.53 & 1.31 \\ 0.45 & 0.56 & 0.35 & 1.96 & 0.69 & 0.83 & 0.64 & 2.16 & 0.23 & 1.75 & 0.45 & 0.42 & 1.88 & 1 & 2.48 \\ 0.18 & 0.23 & 0.19 & 1.09 & 0.28 & 0.34 & 0.26 & 1.18 & 0.17 & 0.38 & 0.18 & 0.23 & 0.76 & 0.40 & 1 \end{bmatrix}$$

计算矩阵 B 的传递矩阵 C 为

$$C = (c_{ij})_{15 \times 15} = \begin{bmatrix} 0 & 0.10 & -0.34 & 0.80 & 0.19 & 0.27 & 0.20 & 0.85 & -0.89 & 0.49 & 0.01 & -0.22 & 0.62 & 0.35 & 0.74 \\ -0.10 & 0 & -0.44 & 0.70 & 0.09 & 0.17 & 0.11 & 0.76 & -0.80 & 0.40 & -0.10 & -0.31 & 0.53 & 0.25 & 0.65 \\ 0.34 & 0.44 & 0 & 0.76 & 0.35 & 0.41 & 0.37 & 0.80 & -0.59 & 0.56 & 0.23 & 0.08 & 0.64 & 0.46 & 0.72 \\ -0.80 & -0.70 & -0.76 & 0 & -0.41 & -0.35 & -0.42 & 0.04 & -0.89 & -0.20 & -0.53 & -0.68 & -0.12 & -0.29 & -0.04 \\ -0.19 & -0.09 & -0.35 & 0.41 & 0 & 0.08 & 0.02 & 0.66 & -0.93 & 0.34 & -0.12 & -0.36 & 0.46 & 0.16 & 0.56 \\ -0.27 & -0.17 & -0.41 & 0.35 & -0.08 & 0 & -0.07 & 0.58 & -0.96 & 0.22 & -0.27 & -0.49 & 0.35 & 0.08 & 0.47 \\ -0.20 & -0.11 & -0.37 & 0.42 & -0.02 & 0.07 & 0 & 0.67 & -0.90 & 0.31 & -0.19 & -0.40 & 0.43 & 0.19 & 0.59 \\ -0.85 & -0.76 & -0.80 & -0.04 & -0.66 & -0.58 & -0.67 & 0 & -0.85 & -0.29 & -0.57 & -0.71 & -0.15 & -0.34 & -0.07 \\ 0.89 & 0.80 & 0.59 & 0.89 & 0.93 & 0.96 & 0.89 & 0.85 & 0 & 0.68 & 0.51 & 0.44 & 0.72 & 0.63 & 0.76 \\ -0.49 & -0.40 & -0.56 & 0.20 & -0.34 & -0.22 & -0.31 & 0.24 & -0.68 & 0 & -0.82 & -0.78 & 0.22 & -0.24 & 0.41 \\ -0.01 & 0.10 & -0.23 & 0.53 & 0.12 & 0.27 & 0.19 & 0.57 & -0.51 & 0.82 & 0 & -0.22 & 0.62 & 0.35 & 0.74 \\ 0.22 & 0.31 & -0.08 & 0.68 & 0.36 & 0.49 & 0.40 & 0.71 & -0.44 & 0.78 & 0.22 & 0 & 0.56 & 0.38 & 0.64 \\ -0.62 & -0.53 & -0.64 & 0.12 & -0.46 & -0.35 & -0.43 & 0.15 & -0.72 & -0.22 & -0.62 & -0.56 & 0 & -0.27 & 0.12 \\ -0.35 & -0.25 & -0.46 & 0.29 & -0.16 & -0.08 & -0.19 & 0.34 & -0.63 & 0.24 & -0.35 & -0.38 & 0.27 & 0 & 0.39 \\ -0.74 & -0.65 & -0.72 & 0.04 & -0.56 & -0.47 & -0.59 & 0.07 & -0.76 & -0.41 & -0.74 & -0.64 & -0.12 & -0.39 & 0 \end{bmatrix}$$

计算矩阵 C 的最优传递矩阵 D 为

第4章 基于企业绩效的创新驿站风险评估研究

$$D = (d_{ij})_{15 \times 15} = \begin{bmatrix} 0 & 0.08 & -0.16 & 0.62 & 0.17 & 0.26 & 0.18 & 0.70 & -0.49 & 0.46 & -0.01 & -0.14 & 0.55 & 0.30 & 0.66 \\ -0.08 & 0 & -0.24 & 0.54 & 0.08 & 0.17 & 0.09 & 0.61 & -0.58 & 0.38 & -0.10 & -0.22 & 0.46 & 0.22 & 0.57 \\ 0.16 & 0.24 & 0 & 0.78 & 0.33 & 0.42 & 0.34 & 0.86 & -0.33 & 0.62 & 0.15 & 0.02 & 0.71 & 0.46 & 0.82 \\ -0.62 & -0.54 & -0.78 & 0 & -0.45 & -0.37 & -0.44 & 0.08 & -1.11 & -0.16 & -0.63 & -0.76 & -0.07 & -0.32 & 0.04 \\ -0.17 & -0.08 & -0.33 & 0.45 & 0 & 0.09 & 0.01 & 0.53 & -0.66 & 0.30 & -0.18 & -0.30 & 0.38 & 0.13 & 0.49 \\ -0.26 & -0.17 & -0.42 & 0.37 & -0.09 & 0 & -0.08 & 0.44 & -0.75 & 0.21 & -0.27 & -0.39 & 0.29 & 0.04 & 0.40 \\ -0.18 & -0.09 & -0.34 & 0.44 & -0.01 & 0.08 & 0 & 0.52 & -0.67 & 0.28 & -0.19 & -0.32 & 0.37 & 0.12 & 0.48 \\ -0.70 & -0.61 & -0.86 & -0.08 & -0.53 & -0.44 & -0.52 & 0 & -1.19 & -0.23 & -0.71 & -0.83 & -0.15 & -0.40 & -0.04 \\ 0.49 & 0.58 & 0.33 & 1.11 & 0.66 & 0.75 & 0.67 & 1.19 & 0 & 0.95 & 0.48 & 0.35 & 1.04 & 0.79 & 1.15 \\ -0.46 & -0.38 & -0.62 & 0.16 & -0.30 & -0.21 & -0.28 & 0.23 & -0.95 & 0 & -0.47 & -0.60 & 0.09 & -0.16 & 0.20 \\ 0.01 & 0.10 & -0.15 & 0.63 & 0.18 & 0.27 & 0.19 & 0.71 & -0.48 & 0.47 & 0 & -0.13 & 0.56 & 0.31 & 0.67 \\ 0.14 & 0.22 & -0.02 & 0.76 & 0.30 & 0.39 & 0.32 & 0.83 & -0.35 & 0.60 & 0.13 & 0 & 0.69 & 0.44 & 0.79 \\ -0.55 & -0.46 & -0.71 & 0.07 & -0.38 & -0.29 & -0.37 & 0.15 & -1.04 & -0.09 & -0.56 & -0.69 & 0 & -0.25 & 0.11 \\ -0.30 & -0.22 & -0.46 & 0.32 & -0.13 & -0.04 & -0.12 & 0.40 & -0.79 & 0.16 & -0.31 & -0.44 & 0.25 & 0 & 0.36 \\ -0.66 & -0.57 & -0.82 & -0.04 & -0.49 & -0.40 & -0.48 & 0.04 & -1.15 & -0.20 & -0.67 & -0.79 & -0.11 & -0.36 & 0 \end{bmatrix}$$

计算矩阵 D 的拟优一致矩阵 E 为

$$E = (e_{ij})_{15 \times 15} = \begin{bmatrix} 1 & 1.21 & 0.69 & 4.19 & 1.47 & 1.80 & 1.51 & 4.98 & 0.32 & 2.91 & 0.97 & 0.73 & 3.54 & 1.99 & 4.55 \\ 0.82 & 1 & 0.57 & 3.45 & 1.21 & 1.48 & 1.24 & 4.10 & 0.27 & 2.39 & 0.80 & 0.60 & 2.91 & 1.64 & 3.75 \\ 1.45 & 1.76 & 1 & 6.06 & 2.13 & 2.61 & 2.20 & 7.20 & 0.47 & 4.21 & 1.41 & 1.06 & 5.12 & 2.88 & 6.59 \\ 0.24 & 0.29 & 0.16 & 1 & 0.35 & 0.43 & 0.36 & 1.19 & 0.08 & 0.69 & 0.23 & 0.17 & 0.84 & 0.48 & 1.09 \\ 0.68 & 0.83 & 0.47 & 2.85 & 1 & 1.23 & 1.03 & 3.39 & 0.22 & 1.98 & 0.66 & 0.50 & 2.41 & 1.36 & 3.10 \\ 0.55 & 0.67 & 0.38 & 2.33 & 0.82 & 1 & 0.84 & 2.76 & 0.18 & 1.61 & 0.54 & 0.41 & 1.96 & 1.11 & 2.53 \\ 0.66 & 0.80 & 0.46 & 2.77 & 0.97 & 1.19 & 1 & 3.30 & 0.21 & 1.92 & 0.65 & 0.48 & 2.34 & 1.32 & 3.02 \\ 0.20 & 0.24 & 0.14 & 0.84 & 0.30 & 0.36 & 0.30 & 1 & 0.06 & 0.58 & 0.20 & 0.15 & 0.71 & 0.40 & 0.91 \\ 3.10 & 3.76 & 2.14 & 12.97 & 4.55 & 5.58 & 4.68 & 15.42 & 1 & 9.00 & 3.02 & 2.26 & 10.95 & 6.17 & 14.10 \\ 0.34 & 0.42 & 0.24 & 1.44 & 0.51 & 0.62 & 0.52 & 1.71 & 0.11 & 1 & 0.34 & 0.25 & 1.22 & 0.69 & 1.57 \\ 1.03 & 1.25 & 0.71 & 4.30 & 1.51 & 1.85 & 1.55 & 5.11 & 0.33 & 2.98 & 1 & 0.75 & 3.63 & 2.05 & 4.68 \\ 1.37 & 1.66 & 0.95 & 5.74 & 2.01 & 2.47 & 2.07 & 6.82 & 0.44 & 3.98 & 1.33 & 1 & 4.84 & 2.73 & 6.23 \\ 0.28 & 0.34 & 0.20 & 1.18 & 0.42 & 0.51 & 0.43 & 1.41 & 0.09 & 0.82 & 0.28 & 0.21 & 1 & 0.56 & 1.29 \\ 0.50 & 0.61 & 0.35 & 2.10 & 0.74 & 0.90 & 0.76 & 2.50 & 0.16 & 1.46 & 0.49 & 0.37 & 1.77 & 1 & 2.28 \\ 0.22 & 0.27 & 0.15 & 0.92 & 0.32 & 0.40 & 0.34 & 1.09 & 0.07 & 0.64 & 0.21 & 0.16 & 0.78 & 0.44 & 1 \end{bmatrix}$$

利用改进的 AHP 方根法求得创新驿站人员风险对应的单位项量为

$RW = (0.0802、0.0661、0.1159、0.0192、0.0532、0.0455、0.0532、0.0161、$
$\quad 0.2487、0.0278、0.0833、0.1109、0.0228、0.0405、0.0177)^T$

$B \times RW = (1.2541、1.0169、1.7897、0.2948、0.8125、0.6766、0.8101、0.2546、$
$\quad 4.3665、0.4395、1.2979、1.7100、0.3532、0.6128、0.2812)^T$

最大特征值为：$\lambda_{\max} = 15.6161$

一致性指标为：$CI = 0.044$

当 $n = 15$ 时，查找相应的平均随机一致性指标 $RI = 1.59$

则一致性比例 $CR = 0.0277$

由于 $CR = 0.0277 < 0.1$，说明判断矩阵一致性较好。

对创新驿站人员风险因素进行评估，由前面已经计算出的风险等级量化值，结合风险因素的权重，对风险因素等级进行加权处理，由公式（4-11）可以得到

$$RRT = \sum_{i=1}^{15} RR_i \times RW_i = (1.72、2.18、2.03、3.18、3.01、2.18、2.25、3.02、$$
$$1.51、2.59、2.16、1.13、3.12、2.06、3.40) \times (0.0802、0.0661、$$
$$0.1159、0.0192、0.0532、0.0455、0.0532、0.0161、0.2487、$$
$$0.0278、0.0833、0.1109、0.0288、0.0405、0.0177)^T = 1.9711$$

由于 $1 < 1.9711 < 3$，可以判断创新驿站人员风险等级为中风险，其中，管理人员政治化倾向、管理人员素质、关键人才离职、人力资源管理不合理造成人才流失风险、人员配置不合理等风险因素等级量化值较高，应给予重点关注。

4.5 本章小结

本章首先介绍了创新驿站风险评估面临的难题和困境，构建了创新驿站风险评估框架，坚持风险评估专业化、流程化、科学化、严谨化的原则，构建了一个完整、高效、切实可行的风险评估体系，有效地提高了创新驿站风险评估质量。创新驿站风险评估系统包括系统平台、评估资源和条件保障三个模块。其中，系统平台包括系统管理子系统，数据处理子系统和评估子系统；评估资源包括评估数据库、评估方法库、评估人才库和评估软件库；条件保障包括系统运行管理、评估可靠性接口、输出输入接口、硬件设施等。然后，对目前常用的风险评估方法进行了回顾和评价，详述了常用风险评估方法的适用性和不足。最后，介绍了风险矩阵和层次分析法，分析了层次分析法的不足，对层次分析法进行了改进，将改进的层次分析法融入风险矩阵模型，建立了适于创新驿站风险评估的新模型：风险矩阵——改进的层次分析法模型，并以人员风险为例进行了评估，得到了人员风险各维度相对于企业绩效的风险权重及风险等级。

第 5 章

创新驿站风险防范研究

　　风险防范是在对影响创新驿站企业绩效的风险因素识别和评估的基础上,提出风险预警和风险控制措施,有效地消除或控制影响创新驿站企业绩效的风险处理方法。本章对风险防范的研究从三个方面展开:一是建立创新驿站风险预警体系,通过预警信息可以尽早发现潜在的风险源,使创新驿站以预控为中心,对可能发生变异的风险源进行早期预防和控制。二是对创新驿站风险防范可采取的策略进行探讨。发现影响企业绩效的创新驿站风险源后,根据风险的不同特征和创新驿站的承受能力在风险回避、风险转移、风险分散、风险分摊和风险控制策略中选择合适的策略进行防范,也可以将不同策略组合使用,提高创新驿站风险防范能力。三是针对前文研究识别出的创新驿站不同维度的风险结合风险防范可采取的策略给出具体的风险防范措施,以期改变影响创新驿站企业绩效的风险性质、发生的概率和损失程度,提高创新驿站风险管理水平,提升创新驿站企业绩效。

5.1　创新驿站风险预警系统

　　预警最早起源于军事,是对突然袭击进行预测和报警,从而提醒决策者采取有效的防范措施进行风险管理。创新驿站风险预警是在现有知识、信息、技术和人员基础上,通过定性分析和定量研究来判断衡量风险因素指标是否运行在正常范围内,是否出现了引起创新驿站风险的信号,尽早发现风险源,对可能发生的风险和危机进行事先预测和防范,将风险扼杀在萌芽期,起到防患于未然的作用。

5.1.1　预警流程和预警系统构建原则

　　(1)风险预警流程。风险预警是对风险进行寻源、分析、评价、预控,根据风险程度发出警报信息，提请决策者警惕和防范风险的过程[155]。在创新驿站运营过程中，风险预警有利于创新驿站风险管理实现从被动到主动的转变，使企业以预控为中心，实现全方位管理和全过程管理。根据风险预警定义，可以将风险预警分为四个方面。

①明确警义、寻找警源。风险预警首先要明确风险预警的对象，即风险因素及其属性，通过对风险因素资料、历史数据、环境影响等信息分析，找出风险发生的源头。

②分析警兆。警兆是风险发生的先兆，是预警技术实施的主体，同时也是预控警情的对象和基础。分析警兆就是对风险源的异动征兆进行分析，整理出风险临界状态的过程。

③评价和预报警度。选取合适的方法，对风险的破坏程度、波及范围、发生的概率等警兆进行评价，确定风险等级，根据实际情况和需求制定报警方式。

④预控警情、消除警患。根据警兆的分析和评价结果，采取分级预警和分层控制相结合的方式对可能发生变异的风险源进行早期的控制和防范，消除或降低风险隐患。

(2) 预警系统构建的原则。

①科学性原则。较为严谨的科学性风险预警系统，能够提供风险可能发生的有效信息，指导决策者采取相应的风险管理措施。科学性是预警系统的灵魂和核心所在，是应该遵守的基本原则。

②实用性原则。风险预警机制最终目的是应用于实践，因此，创新驿站风险预警必须坚持实用性和便于操作性原则，以实用性作为生存的根本准则。

③系统性原则。风险预警应将风险视为一个系统来作为研究对象，从系统角度出发对每个节点进行检测，及时发现可能面临的风险，对关键风险给予充分的重视。

④诱发联动原则。创新驿站风险因素之间或多或少地存在相关性，一种风险的发生可能会诱发另一种风险的发生，在进行风险预警系统设计时，必须坚持风险的诱发联动性原则，充分考虑风险诱发因子和联动效应。

⑤动态性原则。在不同的时间和空间上，风险因素的种类和产生的效应是不同的，风险预警必须根据空间和时间的变化，把风险预警视为一个动态的过程，在分析过去的基础上，根据市场和环境的变化不断进行修整和补充，把握和预测未来风险发展趋势。

⑥客观性原则。风险预警系统指标应当简单、规范，并易于掌握，尽量通过客观事实反映，减少和避免主观因素造成的负面影响。

⑦灵敏性和及时性原则。风险预警系统设计应该坚持灵敏性和及时性原则，采用灵敏度较高的预警指标，客观、及时、准确地反映风险变化的情况。

⑧可测性和可靠性原则。风险本身具有不确定性，因此，要求诱发风险的因素可以进行量化，即具有可测定性；同时，风险预警指标真实可靠才能准确地反映风险的真实情况。因此，可靠性和可测定性是设计风险指标必须遵守的基本原则。

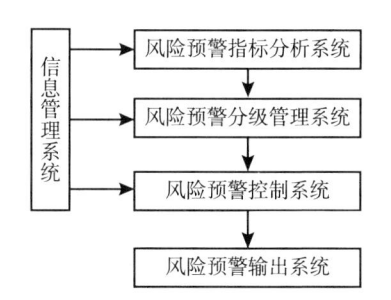

5.1.2 建立创新驿站风险预警系统

创新驿站风险预警系统由风险预警信息管理系统、风险预警指标分析系统、风险预警分级管理系统、风险预警控制系统和风险预警输出系统组成。风险预警体系框架如图5-1所示。

图5-1 创新驿站风险预警系统框架

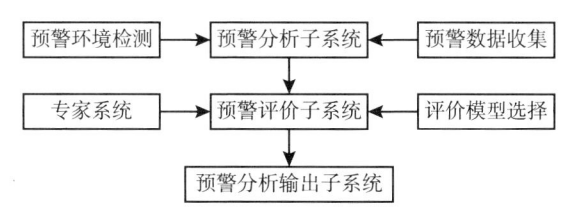

1. 创新驿站风险预警指标分析系统

创新驿站风险预警指标分析系统是预警系统的核心部分，包括预警分析子系统、预警评价子系统和预警分析输出子系统三部分。风险预警指标分析系统框架如图5-2所示。

图5-2 创新驿站风险预警指标分析系统框架

(1) 预警环境监测。创新驿站预警环境监测平台包括风险因素信息库、监控单元、监控中心和数据接收处理中心，通过众多的环境监测区和传感器节点实施数据采集和处理功能、警兆报警功能、实时监控功能。

(2) 预警数据收集。通过对风险因素原始数据收集、处理和数据分析，并调入经过处理的最新数据，为预警分析子系统提供有代表性的输入信息。

(3) 预警分析子系统。预警分析子系统包括预警指标的选取、预警因素识别和预警指标分类。预警指标选取应当坚持科学性、易操作性和可度量性原则，使所选指标具有动态性、独立性、前瞻性和可比性，能够客观反映和估计风险发生的可能。预警因素识别和分类是风险预警的基础，主要任务是识别创新驿站经营过程中可能存在的风险，对潜在风险事件及其产生的后果通过科学的识别方法来准确判明风险的性质以及所属类别。

(4) 专家系统。创新驿站专家系统是在确定预警风险因素的分类和属性基础上，由专家对风险因素进行打分，将打分结果录入计算机模型，使用人类专家推理的计算机模型处理现实世界中需要专家作出解释的复杂问题，取得和专家相同的结论。

(5) 评价模型选择。通过文献研究、专家评价，根据创新驿站风险因素评价要求，选择合适的模型或修正原有模型使其评价结果能够达到预期的目的和要求。

(6) 预警评价子系统。预警评价子系统包括评价准备系统和评价实施系统。评价准备系统包括信息输入、信息校对和模型选取；评价实施系统就是通过模型运算，确定预警风险指标权重，并作归一化处理，使权重指标具有可比性，同时，由于创新驿站风险指标具有诱发联动性，设置合适的关联系数可以提高预警指标的灵敏度和可操作性。

(7) 预警分析输出子系统。

预警输出子系统包括预警信息重要性排序、预警信息输出、预警信息显示灯等内容。预警输出子系统提示警情的重要性，标准化的数据、文稿和视觉信息输出方式有助于决策者制定预防政策。预警输出子系统是预警分析子系统和预警评价子系统的成果输出。

2. 创新驿站风险预警信息管理系统

创新驿站风险预警信息管理系统包括预警信息的收集、分析、处理、反馈和控制五部分。

(1) 风险预警信息的收集。采用数据挖掘技术采集反映创新驿站风险的数据，在坚持全面性和实效性的原则下，通过延伸、拓宽已有渠道和开挖新渠道的方法，尽可能获取所需信息。

（2）预警信息分析。创新驿站信息分析平台包括基础资料管理和分析决策两部分。基础资料管理包括日志管理、数据显示功能管理和维护管理，主要是对创新驿站预警信息数据进行存取、录入、更新和维护；分析决策部分就是借助数学分析方法对风险因素进行综合研究。

（3）预警信息处理。创新驿站预警信息处理分为有效性判断和量纲归一化处理两级。有效性判断是剔除预警信息中无效数据和失真数据，在判断时可采用多重数据筛选的方法；量纲归一化处理将不同量纲进行标准化处理，目前常用的方法有标准化法、极值法和功效系数法。其公式为

① 标准化方法。

$$z_{ij} = \frac{y_{ij} - \overline{y_j}}{\sqrt{\frac{1}{n}\sum_{i=1}^{n}(y_{ij} - \overline{y_j})^2}}$$

式中，
$$\overline{y_j} = \frac{1}{n}\sum_{i=1}^{n}y_{ij} \tag{5-1}$$

② 极值方法。

$$z_{ij} = \frac{y_{ij} - \min_i y_{ij}}{\max_i y_{ij} - \min_i y_{ij}} \tag{5-2}$$

③ 功效系数法。

$$z_{ij} = a + \frac{y_{ij} - c_j}{C_j - c_j} \times b \tag{5-3}$$

式中，C_j，c_j 分别为允许值和不允许值；a，b 为常数。

（4）预警信息反馈。创新驿站风险预警是一个多目标、多变量的复杂系统，信息反馈是风险预警的重要组成部分，在风险预警过程中，将不同过程输入信息结合预警目标，寻求预警过程中的不足和偏差，反馈给决策者作为改进措施、调整参数和过程的依据。

（5）预警信息控制。预警信息控制是通过分析、综合等方式对信息进行时空转换、缩小信息传递空间、控制信息流向和分布状态，让信息得到更加充分、有效的利用[192]。

3. 创新驿站风险预警分级管理系统

创新驿站风险预警分级管理系统包括预警分级系统和预警信号系统两部分。

（1）预警分级系统是根据风险发生的轻重缓急、发生概率、损失程度等要素，将风险划分为不同的等级，为风险防范和控制提供依据。

（2）根据创新驿站风险属性和创新驿站风险容忍度，将创新驿站风险预警等级分为五级，用五种颜色信号灯表示。

①红灯：一级预警。表示非常危急的风险发生，后果严重，可能给创新驿站造成无法挽回的损失，危及创新驿站生存。

②橙灯：二级预警。表示处于高风险状态，对创新驿站可能造成严重损失但不构成致命威胁。

③黄灯：三级风险。表示处于一般风险状态，如果处理不当，可能带来较严重的后果。

④蓝灯：四级风险。表示创新驿站面临着一定的风险，应当引起决策者的注意。

⑤绿灯：安全状态。表示创新驿站运行良好，处于安全状态，可以继续保持现状。

创新驿站运行阶段不同，其面临的风险环境、风险源及风险属性不同，应该根据风险要素的变化，适时调整风险指标分级更新，实行动态化分级管理。

4. 创新驿站风险预警控制系统

创新驿站预警控制系统对预警管理起着规范、引导、监督和反馈作用，创新驿站风险预警控制系统包括预警控制方式选择子系统和控制对象选择子系统两部分。

（1）预警控制方式选择子系统。预警控制方式选择子系统是选择采取哪种形式的预警控制方式的系统。预警控制方式分为前馈控制、事中控制和反馈控制。风险预警前馈控制指在风险预警工作开始之前，对风险所产生的结果进行预测，采取相应的预防和补救措施，避免可能出现的偏差，是一种能够降低风险概率和风险损失的预防性控制方式；事中控制又称同步控制，是在风险预警过程中进行实时监控、分析可能出现的偏差，并及时反馈，事中控制能够第一时间识别隐患并作出反应，将隐患消灭在萌芽状态，从而降低风险发生的概率和造成的损失；反馈控制是通过反馈偏离信息使决策者及时了解系统的运行情况，对风险事件作出快速反应。

（2）控制对象选择子系统。控制对象选择系统包括风险指标库和模型选择库。风险指标库包括各种可能引发风险的指标及其详细说明，并对风险指标可能引发的风险概率和损失进行分级管理；模型选择库包括风险预警识别、风险预警评估和风险预警分析的各种模型，同时实施对模型分类管理。

5.2 创新驿站风险防范策略

从经济效益的观点来说，风险是造成收益不确定性的主要原因，因此，找出风险根源后，应该根据风险分析结果制定风险防范决策，实施风险控制计划。按照风险控制的作用方式不同可将创新驿站风险防范策略分为风险回避、风险转移、风险分散、风险分摊和风险自留。在实际风险防范过程中根据需要将风险防范策略相互组合，补充使用，能更有效地减少风险发生的可能性并降低损失程度。

5.2.1 创新驿站风险回避策略

创新驿站风险回避策略属于事前控制，指决策者考虑到影响预定目标达成的诸多不确定性因素及承受能力，结合自身偏好而做出的终止、放弃、调整和改变某种决策方案的处理方式，是一种彻底的、消极的风险防范策略，风险回避可能减少了风险损失，但也增加了创新驿站的机会成本和沉没成本，不会为创新驿站带来收益。采用风险回避方式应避免盲目的、一味地回避风险，而是选择在适当时候，以适当方式进行策略性回避，通常采用规避风险发生概率和规避风险发生后可能造成的损失程度两种方式，主要适用于以下三种情况。

（1）当风险度很大，创新驿站无力承受风险后果时，可采取风险回避方式确保企业正常运营。

（2）当创新驿站实施某项活动有多种决策方案可供选择时，根据活动的任务、目标和承受风险的能力，规避风险较大的决策方案是企业决策的最佳选择。

（3）当创新驿站实施多项活动时，根据风险最小化、效益最大化原则，在全面衡量企业承受风险能力和效益目标基础上，规避风险收益比较大的活动。

5.2.2 创新驿站风险转移策略

创新驿站风险转移策略不同于风险回避改变或放弃原来的计划，而是风险承担主体的创新驿站通过保险、外包、出售等方式以一定的成本将可能遭遇的损失或不确定性后果转嫁给第三方承担的处理方式。风险转移有两种形式：一种是转移风险及损失，将创新驿站不能承担或不愿承担的风险通过一定的成本转移给其他承担主体;另一种是风险非财务转移,又称为实体转移,是将风险活动连同财务责任全部转移给另一风险承担主体[123]。

创新驿站风险转移的活动有多种,如采取联盟、项目外包、购买保险和资产出售等形式,创新技术转移活动一般由多个机构共同来完成,因此,在风险防范过程中为了避免和降低风险,可以与其他主体签订合同共同完成创新技术转移,以此来转移一部分风险。但在实施过程,应该注意到在转移风险的同时,其收益也相应地进行了转移。所以,是否选择进行风险转移战略,要受到风险和收益预期、创新驿站自身实力和风险偏好的制约。

创新驿站实施风险转移时,其相应的风险事件主体发生了改变,创新驿站和新的风险事件主体形成了委托代理关系。由于主体间信息不对称,因此,在代理过程中,代理人努力程度与其结果具有相关性,创新驿站对代理人的评价与代理人成果之间也具有相关性。

5.2.3 创新驿站风险分散策略

创新驿站风险分散策略是指将创新驿站所面临的风险在时间、空间和产业上进行分离。包括两方面的含义:一是将风险分散给众多的风险承担主体,使每个承担主体只承担一部分风险;另一种是从风险来源多样化方面将总风险进行分散。创新驿站风险分散的重要手段是采取组合投资的多元化经营战略方式。

多元化经营战略(Diversification Strategy)是产品—市场专家安索夫(H. I. Ansoff)于20世纪50年代提出的。创新驿站多元化经营战略是在权衡自身实力、创新驿站面临的风险和创新驿站目标利润基础上,寻求企业能力和市场机会的最优组合。

组合投资理论又称均值—方差理论,主要用于证券分析中投资者根据各种证券或证券组合收益率的期望水平和方差大小制定投资决策。创新驿站组合经营是根据自身风险偏好、自身实力和为了获得高额回报而愿意接受高风险的意愿来选择一定风险下的组合模式,以期在给定风险下获得最大收益或者在给定收益目标下潜存最小的风险。李洪彦[193]通过对高科技创业企业投资组合研究,认为当选择项目组合投资时,选择任何相关程度项目均可以达到降低风险的目的,选择不相关甚至负相关项目可以更大程度地降低风险。

投资组合理论的数学模型为[194]

$$E = \sum_{i=1}^{n} X_i u_i \tag{5-4}$$

$$\sigma_p^2 = \sum_{i=1}^{n} X_i^2 \sigma_i^2 + 2 \sum_{i=1}^{n} \sum_{j=1}^{n} X_i X_j \sigma_{ij} \quad (i \neq j) \tag{5-5}$$

式中，E 为投资组合的期望收益率；X_i，X_j 分别为组合中第 i 资产和第 j 资产的比例；u_i 为第 i 种资产的期望收益率；σ_p^2 为投资组合收益率方差，即风险；σ_i^2 为第 i 种资产的收益率方差；σ_{ij} 为第 i 种资产和第 j 种资产的协方差。

对创新驿站来说，在一定条件下，进行合理的多元化经营具有以下风险分散功能。

（1）可以分散单一的创新项目转移风险。创新技术转移项目复杂程度和时效性较高，同时面临着不断变化的市场环境，"不要把鸡蛋放在一个篮子里"，合适的、恰当的多元化组合可以降低成本和分散风险。

（2）可以降低竞争风险。创新驿站组合经营中不同的活动面临着不同的市场竞争，通过多元化经营的正面效应、协同效应和知识溢出效应，能够提高自身竞争实力，有效降低竞争风险。

5.2.4 创新驿站风险分摊策略

创新驿站作为新生的中小型高科技企业，属于高风险、高投入的行业，其自身风险承受能力是有限的，因此，可以选择多个风险承担主体分别承担市场或服务的某一方面的风险。风险分摊和收益是相辅相成的，创新驿站成长过程和市场竞争的复杂性、自身抗风险能力的有限性、各联盟主体承担风险能力的有限性等高风险性决定了实施风险分摊降低风险损失的必要性。战略联盟是创新驿站风险分摊的主要形式。

1. 创新驿站战略结构及效应分析

（1）领导者在位优势和作用。先行进入市场。相对于潜在的进入者，创新驿站如果先行进入市场可以获得领导者在位优势：①规模经济优势。规模经济可以降低创新驿站的运营成本，提高创新驿站抗风险能力，提升创新驿站垄断地位，给潜在的进入者造成震慑力。②客户忠诚优势。如果创新驿站先行进入市场，客户对创新驿站比较了解，能够知悉企业品牌带来的好处，当与潜在的进入者进行比较时，客户一般会选择熟悉的品牌，从而减少创新驿站市场开发的成本。③环境优势。如果创新驿站进入较早，能够了解外部环境的优势和劣势，可以选择灵活的战略决策适应环境的变化，甚至可以利用有利的自身优势改变环境，而潜在的进入者对环境给企业提供的机会和造成的威胁不能准确洞悉，无法制定预防措施，给投资带来许多不确定性。④资源优势。行业内的创新驿站相对于潜在的进入者，能够掌握较多的人力资源、技术资源和社会资源等，这些资源为创新驿站在竞争中处于强势提供了可能。

(2)横向战略联盟及其效应。战略联盟是企业竞争的产物,指企业为了获得竞争优势或资源优势,与其他企业在利益共享的基础上形成优势互补、风险共担的分工协作方式。技术中介转移组织间通过联盟可以获得以下优势:①信息共享。不同中介组织掌握信息是不一致的,而中介组织之间竞争就是信息的竞争,谁能获得更多、更可靠的信息,谁就能在竞争中处于有利地位。②垄断优势。创新技术复杂性和前沿性特点决定了创新驿站只有处于垄断地位,才能有效降低风险。不同的中介组织拥有不同的社会资源和人力、物力资源,通过企业间联盟,可以充分利用双方或多方的资源优势,提高企业抗风险能力。③成本优势。不同的中介组织间由于技术、人员技能、决策方式、社会关系的不同而表现为不同的运营成本,联盟可以实现资源共享,取人之长,补己之短,实现在企业总收入不变的情况下降低总成本,或者是在总成本不变的情况下提高总收入。④提高企业的环境适应能力。创新技术转移中介面临着复杂而动态的外部环境,环境的不确定性给创新驿站带来很大风险,联盟可以提高创新驿站的竞争实力,有效抵制环境不确定性带来的威胁,增强创新驿站的竞争优势。

2. 模型建立及分析

(1)两中介组织同时作决策的古诺模型分析。古诺竞争是运用组织各自的最优反应函数形成均衡的博弈论理论来解释竞争的模型。假设市场中只有两家中介组织 A、B 竞争(多家情况仍然适应),二者由于竞争领域和面临的外部环境基本相同,也就是说技术转移能力具有同质性,假设参与创新技术转移项目的数量为 q_1、q_2,单位成本为 c_1、c_2,利润为 π_1、π_2,市场需求决定转移费用为 $p = a - q_1 - q_2$,a 为固定常数。两中介组织各自进行项目转移的利润函数可表示为

$$\begin{cases} \pi_1 = q_1(a - q_1 - q_2 - c_1) \\ \pi_2 = q_2(a - q_1 - q_2 - c_2) \end{cases} \quad (5-6)$$

对方程 q_1、q_2 分别求导可得利润最大化一阶条件为

$$q_1 = \frac{a - c_1 - q_2}{2}, \quad q_2 = \frac{a - c_2 - q_1}{2} \quad (5-7)$$

联立两方程求得纳什均衡解为

$$\begin{cases} q_1^* = \frac{a - 2c_1 + c_2}{3} \\ q_2^* = \frac{a - 2c_2 + c_1}{3} \end{cases} \begin{cases} \pi_1^* = \frac{(a - 2c_1 + c_2)^2}{9} \\ \pi_2^* = \frac{(a - 2c_2 + c_1)^2}{9} \end{cases} \quad (5-8)$$

(2) 两中介组织先后次序连续博弈的斯特克尔伯格模型分析。假如行业内中介组织为 A，B 为潜在的进入者，其中 A 先行动，B 观察到 A 的技术转移规模后再行动，即 A 为领导者，B 为潜在的进入者，由于 B 先观察后行动，采用逆向归纳法求得子完美均衡，则 B 的最优反映函数为

$$q_2 = \frac{a - c_2 - q_1}{2} \quad (5-9)$$

此时 A 需要考虑 B 的技术转移能力和技术转移市场得到利润最大化问题
对上式求导可得

$$q_1^* = \frac{a - 2c_1 + c_2}{2} \quad (5-10)$$

将 q_1^* 代入式（5-9）得到企业 B 的均衡解

$$q_2^* = \frac{a + 2c_1 - 3c_2}{4} \quad (5-11)$$

则子完美均衡下的利润为

$$\pi_1^* = \frac{(a - 2c_1 + c_2)^2}{8}, \quad \pi_2^* = \frac{(a + 2c_1 - 3c_2)^2}{16} \quad (5-12)$$

模型分析：两中介组织连续博弈和同时博弈所获总收益及各自获得的收益是不同的，由于两个技术转移中介组织都处在相同的竞争环境中，可假设两个技术转移中介组织的单位成本是相等的，即

$$c_1 = c_2 = c \quad (5-13)$$

A 中介在同时作决策和先作决策的利润差额为

$$\Delta \pi_A = \frac{(a-c)^2}{8} - \frac{(a-c)^2}{9} = \frac{(a-c)^2}{72} \quad (5-14)$$

B 中介在同时作决策和后作决策的利润差额为

$$\Delta \pi_B = \frac{(a-c)^2}{16} - \frac{(a-c)^2}{9} = -\frac{7(a-c)^2}{144} \quad (5-15)$$

两技术转移中介组织总利润差额为

$$\Delta \pi = \frac{(a-c)^2}{8} + \frac{(a-c)^2}{16} - \frac{2(a-c)^2}{9} = -\frac{5(a-c)^2}{144} \quad (5-16)$$

通过比较可以看出，两个技术转移中介组织同时作决策时，由于竞争的存在，能够在均衡点各自获得相同的利润，而在连续博弈下，领导者优先作决策使企业获得更大的收益，后作决策（潜在的进入者）的中介组织将处于不利地位，获得比原来少的收益，这就是领导者在位优势理论。由于连续博弈没有遵守古诺模型下的纳什均衡收益，两厂商的总收益小于纳什均衡下的总收益。

3. 企业联盟后模型分析

企业联盟后由于具有信息共享、规模经济等优势,能够降低企业的成本,提高企业适应环境的能力。假设企业联盟后的单位成本为 c_3,技术转移量为 q,逆需求函数为

$$p = a - q \tag{5-17}$$

则联盟后的利润函数为

$$\pi_3 = q(a - q - c_3) \tag{5-18}$$

两边对 q 求导可得

$$q^* = (a - c_3)/2 \tag{5-19}$$

均衡下的总利润为

$$\pi_3^* = (a - c_3)^2/4 \tag{5-20}$$

模型分析:假设企业联盟前的单位成本为 $c_1 = c_2 = c$,则企业联盟后与联盟前的利润差额为

$$\Delta\pi = \frac{(a - c_3)^2}{4} - \frac{2(a - c)^2}{9} \tag{5-21}$$

由于联盟后存在成本优势,即 $c_3 < c$,所以,$\Delta\pi > 0$,说明两个技术转移中介组织联盟后能够提高企业的竞争优势,获得更大的利润,有效降低风险。

通过以上分析可知,创新驿站通过联盟可以起到降低成本,分摊风险的目标。

5.2.5 创新驿站风险自留策略

创新驿站风险自留策略又称为风险接受策略,是对一些无法避免或转移的风险在不影响创新驿站根本利益的前提下,由创新驿站自行承担风险后果的风险应对策略。风险自留不是消极地接受风险,而是一种积极的风险防范手段,它是在不修改项目计划,通过改变行为方式,努力将风险损失降到最低程度的一种风险应对方法。可分为主动风险自留和被动风险自留两种方式。风险自留一般适用于发生频率较高而损失强度较小的风险,主要包括四种情况:一是在其他风险防范策略不可取的情况下,风险自留是最后的方法;二是对于损失不太严重的风险,采用其他方法可能会增加企业成本,而风险自留是最经济的方法;三是风险发生后造成的最大损失相对于企业来说并不严重,在企业可容忍的风险范围内,可采用风险自留方式;四是当采取风险应对措施付出的成本大于风险造成的损失时,

可采取风险自留方式。

创新驿站面临着一个不断变化的内部环境和外部环境已成为不可回避的事实，即使采取各种措施来防范风险，也不可能保证完全杜绝风险的发生，因此，在不会影响到创新驿站根本利益情况下，可以采取风险自留方式接受风险的发生及其造成的损失。在采取风险自留的风险防范策略时，创新驿站应当提前做好准备，一旦风险发生，能够及时调集充足的人力、物力和财力资源接受风险带来的损失。

5.3 基于风险各维度的风险防范措施

风险防范措施就是根据风险识别和评估结果对风险事件提出处理意见及方法，从而改变风险的性质、发生的概率和风险后果的损失程度，风险防范是风险管理的重要环节和最终目标。依据5.2节提出的风险防范策略以及风险识别和风险评估的结果，本节以前文研究得出的创新驿站风险五个维度的风险因素为基础，结合实际情况，探讨不同维度的风险应采取的具体防范措施。

5.3.1 创新驿站战略风险防范措施

1. 建立战略绩效评价标准

建立创新驿站战略绩效评价标准，对战略绩效进行科学的评估和预测，主要目的是考察战略风险因素对创新驿站当前和未来经营状况的影响，有针对性地采取风险防范措施规避不确定性事件对创新驿站造成的影响，通过运用系统的工程理论和方法建立相应的变量模型，分析评估战略风险对创新驿站财务绩效、市场绩效、经营绩效等业绩指标的影响。

2. 建立科学的风险管理机制

有效的风险管理有利于创新驿站面对风险时作出正确的决策，提高创新驿站应对风险的能力。在制定战略决策时，首先分析创新驿站内部优势和劣势，并分析面临的外部环境为创新驿站提供的机会和造成的威胁，建立规范的决策机制、执行机制、反馈机制和评估机制，理顺创新驿站治理结构，处理好创新驿站中各个中介组织的利益关系，避免决策失误给创新驿站带来不利影响。

3. 增强创新驿站战略风险意识，建立企业风险文化

创新驿站要强化风险意识，认识到风险在技术转移过程中是无时不有、无处不在的，建立良好沟通和协作的企业文化，让员工意识到风险管理的重要性和作用。风险文化独有的价值观决定着创新驿站对待风险的看法和评价，积极向上的企业风险文化氛围对提高创新驿站战略风险管理具有十分重要的意义。

4. 构建创新驿站柔性战略，适应环境变化

政策环境、社会环境、经济发展和市场环境的动态变化给创新驿站战略决策的制定带来不确定性，就创新驿站本身能力而言，化解战略风险最有效的办法是从组织、流程和内部管理方面提高创新驿站战略柔性。

(1) 建立适应柔性战略的决策机制。创新驿站面临的市场环境瞬息万变，在某特殊时段市场能容忍的时间是一个定值，创新驿站要根据市场需求，不断梳理和调整决策流程以适应市场要求的反应速度和决策效率。因此，创新驿站必须在原有决策的基础上，及时进行战略决策的调整和更新，使战略决策能实时适应战略环境的变化，避免由于过于刚性的战略决策使创新驿站缺乏灵活性，不能适应战略环境的变化给创新驿站造成损失。实行柔性战略决策是对原有战略决策的"扬弃"，抛弃那些不适应战略环境的决策，重新设计创新驿站的决策方案和决策计划，梳理决策流程，进一步明确责任分工，提高决策效率和决策质量。

(2) 调整组织结构，实施流程再造。围绕市场需求，调整组织结构和业务流程，使创新驿站能够适应快速变化的环境。创新驿站流程再造主要包括这些要素：一是组织成员再造。组织的柔性首要表现为组织成员的柔性观、适应力和反应能力。二是组织工作模式再造。改变"定员制"配备人员的方式，根据工作需要采用"弹性制"方式，培养复合型人才。三是管理方式再造。强化内部信息沟通和共享，变"被动管理"为"主动管理"。四是组织文化再造。建立创新驿站和员工共同发展的价值观，实现企业和个人共同成长，强调能力差别和以人为本的企业文化。五是组织结构再造。消除业务流程中不合理的组织结构、弱化部门壁垒、强化沟通和协作，建立创新型、知识型和学习型组织结构。

5. 建立创新驿站战略风险预警机制

在不确定的动态环境中，创新驿站必须具备强烈的风险意识，建立有效的风险预警和处理机制，通过可操作性的预警分析方法和预控对策，实现对战略风险的监测、诊断、校正和控制等预警职能，采取措施在风险未发生时进行事前控

制。构建创新驿站风险预警管理可从这三方面着手：一是成立风险管理部门。风险管理部门通过预测可能出现的风险来制定风险防范措施，使创新驿站对风险管理由被动接受转为主动预防，对发生的风险进行及时处理，减弱风险对创新驿站造成的危害。二是风险管理计划。通过预警系统发现潜在的风险，及时制订风险管理计划，合理分配风险管理所需资源。三是加强信息管理，保证预警信息快速流通和共享。

5.3.2 创新驿站技术风险防范措施

创新驿站的技术转移是一种探索性的、创造性的经济活动，受到本身的技术水平和多方面技术因素的影响，很难对技术转移的效用及成果转化作出准确的预测，从而产生技术风险，严重情况下可能导致创新技术转移活动失败，因此，应当采取措施尽可能降低或消除技术风险带来的不确定性后果。

1. 制订技术风险管理计划

技术风险管理计划有利于各种风险应对措施和风险管理方法的正确实施，妥善处理技术风险造成的不利后果，以最小的成本进行针对性的风险控制。创新驿站技术风险管理计划主要包括以下内容。

（1）技术风险管理过程：包括技术风险识别、技术风险评估、技术风险监控、技术风险处理、技术风险跟踪等流程。

（2）技术风险管理方法：采用定性分析和定量研究相结合的方法，运用技术风险识别和评估模型对风险来源、属性、分类和重要性进行明确的定义，并采取相应的措施进行预防和控制。

（3）保障措施：设立技术风险小组，由技术专家担任组长，给予人力和财力支持，制订技术风险应急计划。

（4）承受度：定义创新驿站能够容忍的风险承受范围。

（5）设立目标：实施风险管理活动的频率、形式，并设立预期达到的目标。

2. 确立技术在创新驿站中的地位

创新驿站作为创新技术转移的主体，以科研机构、高等院校、中小技术创新企业为依托，面向市场开展技术创新和技术转移活动，通过自主创新、集成创新、引进消化吸收再创新等形式进入技术市场进行交易。同时，随着全球化进程的加快，创新技术转移中介市场竞争越来越激烈，创新驿站为了在竞争中获得有利地位，迫切需要更新的技术投放到技术转移市场，各种技术转移要求标准的增加，对创新驿站进行技术转移的能力提出了更高的要求，因此，创新驿站在制定企业的整体战略时，必须确立技术在创新驿站中的地位。首先，创新驿站决策者应当对技术因素给予足够的重视，将技术看成是创新驿站实现技术创新和技术转移、增强核心竞争力和促进创新成果转化的关键要素，把技术纳入到企业长期规划之中，充分利用技术推动力作用促进创新驿站整体战略目标的实现。其次，制定技术人才规划。资源观认为，人才是企业发展和提高竞争力的最重要的资源。创新驿站应当树立以人才为中心，加强人才管理，建立人才成长和发展的平台，健全激励机制，提高技术人才的待遇。再次，建立技术创新发展平台。根据创新驿站自身情况，建立产学研联盟，与地方政府建立基于创新技术的公共服务平台、开放实验室、研发中心和技术信息平台，全方位开展技术创新和技术转移活动，突出技术在创新驿站中的主导地位。

3. 建立可量化的技术风险概率预测体系

技术风险事件的发生是一些相互关联的内部因素和外部环境相互作用的结果，但其主要决定因素是技术风险的各个因子的内在属性，对创新驿站来说，技术风险发生的概率与技术成熟度、技术复杂性、技术依赖性、技术可行性、技术标准性和技术约束性等指标直接相关（见表5-1）。

表5-1　　　　　　　　　创新驿站技术控制指标

预测指标	指标解释
技术成熟度	进行创新技术转移所采用技术的成熟程度
技术复杂度	进行创新技术转移所需技术的复杂程度
技术依赖性	所需技术对创新驿站现有技术、人员和网络的依赖程度
技术可行性	所需技术在现有资源和时间约束下实现的程度
技术标准性	提供的技术是否符合创新技术转移要求
技术约束度	创新驿站内外部环境对技术的约束程度
技术控制性	专业人员对技术的先进性、复杂性等性能的控制能力和力度

4. 增强技术风险防范意识

对待技术风险防范不能作为一项制度性的日常工作进行管理，应当从高层决策者到基层员工树立全面的风险管理超前意识和主动性，将技术风险防范作为企业技术管理的重中之重。把技术风险管理有效地实践于创新驿站活动中，必须强化技术风险防范意识，在每一次创新技术转移之前就着手进行规划并提出技术风险防范预案，强调技术风险管理超前意识，建立有效的技术风险防范机制，从创新技术转移活动开始到结束，都有一个规范的程序和高效的技术风险管理体制作保证，尽量控制技术风险在创新驿站能够忍受的范围内，有效地减轻和规避技术风险的发生。

5.3.3 创新驿站市场风险防范措施

在市场经济环境下，市场风险存在于技术转移项目的各个环节，并且伴随着创新驿站经营的整个过程。创新驿站市场风险防范，应当在充分分析创新驿站面临的外部环境和内部条件的基础上，利用信息管理系统和科学的风险管理工具，对可能发生的风险做好预防准备，建立市场风险防范机制，以最小的成本获得最大的风险防范效果。

1. 建立市场风险组织架构

根据创新驿站规模和面临外部市场的不确定性，有针对性地设立市场风险管理组织，收集市场信息，对市场不确定性进行分析、评估和预测，将市场风险防范纳入创新驿站风险管理系统和企业经营管理系统，对创新驿站市场战略的执行和实施进行监测和预警，将市场风险控制在可控范围内，降低市场不确定性给创新驿站运营带来的损失。

2. 充分挖掘市场信息

技术创新和技术转移属于探索性很强的活动，潜藏着诸多的不确定性，为了防范和降低创新驿站运营中的市场风险，获取大量的、高质量的、可靠的信息至关重要。资源管理观点认为，高效的信息管理是竞争对手难以模仿和复制的，充足的市场信息能为企业带来竞争优势。只有建立高效、灵敏、快速的信息系统，减少因信息偏差、信息匮乏和信息不畅导致的决策失误。掌握大量及时、准确、有效的信息，能对市场进行深入了解和分析，发现潜在的风险，制定正确的风险防范策略，降低风险发生的概率和风险损失。

3. 建立市场风险控制机制

从创新驿站运营的整体视角分析，市场风险控制是一个复杂的控制系统，只有实施科学有效的管理，才能保证市场风险控制系统高效运转。因此，创新驿站市场风险控制不是单一的技术控制机制，它是通过前馈控制机制、同步控制机制和反馈控制机制，实现组织、管理、技术、市场、文化和财务等要素间的相互影响和相互作用，从而保证市场风险控制的完整性和适用性。

（1）创新驿站市场风险前馈控制。

①树立创新驿站全员市场风险防范意识。在激烈的市场竞争中，树立全员风险防范意识是创新驿站规避和降低市场风险的先决条件，只有建立全员风险防范意识，才能及时发现风险，将风险消灭在萌芽状态，有效防止市场不确定性事件的发生。

②进行创新技术转移之前首先要进行市场论证，评估创新驿站自身实力和筹融资能力，确保能够满足创新技术转移过程中所需的充足资金供应。

③建立信息管理系统。创新驿站应当建立完善的市场信息网络，及时捕捉、整理、传递和反馈市场信息，作出预警显示和风险预测，建立一个动态的市场风险管理系统。

④预测创新驿站活动成功的概率，进行市场调研和市场分析，结合相关创新技术转移成功的历史资料和环境的不确定性作预测分析。

⑤对项目转移竞争市场分析。包括竞争对手的技术转移能力分析、创新项目的复杂程度和先进性分析、细分市场分析、项目转移人员能力分析等。

（2）创新驿站市场风险同步控制。

①避免盲目扩大规模。创新技术具有复杂性和时效性，如果创新驿站涉足创新技术转移项目太多或不太熟悉的领域，对项目缺乏深入细致的市场论证，可能削弱创新驿站控制力，增大市场风险。

②跟踪市场测试。根据创新项目转移的进程，实时测试项目转移活动与目标的偏差情况，及时采取矫正措施。

③增强市场竞争意识。密切关注技术创新情况和创新技术转移市场，分析环境提供的机会和造成的威胁以及自身的优势和劣势，抓住市场机遇，提升创新驿站竞争力。

④利用信息系统把握市场形式的变化，及时捕捉对自身有利的信息，在市场中占领先机、掌握主动。

⑤预防财务风险，保障创新技术转移过程中的资金支持。

（3）创新驿站市场风险反馈控制。

①加强市场反馈信息收集。建立高效、可靠的信息反馈系统，及时收集创新项目转移过程中反馈的市场风险信息，不断改进技术转移方式和方法，提升创新

驿站技术转移能力。

②建立应急控制流程。包括市场监控、预警和预控三个模块,及时发现市场风险因素,采取措施消除不确定性。

③财务分析。创新驿站技术转移项目成功不一定意味着经济的成功,因此,创新驿站要善于捕捉含金量较高、附加值较大、技术转移风险较小的创新项目进行转移,以实现高额利润,有效控制风险。

5.3.4 创新驿站人员风险防范措施

资源管理观点认为,人才是企业最重要的资源之一,人力资源已成为制约企业发展的瓶颈。但是,人力资源又是流动性较强和不确定性因素较多的资源,由于人是项目运作中的主体。如果参与技术转移项目的人员行为偏离了目标和预期,直接后果是创新技术转移项目遭受损失和失败。由于人的行为容易受到内外环境和主观因素的影响,如果不及时防范人员行为的不确定性,潜在的风险因素可能给创新驿站带来威胁。

1. 建立创新驿站核心人员风险预警机制

创新驿站核心人员预警机制是创新驿站风险管理的一个重要组成部分,通过及时预警可以发现人员流失、贬值和消耗等风险,为创新驿站风险防范提供决策依据。核心人员风险预警包括五个方面的内容。

(1) 核心人员流失预警。通过核心人员预警系统的提示,警示创新驿站要在某种程度上采取措施,降低核心人员的流出率,在核心人员流动风险尚未出现或初露端倪时,采取干预措施,消除不利因素,保障创新驿站核心人员在顺境中发挥高效才能,在逆境中减少流失,控制人才流动于警戒线以下。

(2) 人力资源规划预警。通过对员工工作和能力的重叠度、员工的个人素质和岗位的匹配度、员工年龄、学历等个人特质与工作的匹配度、人均受训率、人均受训费用支出、人才梯队建设等指标体系建立人力资源规划预警,防止因人员规划不合理增加创新驿站人员风险的不确定性。

(3) 员工工作态度预警。在创新驿站运作过程中,由于企业文化、管理、经营失误或个人原因可能导致创新驿站员工产生不满情绪,进而发展成消极怠工、互不协作、明争暗斗等事件,如果不及时采取防范措施,可能危及创新驿站生存。通过人员态度预警系统,可以及时发现创新驿站员工的消极、不满情绪,进行根源分析,通过人员进入退出机制、调整机制和激励机制有针对性的予以防范。

（4）建立创新驿站人员管理风险预警。通过员工的缺勤率、满意度、流失率、关键人才离职率、劳动纠纷案件数量、工伤率、员工福利、员工不公平感等指标的调查，及时发现人员管理中的潜在风险，采取措施进行提前防控。

（5）员工个人能力预警。创新驿站面临激烈的竞争环境，要求全体员工不断充实自己以满足高新企业发展要求，因此，对知识型员工在年龄、健康状况、个人能力、知识、技能等方面提出了较高的要求，通过建立预警机制，及时发现人员与企业发展要求不匹配情况，为决策者采取防范措施控制人员风险提供了决策依据。

2. 完善人才激励机制

恰当的激励能够提高核心员工的满意度和忠诚度，吸引和留住创新人才，减少企业人员风险发生的概率和损失。

（1）物质激励。为创新驿站员工提供对外具有竞争力、对内具有公平性的薪酬，通过合理、公平的激励机制，满足员工的物质需求，让员工更加努力地工作。物质激励必须建立在公平、显性基础之上，将员工的工作报酬与其工作业绩挂钩，促使员工努力工作来提高自己的收入。同时，根据公平理论，让员工的公平感来源于比较和透明的考核方式，从而激发员工的工作热情，有效地预防因不满意产生的消极、怠工、离职等不确定性事件的发生。

（2）文化激励。随着知识经济的到来，人才成为创新驿站最重要的战略资源和竞争焦点，注重培养、吸引创新人才的企业文化有利于创建良好的文化氛围，建立共同的愿景，唤起员工的希望，改变成员与组织的关系，提高员工对创新驿站的认同感和忠诚度，更多地满足员工实现社交、自尊、自我实现的需要，体现员工的自我价值。

（3）职业发展激励。为创新驿站员工创造良好的职业发展前景和制定合适的职业发展规划，提供培训和个人发展机会。

（4）情感激励。通过关怀和爱护员工激发员工的积极性和创造性，满足员工的心理需求，形成和谐、融洽的工作氛围，增强管理者与员工的情感联系和思想沟通，让员工站在企业的角度考虑创新驿站的发展，能有效地提高员工的积极性，避免人才流失，降低人员风险。

（5）工作内容激励。合适的人安排在合适的岗位上，让员工产生满意度，激发其工作热情和创造力。对于挑战性的工作，可以通过内部公开招聘方式，提供更多的机会满足员工的不同需求，有效降低人才流失风险和能力贬值风险。

3. 建立人才风险保障系统

（1）加强人力资源信息管理。通过信息管理系统，收集人员的个人信息、人才储备情况、同业人员信息、离职率、满意度等方面的信息,有针对性地改善管理流程和管理方式,在风险发生时作出快速反应,提前做好风险防范准备。

(2) 人才战略。从创新驿站的薪酬福利到工作环境及发展规划等方面,建立吸引人才与促进人才成长的战略和顺畅的选人、育人、用人、留人机制,发挥人才的积极性和创造力,提高员工的成就感和归属感,降低人才流失风险。

(3) 工作环境建设。加强企业文化建设,为员工创造轻松、自由、安全的环境和积极向上的文化氛围。同时,在制订风险战略计划时应具有针对性和适用性,既能解决当前问题,又对后续问题起到警戒和引导作用。

(4) 尊重员工。员工能否发挥个人的主观能动性和创造性,是衡量人力资源管理成败的重要标准。员工的工作满意感得到满足、主观能动性和创造性得到尊重将使人员更加稳定,创新驿站获得更快、更持续的发展,有效地预防人员风险的发生。

(5) 建立人员约束机制。通过约束机制增加其选择与创新驿站目标不一致行为时的成本,降低人员风险发生的概率和损失程度。人员约束机制可分为契约约束、情感约束、团队约束、长期收益约束、制度约束、环境约束和职责约束等。

(6) 人员储备计划。建立人员储备计划,加强对储备人员的选聘和使用,盘活人力资本存量。提前储备中高层管理人员和关键技术人员作为接班人,一旦发生人员流动风险,接班人可以在较短的时间内接管工作,缩短风险发生的真空期,同时对现有人员形成一定压力,降低了现有核心人员在与创新驿站博弈中的地位和惰性,增强了核心人员的主动性和能动性,从而降低了因自我满足和以我为核心的人员风险。

5.3.5 创新驿站财务风险防范措施

创新驿站财务风险影响因素诸多,既有来自于创新驿站内部原因,也有来自于外部环境影响,广泛存在于创新驿站经营活动中,并对创新驿站财务目标和创新驿站战略目标的实现有重要的影响,只有充分认识财务风险的客观性和无法回避性,才能采取有针对性的措施进行预防和控制。

1. 分析宏观环境,防范财务风险

创新驿站财务宏观环境复杂多变,包括经济环境、法律环境、社会文化环境、市场环境、竞争环境等。宏观环境虽然存在于创新驿站之外,但对创新驿站财务管理产生重大影响。创新驿站虽然对宏观环境不能准确预见和施加影响,但

并不是说在不断变化的宏观环境面前无能为力，创新驿站可以对不断变化的宏观环境进行分析，掌握其发展变化规律，不断调整财务管理策略和财务风险规避策略，充分利用环境提供的机会，避开环境造成的威胁，提高创新驿站应对宏观环境变化的应变能力和适应能力，降低因环境变化对创新驿站造成的财务风险。

2. 提高财务决策水平，防止决策失误

财务决策属于事前控制，是一种不确定性决策。财务决策正确与否，直接关系创新驿站财务管理成效和创新驿站的经济利益，决策失误是创新驿站财务风险产生的重要原因。因此，对于一个技术转移投资项目，首先，要从国家政策、市场环境、成功的可能性预测等多方面加以分析和研究，运用科学的决策方法和最合适的决策模型选择最优的投资方案；其次，不仅要考虑环境提供的机会和带来的风险，还要考虑筹融资情况和现金流等财务匹配因素，保障创新驿站正常运营得到财务的稳健支持；最后，要选择合适的投资组合，保证投资收益的最大化和风险的最小化。只有提高财务决策的科学化水平，防止决策失误，才能有效避免因财务决策失误带来的风险。

3. 建立科学的激励和约束机制

创新驿站内部激励和约束机制是为达到企业管理目标设计的，其目的就是保证创新驿站目标的实现。激励机制是创新驿站中的委托人为了使代理人的目标与创新驿站的目标尽可能一致所进行的制度安排，建立合理的激励机制能够体现经营者的业绩和责任，让经营者认真考虑创新驿站的业绩增长和持续发展能力，充分调动其积极性，从而较大程度缓解因委托—代理关系产生的道德风险和逆向选择，有助于对财务风险进行防范和控制。同时，现行实施的激励约束机制，从设计上更多考虑的是激励，相对淡化了约束。片面强调采用激励机制或约束机制都是不科学的，只有二者配合使用才能降低风险，实现创新驿站管理目标。

4. 理顺企业内部财务关系，实现责、权、利统一

创新驿站是一个有机的整体，各部门之间应当保持和谐的合作关系，为了防范风险，必须理顺财务部门与其他部门内部的各种财务关系。良好的财务关系应以完善的法人治理结构、真实及时的信息披露、适当的部门关系处理程序、权责分明的组织建设等内部控制制度作保障。理顺企业内部财务关系：一是明确各部门在创新驿站财务管理中的作用、职责、地位和权利，做到责、权、利统一；二是制定合理的利益分配政策，调动创新驿站各个部门参与财务管理的积极性和主

动性；三是健全奖惩体系，采用激励和约束机制鼓励各部门参与创新驿站经营管理，同时享受风险经营的收益和承担风险经营的责任；四是健全财务管理规章制度，提高财务管理系统适应环境变化的能力；五是健全监督和控制，建立严格的内部控制机制，保障创新驿站健康良好地运营，发挥企业财务风险防范的最大功效。

5. 提高财务人员的风险意识和素质

财务人员的风险意识和素质在一定程度上决定了财务风险防范的成功与否，因此，提高创新驿站风险管理能力和财务风险防范能力对创新驿站财务人员提出了更高的要求，财务人员一方面要从传统的"做账型"向"多面型"转变，具备信息收集、分析、过滤能力和对财务风险敏感的、准确的职业判断能力，善于发现问题，分析原因，对具体环境下的风险进行识别，积极提出风险防范建议和处理方案，发挥财会在创新驿站经营中的参谋作用，降低不确定事件的发生；另一方面，认识到复杂多变的环境给创新驿站财务决策带来的不确定性，要求财务人员树立正确的风险意识，全面分析每项活动给创新驿站带来的收益和不确定性，识别创新驿站活动各个环节的潜在风险，做到提前预防、控制和处理，将风险管理贯穿于财务管理工作的始终。

6. 建立风险预警机制

一般情况下，创新驿站危机通常以财务危机为征兆，因此，建立财务预警系统，在有效降低财务风险的同时，对降低创新驿站运营风险起着关键作用。财务预警机制是创新驿站对可能发生的财务风险进行识别、分析和评估、发出警报，提示风险的程度及相关人员采取相应措施进行预控的有效方法。创新驿站决策者应把财务预警列入日常管理活动，安排专人对财务风险进行跟踪调查，将财务危机扼杀在萌芽状态。财务预警机制由预警分析组织、财务信息收集和传递、信息管理、财务风险分析、财务风险处理、计算机辅助管理、人员培训和更新等环节组成。健全的财务风险预警机制有利于创新驿站资本运营过程中的跟踪、调查、捕捉和监视财务活动中的风险迹象，避免或减少风险损失。

7. 建立财务风险处理机制

财务风险处理属于事后控制，主要是采取相应的措施对财务风险发生后可能造成的损失或易造成的损失进行控制，减轻创新驿站的损失程度，增强创新驿站抵御风险和弥补损失的能力。主要方法有五种：一是建立风险基金，在损失发生前以预提方式或其他方式建立一项专门用于防范风险损失的基金；二是损失发生后，从已建立的基金中列支或分批进入经营成本，减少财务风险对创新驿站正常活动的干扰；三是建立创新驿站资金使用效用监督制度和会计核算体系；四是建立严格的内部控制机制和风险处理流程；五是进行事后调整，建立风险档案，调整财务管理的方向和措施。

5.3.6 创新驿站项目转移过程风险防范措施

1. 项目走访模块风险防范

走访企业识别企业创新项目是创新驿站项目转移过程中的最大风险，如何有效预防风险，保证创新驿站中介转移的高效性，需要注意五点。

（1）项目总体分析。充分利用企业现有资源和创新驿站网络资源，建立创新项目内外部环境分析机制，洞察内外环境对创新项目转移提供的机会和构成的威胁，分析创新项目转移成功的可能性以及成功后给企业带来的收益，在综合评价各项指标后，进行项目的选择程序。

（2）客观性分析。创新驿站专家通过收集到的各种信息，综合评价项目的可行性，并征求企业专业人员及创新驿站其他专家的意见，采用调查问卷等多种方法，保证项目选择的客观性，避免因人为因素造成选择上的主观性。

（3）建立项目选择的信息网络。通过信息网络，专业人员可以进行信息咨询、交流和建立创新项目转移联盟等，收集关于创新项目的更多信息，给企业创新项目选择提供及时、准确的信息。

（4）采取科学的决策方法。由于创新项目的复杂性和不可预见性，以及面对外部环境的不确定性，传统的投资决策模式已不能适应创新项目选择的需要，可以采用期权等决策模型，利用环境的不确定性带来的价值为企业创新项目转移作出科学的决策。

（5）正确评估项目的价值。在选择项目时，不仅要看项目本身给企业带来的价值，而且还要评价项目实施后为企业带来竞争能力的提高和促进企业可持续发展的价值。

2. 识别技术需求/技术输出模块风险防范

有效识别技术需求和技术输出是保证企业技术创新的关键。作为中介转移机构的创新驿站应采取以下措施。

（1）保证技术需求层次和创新技术评估的准确性。正确识别创新企业的技术需求和技术输出，能够保证合适的创新技术被合适的企业所利用，如果过高的技术输出用于过低的技术需求企业，或者过低的技术输出用于过高的技术需求企业，都会导致技术创新的不衔接，给双方带来经营上的损失，甚至导致合作项目的失败。

（2）保证技术需求和技术输出的及时性。创新驿站专业人员应该合理评价技术创新所需要的时间，如果发生估计错误，有可能创新技术还没有付诸实施就被更新的创新技术所替代，导致企业不必要的成本增加和错失有利的发展机会。

（3）正确选择创新途径。创新驿站专家在进行技术识别时，应该对创新技术输出企业和技术需求企业进行全面了解，并横向比较，考察不同企业的创新能力，通过创新驿站网络，提供给企业一种切实可行的创新途径，既为创新企业减少资源浪费，又能保证创新项目的顺利实施。

3. 寻求合作者模块风险防范

正确选择合作者是创新项目转移能否成功实施的关键。在选择合作者时，应该注意以下事项。

（1）充分利用创新驿站网络选择合作者。创新驿站网络不仅能够为创新技术转移提供有价值的信息，而且在技术创新过程中，根据技术输出企业的要求，为输出企业寻找合适的合作者，同时为技术需求企业提供合适的技术输出方。通过创新驿站网络提供的丰富信息，能够在寻求合作者过程中对不同企业进行筛选，找到满意的合作对象。

（2）对合作者的信誉进行评估。合作者的信誉是实施项目合作的前提保障，只有信誉良好的合作者才能在技术创新合作中配合默契，充分利用双方资源，达到共赢。

（3）对合作者技术创新能力进行评估。技术创新能力是能否完成技术创新的关键，如果技术输出组织没有能力完成创新项目，不仅给本组织带来成本的增加，而且给技术需求企业带来机会的损失，最终将导致创新项目转移的失败。

4. 进一步提供意见和支持模块风险防范

进一步提供意见和支持起到查缺补漏及纠偏的作用，合理利用其功能，能够保证技术创新项目沿着更完美的方向发展，降低项目的运作风险。主要防范措施有以下几种。

（1）及时对项目运行中的漏洞进行修补。项目在实施过程中，由于创新技术的复杂性，可能出现许多不可预见的问题，如果不能得到及时处理，漏洞越来越大，最后导致不可弥补的结果。

（2）及时进行创新技术的纠偏。在创新项目实施过程中，随着周围环境的不断变化，创新技术项目在运行过程中可能偏离原来的方向，如果不及时纠偏，将会出现严重的后果。

（3）及时提供支持功能。如果技术需求方或技术输出方对创新项目要求有所变化，或者项目本身对创新技术要求发生变化，可能导致技术创新过程中出现障碍而造成风险，创新驿站应该提供及时的支持功能，保障创新项目的顺利实施。

5. 帮助签订合同模块风险防范

从评估结果来看，签订合同风险虽然较其他模块小，但是，其中隐含的风险亦不容忽视。为了防范合同风险，必须注意以下事项。

（1）仔细审查合同内容的全面性。如果合同内容不全面，应该在合同中体现的内容或约束条件没有形成书面文字，将会为合同纠纷埋下隐患，严重时可能失去合同的有效性。

（2）严格合同中对技术创新标准要求的准确性。由于不同的创新项目对创新技术的标准要求不同，因此，不同创新项目需要不同内容的合同。如果技术要求标准含糊其辞，则创新组织可能利用合同条款的模糊性寻求自身利益最大化，或者不准确的创新标准描述导致合作双方的误解，最后使创新技术偏离原来的设想。

（3）加强合同语言叙述的准确性。在合同中，应该有双方创新技术交货日期、方式，以及不可预见等因素发生时采取哪种措施准确而恰当的规定，并明确双方的责任和义务，确保合同的有效性。

5.4 本章小结

建立风险预警系统能够尽早发现风险源，对可能发生的风险和危机进行事先预测及防范，将风险扼杀在萌芽期，起到防患于未然的作用。本章首先阐述了创新驿站风险预警流程和风险预警系统构建的原则，建立了创新驿站风险预警系统。创新驿站风险预警系统由风险预警信息管理系统、风险预警指标分析系统、风险预警分级管理系统、风险预警控制系统和风险预警输出评价系统组成。然后，根据创新驿站风险特点，结合风险防范的具体措施，详细论述了创新驿站风险防范的五种策略：创新驿站风险回避策略、创新驿站风险转移策略、创新驿站风险分散策略、创新驿站风险分摊策略和创新驿站风险自留策略。最后，根据识别出的创新驿站风险因素各维度的不同特点，结合创新驿站运营的具体情况，针对性地提出了创新驿站战略风险防范措施、技术风险防范措施、市场风险防范措施、人员风险防范措施、财务风险防范措施和项目转移过程风险防范措施。

第 6 章

结论与展望

6.1 研究的主要结论

本研究按照选题背景和意义—基本理论—风险识别—风险评估—风险防范为主线展开研究，在风险管理理论基础上，对创新驿站风险因素和企业绩效因素之间的影响关系进行了识别和评估，建立了风险防范系统，根据发现的研究空白，确立了创新驿站风险管理研究方向，为创新驿站决策者提供了风险管理决策依据和管理方法。本书主要得出以下结论。

（1）在风险管理理论基础上，以创新驿站风险因素对企业绩效因素的影响研究为主线，构建出基于企业绩效的创新驿站风险识别、评估和防范研究模型。该模型由风险管理和企业绩效理论背景、基于企业绩效的风险识别、基于企业绩效的风险评估和创新驿站风险防范四部分组成。其中，基于企业绩效的创新驿站风险识别是本研究的核心，为风险评估和风险防范提供了研究基础和理论依据；基于企业绩效的风险评估在风险管理中起着桥梁和验证作用，是连接风险识别和风险防范的纽带，对风险识别结果进一步验证其各维度风险因素影响权重和风险等级，为建立科学的风险防范机制提供了可靠的数据。创新驿站风险防范是基于企业绩效的创新驿站风险管理的目的，科学的、实用的风险预警系统和风险控制机制能够有效地降低风险，提高创新驿站运作绩效。

（2）在走访企业和问卷调查的基础上，分析了创新驿站风险和企业绩效的内涵、特征、类型，根据创新驿站风险管理的不同阶段和特点对风险因素和企业绩效因素进行了归纳和总结，得到了创新驿站风险的五个维度和绩效的两个维度。创新驿站风险因素五个维度分别是：战略风险因素、技术和市场风险因素、人员风险因素、财务风险因素、创新技术项目转移过程风险因素；创新驿站企业绩效因素两个维度包括财务绩效、非财务绩效。

（3）创新驿站风险因素的复杂性，增加了风险识别的困难性和模糊性。本书运用统计学方法，分析了风险因素对企业绩效影响的路径和影响程度，选取风险识别作为研究重点，采用主成分分析方法进行因子萃取，结合对风险因子的定性分析，确定了影响企业绩效的风险因素；分析了风险因素与企业绩效因素之间的关系，采用结构方程模型进行了验证性因子分析，得到了风险因素对企业绩效产生影响的直接作用、间接作用和交互作用，验证了风险因素对企业绩效影响的假设，进一步深化了风险管理理论的研究。

（4）本书通过构建基于企业绩效的创新驿站风险评估体系，改变了大多数传统评估只重视评估方法的使用而不注重评估流程的评估方式，开拓性地建立了创新驿站风险评估体系，为风险评估过程和评估方法的有效实施保驾护航；对层次分析法进行改进，应用风险矩阵评估技术，在风险矩阵中引入了改进的层次分析方法，进一步改善了评估模型；对风险因素相对于企业绩效的影响程度从不同维度和整体上进行了评估，得到了风险因素相对于企业绩效的风险权重和风险等级，建立了一套适用于创新驿站的风险评估模型，并详细地阐述了模型的概念和应用，以及风险评估的过程。

（5）在风险防范方面。首先，建立了风险预警管理体系。风险预警管理体系是风险控制的前提，通过预警信息尽早发现潜在的风险，使创新驿站以预控为中心，对可能发生变异的风险源进行早期预防和控制。其次，讨论了风险防范的不同方法及其适用性，为风险发生的不同时期及形式采用不同的方法进行防范提出了理论参考。最后，通过风险因素各维度不同的风险性质和影响分别进行了探讨，结合实际情况为创新驿站风险防范制定了不同的控制措施。风险防范是降低风险的有效手段，本书通过制定科学的风险防范机制，为创新驿站降低风险、提高企业绩效、保证创新驿站正常运营提供了良好的理论基础。

6.2 研究的局限性

创新驿站作为新兴的技术中介转移组织形式，目前尚未形成完整的风险管理理论体系，尚有大量的问题值得深入探讨和研究，同时，受到时间和经费的限制，本书在设计和分析过程中存在以下一些不足之处，需要在未来研究中加以改善。

(1) 调查问卷设计的局限性。调查测量项设计借鉴中外学者关于相关企业研究结果，并通过预测试获得测量题项，可能不能穷尽影响创新驿站企业绩效的所有风险因素。同时，由于精力和研究条件的限制，问卷调查数据均来自于同一时段，采用横断面的研究设计而没有采用纵向调研设计，不足以完全证实变量间的因果关系。

(2) 调查数据准确性受到限制。首先，风险与未来有关，而未来本身具有不确定性，导致被调查者不能准确把握风险发生的概率和损失，无法准确判断风险对企业绩效的影响；其次，选择调查对象时具有随机性，一部分被访者可能由于对问卷的不重视、不了解，在回答问卷时有偏离实际情况的倾向。

(3) 本书是基于企业绩效的创新驿站风险管理研究初步尝试，在研究风险与企业绩效关系时，缺乏横向比较不同行业之间的差别，风险识别的全面性和深入性、风险评估的准确性、模型建构方面难免存在不尽完善之处。

6.3 研究建议

创新驿站风险管理是一项长期而艰巨的任务，对于降低创新驿站风险，提升创新驿站企业绩效有着举足轻重的意义，为了提高创新驿站风险管理能力，保障创新驿站持续稳定发展，本书提出以下建议。

(1) 创新驿站风险管理，应先从风险识别开始，利用科学的风险识别方法和先进的风险识别工具，尽可能对尚未发生的、潜在的各种风险进行系统的，持续的挖掘，确定风险来源、风险征兆、产生的条件和风险特征，对面临的风险和潜在的风险加以判断、归类，为创新驿站进行风险评估和有针对性地制定风险防范措施做好前期准备。

(2) 坚持风险评估专业化、流程化、科学化、严谨化的原则，将风险评估纳入日常工作中，采用科学的技术和方法抽取隐含的、有潜在价值的知识和信息，通过模型假设和求解，对创新驿站面临的整体风险和个别风险进行综合评价，并对影响创新驿站运营的风险根据评估的重要性程度进行排序，为风险防范提供可靠的理论基础。

(3) 坚持实用性和便于操作性原则，建立创新驿站风险预警系统，通过定性分析和定量研究来判断和衡量风险因素指标是否运行在正常范围内，及时发现潜在的风险，根据风险的不同特征和创新驿站的承受能力对影响创新驿站绩效的潜在风险采取相应的措施进行防范和处理，保证创新驿站稳健运营和创新驿站绩效目标的实现。

6.4 未来研究展望

关于创新驿站风险管理的研究，本书的探讨是初步的，研究设计、模型构建等方面难免存在不尽完善之处，进一步的系统研究还需大量的工作要做，未来研究应该重点关注以下问题。

(1) 本书对创新驿站风险管理的研究是在静态基础上进行的，采用横截面研究设计和调研数据，不能够证实变量间的动态路径关系，在未来研究中，可以从时间序列角度、采用纵向设计研究变量之间的关系作为进一步研究方向。

(2) 本书在研究创新驿站战略风险因素、技术和市场风险因素、人员风险因素、财务风险因素、创新技术项目转移过程风险因素五个维度的关系及其与企业绩效的关系时，没有横向比较不同行业之间的差别，未来可针对不同行业进行研究，找出不同行业背景下各变量之间的一些特殊关系。

(3) 加强创新驿站风险管理的定量研究和应用研究，进一步完善风险识别、评估、预警、控制和应急模型，采取定性分析和定量研究相结合的方法，以风险管理规划、风险管理预控为主要研究方向，建立综合集成的风险管理体系。

(4) 创新驿站风险管理通常采用案例分析和定性研究方法，需要加强实证研究。在大样本基础上，对创新驿站运作过程中风险因素进一步量化，通过结构合理的定量研究方法提供科学的研究基础，建立创新驿站全过程风险管理机制。

(5) 进行更深层次的风险管理研究，从这五个方面着手：一是进行根源分析，挖掘风险产生的根源及其与企业绩效之间的匹配关系；二是通过分析风险发生的规律，有针对性地建立风险防范机制；三是风险管理方法研究，采取最优的风险管理方法组合策略；四是风险管理理念形成研究，建立全员风险管理理念和风险管理文化；五是风险应急体系研究，建立快速、及时的风险反应体系。

(6) 进行风险管理保障体系方面的研究，从这七个方面着手：一是建立风险管理制度体系，加强创新驿站风险管理监管职能；二是提前识别风险发生和扩散的路径，在处理风险过程中确立关键路径；三是规范风险管理方法，建立一套完整的风险识别、评估和防范体系；四是加强监测，建立预警和快速反应体系；五是完善机构与人才建设；六是加强对外交流，吸取相关企业风险管理经验；七是加强宣传，提高风险管理意识。

6.5 本章小结

本章首先总结了本书研究的结论,说明了研究的成果和意义,接着指出了研究的局限性,提出了研究建议,最后通过未来研究展望确定了未来研究的重点和方向。

附录

创新驿站风险因素及其对企业绩效的影响调查问卷

您好，请原谅打扰了您的休息和工作！非常感谢您参与本次问卷调查！

本次调查是山东女子学院教师进行的一项研究，调查问卷内容涉及科研项目的一部分，问卷的填写和结果的使用不会对您本人和您的工作产生任何影响，目的在于调研创新驿站风险因素及其对企业绩效的影响，为创新驿站风险管理领域的研究提供数据支持，您的回答对我们的研究非常重要，烦请您在百忙之中抽空填写。

本问卷纯属学术研究，不会涉及贵公司的任何商业机密，所获信息用于科研专著研究，请您如实填写。

再次感谢您的支持！

填 写 说 明

1. 调查初始问卷采用半开放式形式，您可以填写您认为与本研究有关的任何问题，我们将对您填写的问题给予认真考虑。

2. 调查最终问卷采用封闭式问题形式，每个问题包括多项选择答案，请在您认为合理的选项前面的"□"打"√"。

3. 您认为可能涉及您个人和贵公司商业秘密的问题可以不作回答，对于1/5以上问题没有回答的问卷作无效问卷处理。

4. 请于2017年5月1日前将问卷填好并寄回给我们：

通信地址：山东女子学院经济管理学院。

邮编：250300

联系人：秦善勇

E－mail：qsy1869@163.com

调查问卷

一、调查问卷背景知识

1. 创新驿站概述

创新驿站（Innovation Relay Centre）是欧盟委员会设立的一个项目，欧盟委员会在 1995 年由研发信息委员会根据"创新和中小企业计划"资助建立了第一个创新驿站，其目的是鼓励欧盟中小企业进行跨国技术转移和技术创新合作。欧盟创新驿站网络已达到 33 个国家的 71 家创新驿站，拥有 4000 多家组织，每年完成超过 2000 件的技术转移，成为欧洲最成功的技术转移网络。

创新驿站一般由数个科技中介机构联合而成，如技术推广机构、咨询公司、技术孵化器、项目评估公司、知识产权机构等，服务项目仍为技术转移项目。但是，创新驿站的运营模式有别于传统技术中介转移组织，以企业需求为源头，汇集和整合社会资源，围绕资金、技术、人才、管理等要素，通过互联网连接，互通信息、相互支持，为企业技术转移和技术创新服务提供了更加全面的信息，解决了资源配置不合理和低效率问题，改变了传统技术转移模式，由"技术创新—转移中介—企业吸纳"模式转为"企业需求—转移中介—技术创新—企业利用"，通过对企业实施接力式的"个性化服务"，推动企业自主创新，促进全社会技术转移，加速了企业科技成果转化。

2. 创新驿站风险因素

创新驿站风险因素是指导致或增加某种损失频率和损失程度的因素，是形成某种风险、对创新驿站运营构成威胁的事件状态或情况，主要包括政治、经济、法律、环境、市场、技术、人员及其他对创新驿站运营产生影响的因素。

3. 创新驿站绩效因素

创新驿站绩效是创新驿站运营期望得到的结果，是创新驿站为了实现其目标而在不同层面的输出。创新驿站绩效因素包括财务绩效、人力资源绩效、管理绩效、市场绩效及其他可代表创新驿站运营成果的输出。

二、个人基本信息

【填写说明】除基本信息需要填写外，请在您认为合理的选项前面的"□"打"√"；如果填写电子版，请将您认为合理的选项颜色改为绿色，如"□**创新驿站**"。

附录 创新驿站风险因素及其对企业绩效的影响调查问卷

姓名（可不填）：_____，联系电话（或 E-mail）：_____
本人所在城市：_____，本人在组织中所处职位（职称）：_____

1. 性别
   □男　　　□女

2. 年龄
   □20 岁以下　　□20~30 岁　　□30~40 岁　　□40~50 岁
   □50 岁以上

3. 文化程度
   □博士　　　□硕士　　　□本科　　　□专科
   □中专及以下

4. 您最高学历的专业领域
   □理学　　　□工学　　　□医学　　　□经济管理类
   □人文社会科学类　□其他

5. 您在贵公司职位
   □高层管理人员　□中层管理人员　□基层管理人员　□技术人员
   □其他

6. 您从事本行业年限
   □5 年以下　　□5~10 年　　□10 年以上

7. 您所任职企业类别
   □技术创新企业　□科研院所　　□科技园孵化器　□技术中介组织
   □政府　　　　□大学　　　　□创新驿站　　　□其他

8. 在仅用于学术研究并且承诺的情况下，向您咨询有关公司和个人信息时，您愿意提供吗？
   □非常愿意　　□愿意　　　□不很愿意　　□不愿意
   □没有考虑

半开放式问卷

调查问卷（一）

1. 您认为创新驿站风险因素有哪些？

2. 您认为创新驿站绩效因素有哪些？

3. 您认为创新驿站哪些风险因素对企业绩效产生影响？

封闭式调查问卷

调查问卷（二）

根据半开放式问卷调查结果，结合中外学者研究成果及创新驿站实际情况，设计出下表问卷，请您根据对创新驿站风险因素和企业绩效因素的理解和预测，按照实际情况选出您认为合理的选项。在您认为风险对企业绩效影响的合理量化值前面的"□"中打"√"。其中，1~5表示创新驿站风险因素对企业绩效的影响从"没有影响"到"影响非常大"，具体量化值为：1——几乎没有影响，2——影响较小，3——有影响，4——影响较大，5——影响非常大。

序号	风险因素对企业绩效影响描述	量化值
1	创新驿站宏观经济环境因素对企业绩效产生影响	□1 □2 □3 □4 □5
2	创新驿站技术转移市场需求因素对企业绩效产生影响	□1 □2 □3 □4 □5
3	创新驿站市场竞争环境因素对企业绩效产生影响	□1 □2 □3 □4 □5
4	创新驿站技术转移对中介的依赖性程度对企业绩效产生影响	□1 □2 □3 □4 □5
5	创新驿站退出风险机制对企业绩效产生影响	□1 □2 □3 □4 □5
6	创新驿站政策环境风险因素对企业绩效产生影响	□1 □2 □3 □4 □5
7	创新驿站法律因素对企业绩效产生影响	□1 □2 □3 □4 □5
8	创新驿站管理机制对企业绩效产生影响	□1 □2 □3 □4 □5
9	创新驿站管理人员素质对企业绩效产生影响	□1 □2 □3 □4 □5
10	创新驿站管理团队结构合理性对企业绩效产生影响	□1 □2 □3 □4 □5
11	创新驿站企业文化对企业绩效产生影响	□1 □2 □3 □4 □5
12	创新驿站资源整合能力对企业绩效产生影响	□1 □2 □3 □4 □5
13	创新驿站决策的科学性对企业绩效产生影响	□1 □2 □3 □4 □5
14	创新驿站信息管理能力对企业绩效产生影响	□1 □2 □3 □4 □5
15	创新驿站决策环境因素对企业绩效产生影响	□1 □2 □3 □4 □5
16	创新驿站专家技术能力对企业绩效产生影响	□1 □2 □3 □4 □5
17	创新驿站技术优势对企业绩效产生影响	□1 □2 □3 □4 □5
18	创新驿站技术的先进性对企业绩效产生影响	□1 □2 □3 □4 □5
19	创新驿站技术的适用性对企业绩效产生影响	□1 □2 □3 □4 □5

续表

序号	风险因素对企业绩效影响描述	量化值				
20	创新驿站数据库信息全面性和准确性对企业绩效产生影响	□1	□2	□3	□4	□5
21	创新驿站网络平台建设对企业绩效产生影响	□1	□2	□3	□4	□5
22	创新驿站技术的垄断性对企业绩效产生影响	□1	□2	□3	□4	□5
23	创新驿站知识产权保护因素对企业绩效产生影响	□1	□2	□3	□4	□5
24	创新驿站市场需求状况对企业绩效产生影响	□1	□2	□3	□4	□5
25	创新驿站品牌优势对企业绩效产生影响	□1	□2	□3	□4	□5
26	创新驿站市场营销能力对企业绩效产生影响	□1	□2	□3	□4	□5
27	创新技术转移能力对企业绩效产生影响	□1	□2	□3	□4	□5
28	市场进入和退出壁垒对企业绩效产生影响	□1	□2	□3	□4	□5
29	创新驿站营销策略对企业绩效产生影响	□1	□2	□3	□4	□5
30	创新驿站风险应对机制对企业绩效产生影响	□1	□2	□3	□4	□5
31	创新驿站管理人员道德风险对企业绩效产生影响	□1	□2	□3	□4	□5
32	创新驿站管理人员能力风险因素对企业绩效产生影响	□1	□2	□3	□4	□5
33	创新驿站高层管理团队结构对企业绩效产生影响	□1	□2	□3	□4	□5
34	创新驿站管理人员政治化倾向对企业绩效产生影响	□1	□2	□3	□4	□5
35	创新驿站管理人员的素质对企业绩效产生影响	□1	□2	□3	□4	□5
36	创新驿站管理人员沟通能力对企业绩效产生影响	□1	□2	□3	□4	□5
37	创新驿站管理人员冒险和侥幸心理对企业绩效产生影响	□1	□2	□3	□4	□5
38	创新驿站员工责任心对企业绩效产生影响	□1	□2	□3	□4	□5
39	创新驿站员工的基本素质对企业绩效产生影响	□1	□2	□3	□4	□5
40	创新驿站关键人才离职对企业绩效产生影响	□1	□2	□3	□4	□5
41	创新驿站员工的学习能力对企业绩效产生影响	□1	□2	□3	□4	□5
42	创新驿站员工对工作环境的适应能力对企业绩效产生影响	□1	□2	□3	□4	□5
43	创新驿站人力资源规划合理性对企业绩效产生影响	□1	□2	□3	□4	□5
44	创新驿站人力资源招聘中人才测评风险对企业绩效产生影响	□1	□2	□3	□4	□5
45	人力资源管理不合理造成人才流失对企业绩效产生影响	□1	□2	□3	□4	□5
46	创新驿站人事变动对企业绩效产生影响	□1	□2	□3	□4	□5
47	创新驿站人力资本投资风险对企业绩效产生影响	□1	□2	□3	□4	□5
48	创新驿站人员配置不合理对企业绩效产生影响	□1	□2	□3	□4	□5

续表

序号	风险因素对企业绩效影响描述	量化值				
49	创新驿站融资结构不合理对企业绩效产生影响	□1	□2	□3	□4	□5
50	创新驿站融资渠道不广对企业绩效产生影响	□1	□2	□3	□4	□5
51	创新驿站财务决策失误对企业绩效产生影响	□1	□2	□3	□4	□5
52	创新驿站财务状况恶化对企业绩效产生影响	□1	□2	□3	□4	□5
53	创新驿站资金供应不充足对企业绩效产生影响	□1	□2	□3	□4	□5
54	创新技术转移项目选择的正确性对企业绩效产生影响	□1	□2	□3	□4	□5
55	创新驿站专家判断的主观性对企业绩效产生影响	□1	□2	□3	□4	□5
56	创新技术转移项目本身的复杂性对企业绩效产生影响	□1	□2	□3	□4	□5
57	技术需求层次和创新技术评估准确性对企业绩效产生影响	□1	□2	□3	□4	□5
58	创新技术需求时间的预测的准确性对企业绩效产生影响	□1	□2	□3	□4	□5
59	创新技术创新途径的识别对企业绩效产生影响	□1	□2	□3	□4	□5
60	寻找合适的技术需求/技术输出方对企业绩效产生影响	□1	□2	□3	□4	□5
61	创新技术转移项目中合作者道德风险对企业绩效产生影响	□1	□2	□3	□4	□5
62	创新技术转移项目中合作的技术问题对企业绩效产生影响	□1	□2	□3	□4	□5
63	创新驿站专业人员对项目了解程度对企业绩效产生影响	□1	□2	□3	□4	□5
64	创新驿站专业人员知识水平对企业绩效产生影响	□1	□2	□3	□4	□5
65	创新驿站专业人员责任心对企业绩效产生影响	□1	□2	□3	□4	□5
66	创新技术转移项目中合同条款的全面性对企业绩效产生影响	□1	□2	□3	□4	□5
67	创新项目合同对技术标准描述的准确性对企业绩效产生影响	□1	□2	□3	□4	□5
68	创新驿站项目合同语言叙述的恰当性对企业绩效产生影响	□1	□2	□3	□4	□5

参 考 文 献

[1] 李纪珍,闫立罡.欧盟创新驿站网络对中国科技中介机构发展的启示[J].科学学与科学技术管理,2006(5):36-40.

[2] 唐丽艳,闫如玉,王国红.创新驿站中科技中介项目特性浅析及其风险识别[J].科学学与科学技术管理,2008(4):28-31.

[3] Haynes J. *Risk as an economic factor* [J]. *The Quarterly Journal of Economic*, 1995, 9.

[4] Rosenbloom J S. *A Case Study in Risk Management* [M]. New Jersey Prentice Hall, 1972.

[5] Crane F G. *Insurance Principles and Practices* [M]. 2th ed. New York: Wiley, 1984.

[6] [美] Knight F H. 风险、不确定性与利润 [M]. 安佳,译. 北京:商务印书馆,2010.

[7] 赵传君. 风险经济学 [M]. 哈尔滨:黑龙江教育出版社,1985.

[8] Mher R. *Fundamental of Insurance* [M]. Second Edition. Irwin Homewood, Ilinois, 1983.

[9] Williams C A, Heins J R M. *Risk Management and Insurance* [M]. New York: McGraw-Hill, 1985.

[10] Mowbray A H, Blanchard R H, Williams J C A. *Insurance* [M]. New York: McGraw-Hill, 1995.

[11] David Hertz, Howard Thomas. *Practical Risk Analysis: An Approach Through Case Histories* [M]. Hoboken: John Wiley & Sons, 1984.

[12] Jake Ansell, Frank Wharton. *Risk Analysis, Assessment and Management* [M]. Hoboken: John Wiley & Sons, 1992.

[13] 王德胜. 消费者减少风险理论在市场营销中的应用 [J]. 商业研究, 2001(10):109-111.

[14] Markowitz Harry M. *Portfolio Selection* [J]. *Journal of Finance*, 1952, 7

(1): 77-79.

[15] 胡宣达, 沈厚才. 风险管理学基础——数理方法 [M]. 南京: 东南大学出版社, 1999 (4).

[16] Hert D B, Thomas H. *Risk Analysis and Its Applications* [M]. New York: John Wiley and Sons, Inc., 1983.

[17] Deyle R E, French S P, Olshansky R G. *Hazard Assessment: The Factual Basis for Planning and Mitigation. In: Burby R J. Cooperating with Nature: Confronting Hazards with Ladn - Use Planning for Sustainable Communities* [M]. Washington D C: Joseph Henry Press, 1998.

[18] Currie, Wendy L. *A Knowledge - Based Risk Assessment Framework for Evaluating Web-enabled Application Outsourcing Projects* [J]. International Journal of Project Management, April, 2003, 21 (3): 207-217.

[19] Dale Cooper and Chris Chapman, "Risk Analysis for Large Projects", 2003.

[20] [法] H. 法约尔. 工业管理与一般管理 [M]. 周安华, 译. 北京: 中国社会科学出版社, 1982.

[21] Culbertson J M. *The Term Structure of Interest Rate* [J]. Quarterly Journal of Economics, 1957 (71): 485-517.

[22] Robert Premus. *When Do Venture Capitalists Add Value* [J]. Journal of Business Venturing, 1984 (7): 9-28.

[23] Earle T C, Cvetkovich G. *Culture, Cosmopolitanism and Risk Management. Risk Ananlysis*, 2010, 17 (1): 55-65.

[24] James K S, Richard L S. *Risk Avoidance Strategies in Venture Capital Markets* [J]. Journal of Management Studies, 2000 (32): 51-74.

[25] Gumming D J, Macintosh J G. *Venture Capital Investment Duration in Canada and the United States* [J]. Journal of Multinational Financial Management, 2001 (11).

[26] Walsh K R, Schneider H. *The role of motivation and risk behaviors in software development success* [J]. Information Research, 2002, 7 (3).

[27] Susanne L H. *Mitigating Supply Chain Risk: Pooling, Contracting, and Supply Channel Selection* [D]. Stanford: Stanford University, 2004.

[28] Miccolis J A, Hively K, Merkley B W. *Enterprise risk management: trends and emerging practices* [EB/OL]. [2005, 01] http://www.thiia.com.

[29] Charatte R N. *Software Engineering Risk Analysis and Management* [M].

New York: Intertext Publication Mcgraw – Hill, 1989.

[30] Fairley R. *Risk Management for Software Project* [J]. *IEEE Software*, 1994, 11 (3).

[31] Rao Tummala V M, Nkasu M M, Chuah K B. *A Systematic Approach to Project Risk Management* [J]. *Mathematical Modeling and Scientific Computing*, 1994 (4).

[32] Godfrey P S. *Control of Risk – A Guide to the Systematic Management of Risk from Construction* [J]. CIRIA, 1996: 28 – 35.

[33] Alexander C. *The handbook of risk management and analysis* [M]. New York: John Wiley & Sons Ltd, 1996.

[34] Rez T, Michael E. *Use and Benefits of Tools for Project Risk Management* [J]. *Internation Journal of Project Management*, 2001, 19 (1): 9 – 19.

[35] Higuera R P, Haimes Y Y. *Software Risk Management*. CMU/SEI – 96 – TR – 012, ESC – TR – 96 – 012.

[36] Kliem R L, Ludin I S. *Reducing Project Risk* [M]. Gower, 1997.

[37] Uher T E, Toakley A R. *Risk Management in the Conceptual Phase of a Project* [J]. *International Journal of Project Management*, 1999, 17 (3): 161 – 169.

[38] Microsoft Corp. *MSF Risk Management Process* [EB/OL]. 1999, 6. http: // www. Microsoft. com.

[39] Sharp W. *Capital Asset Prices: A Theory of Market Equilibrium under Conditions of Risk* [J]. *Journal of Finance*, 1964, 19 (3): 425 – 442.

[40] Lintner J. *Security Prices, Risk and Maximal Gains from Diversification* [J]. *Finance*, 1965, 20 (4): 587 – 615.

[41] Mossin J. *Equilibrium in a Capital Asset Market* [J]. *Econometrica*, 1966, 34 (4): 768 – 783.

[42] Black F, Scholes M. *The Pricing of Options and Corporate Liabilities* [J]. *Journal of Political Economy*, 1974, 5 (81): 637 – 659.

[43] Ohlson J A. *Financial Ratios and the Probabilistic Prediction of Bankcruptcy* [J]. *Journal of Accpounting Research*, 1980 (18): 51 – 63.

[44] Eisenbeis R A. *Pitfalls in the Application of Discriminate Analysis in Business, Finance and Economics* [J]. *Journal of Finance*, 1977 (7): 98 – 124.

[45] Altman E I. *Measuring Corporate Bond Mortality and Performance* [J]. *Journal of Finance*, 1989 (11): 63 – 75.

[46] Tam K Y, Kiang M. *Managerial Application of Neural Networks: The Case of Bank Failure Predictions* [J]. Management Sciences, 1992: 87 – 92.

[47] Morgan J P. Arthur Andersen. NY: *Corporate Risk Management*. 1997.

[48] Jorion P. *Value at Risk: The New Benchmark for Controlling Derivatives Risk* [M]. NY: The McGraw – Hill Companies, Inc.. 1997.

[49] Jun S H, Poong H S. *A Method for Risk – Informed Safety Signgicance Cetegorization Using the Analytic Hierarchy Process and Bayesian Belief Networks* [J]. Reliability Engineering and System Safety, 2004, 83 (1): 1 – 15.

[50] Cioofi D F, Khamooshi H A. *Practical Method of Determinying Project Risk Contingency Budgets* [J]. Journal of the operation research society, 2009, 60 (4): 565 – 571.

[51] 周士富. 经济管理中的决策分析方法 [J]. 经济管理, 1980 (9): 56 – 60.

[52] 何孝允, 卓志. 试论保险企业自身的风险管理 [J]. 南开经济研究, 1990 (3): 32 – 35, 57.

[53] 孙祁祥. 保险学 [M]. 北京: 北京大学出版社, 1996 (12).

[54] 陈克文. 论风险及其与信息和不确定性的关系 [J]. 系统辩证学学报, 1998 (1): 83 – 87.

[55] 魏华林、林宝清. 保险学 [M]. 北京: 高等教育出版社, 1999.

[56] 谭启俭. 浅析承保风险的管理 [J]. 保险研究, 1999 (10): 18 – 19.

[57] 韦生琼, 吴婕. 承保风险及其防范与控制 [J]. 河南金融管理干部学院学报, 2000 (1): 50 – 52.

[58] 马崇明, 唐国储. 论构建我国商业银行全面风险管理体系 [J]. 新金融, 2003 (9): 37 – 40.

[59] 都红雯. 《巴塞尔新资本协议》对金融衍生交易信用风险计量方法的新进展及启示 [J]. 管理世界, 2004 (6): 134 – 135.

[60] 郭文昌. 中国保险业运行风险探析 [M]. 北京: 中国经济出版社, 2007.

[61] 万杰, 苗文龙. 国内外商业银行操作风险现状比较及成因分析 [J]. 国际金融研究, 2005 (7): 10 – 15.

[62] 冯燮刚, 杨文化. 风险、风险资本与风险偏好 [J]. 国际金融研究, 2005 (2): 23 – 29.

[63] Collins J M, Ruefli T W. *Strategic Risk: A State Defined Approach* [M].

Holland: Kluwer Academic Publishers, 1996.

[64] Jauch L R. *Strategic Management of Untercerty* [J]. *Academy of Management Review*, 1986 (11): 777-790.

[65] Christopher. *Strategic Risk Management: The New Competitive Edge* [J]. *Long Range Planning*, 1999 (32): 414-424.

[66] 张荣琳，霍国庆．企业战略风险的类型、成因与对策分析 [J]．中国软科学，2007 (6): 50-57.

[67] 杨华江，席西民．集团公司战略风险管理模型探讨 [J]．中国软科学，2002 (8): 61-66.

[68] 朱远程．从技术市场参与方谈我国技术市场发展 [J]．商业时代，2006 (16): 82-83.

[69] 余娟，祝继高，刘晓宁．企业国际化经营中财务风险管理的理论探析及对中国企业的启示 [J]．经济经纬，2005 (4): 61-63.

[70] 舒瑾．企业筹资的财务风险分析 [J]．财经科学，1989 (2): 53-55.

[71] 纪连贵．论企业财务风险的构成与成因 [J]．河北经贸大学学报，1998 (2): 89-91.

[72] 蒋琪发．财务风险的特征及其控制途径 [J]．江西财经大学学报，2000 (3): 44-47.

[73] 吴大红．浅谈企业财务风险的认识与防范 [J]．商业研究，2002 (3): 20-22.

[74] 薛宏彬．企业财务风险计量识别与防范 [J]．会计之友，2005 (7): 29-30.

[75] 史志贵．现代企业财务风险的防范与控制 [J]．生产力研究，2008 (11): 141-143.

[76] [美] 戴维·沃尔里奇．人力资源教程 [M]．刘磊，译．北京：新华出版社，2000.

[77] Sittimalakorn W & Hart S. *Market Orientation Versus Quality Orientation: Sources of Superior Business Performance* [J]. *Journal of Strategic of Strategic Marketing*, 2004 (12): 243-253.

[78] 张君立．网络能力对创新企业资源构建的影响研究 [D]．长春：吉林大学，2008.

[79] Steers R M. *Problems in the Measurement of Organizational Effectiveness* [J]. *Administrative Science Quarterly*, 1975 (20): 546-558.

[80] Quinn R E, Rohrbaugh J. *A Spatial Model of Effectiveness Criteria: Towards a Competing Values Approach to Organizational Analysis* [J]. *Management Science*, 1983, 29 (3): 363-377.

[81] Christensen H K and Montgomery C A. *Corporate Economic Performance: Diversification Strategy Versus Market Structure* [J]. *Strategic Management Journal*, 1981, 2 (4): 67-71.

[82] Porter M E. *The Contributions of Industrial Organization to Strategic Management* [J]. *Academy of Management Review*, 1981, 6 (4): 609-620.

[83] Atuahene-Gima K, Ko A. *An Empirical Investigation of the Effect of Market Orientation and Entrepreneurship Orientation Alignment on Product Innovation* [J]. *Organization Science*, 2001, 12 (1): 54-74.

[84] Ritter T, Gemfinden H G. *The Impact of a Company's Business Strategy on its Technological Competence, Network Competence and Innovation Success* [J]. *Journal of Business Research*, 2004 (57): 548-556.

[85] Granstrand O, Bohlin E, Oskarsson C. *External Technology Acquisition in Large Multi-technology corporations* [J]. *R&D Management*, 1992 (22): 111-133.

[86] Jehn K A, Noithcmft G B, Neale M A. *Why Differences Make a Difference: A Field Study of Diversity, Conflict, and Cerformance in Workgroups* [J]. *Administrative Science Quarterly*, 1999, 44 (4): 741-763.

[87] Egan T M. *Creativity in the Context of Team Diversity: Team Leader perspectives* [J]. *Advances in Developing Human Resources*, 2005, 7 (2): 207-225.

[88] Chen C J, Huang Y F. *Creative Workforce Density, Organizational Slack, and Motivation performance* [J]. *Journal of Business Research*, 2010, 63 (4): 411-417.

[89] Stuart T E. *Inter-organizational Alliances and the Performance of Firms: A Study of Growth Rates in a High-Technology Industry* [J]. *Strategic Management Journal*, 2000 (8): 791-811.

[90] Husain, Zafar, Sushil, Pathak R D. *A Technology Management Perspective on Collaborations in the Indian Automobile Industry: A Case Study* [J]. *Journal of Engineering and Technology Management*, 2002, 19 (2): 167-201.

[91] 吴伟伟, 于渤, 朱彬. 技术管理能力对企业绩效的影响: 基于TLC的实证研究 [J]. 中国管理科学, 2006 (10): 579-583.

[92] Narver J C, Slater F S. *The Effect of a Market Orientation on Business Profit-*

ability [J]. Journal of marketing, 1990, 54 (10): 20-35.

[93] Chen M J, Hambrick D. Speed, Stealth and Competitive Attack: How Small Firms Differ from Large Firms in Competitive Behavior. Academy of Management Journal, 1995 (38): 453-482.

[94] Kotler P. Rethinking Marketing: Sustainable Marketing Enterprise in Asia [M]. Englewood: Prentice Hall, 2003.

[95] Weerawardena J. The Role of Marketing Capability in Innovation Based Competitive Strategy [J]. Journal of Strategic Marketing, 2003 (11): 15-35.

[96] 王成惠. 市场营销理论的演进逻辑与创新研究 [M]. 北京: 中国财政经济出版社, 2003.

[97] 张婧. 市场导向和企业绩效的因果关系研究 [J]. 管理评论, 2005 (1).

[98] 孙早, 刘庆岩. 市场环境、企业家能力与企业绩效的表现 [J]. 南开经济研究, 2006 (2): 92-104.

[99] Taussings F W, Baker W S. American corporations and their executives: A statistical inquiry [J]. Quarterly Journal of Economics, 1925 (1): 31-51.

[100] Nonaka I, Takeuehi H. The Knowledge Creating Company [M]. New York: Oxford University Press, 1995.

[101] Ferris G R, Arthur A M, Berkson H M. Toward a social context theory of the human resource management organization effectiveness relationship [J]. Human Resource Management Review, 1998, 8 (3): 235-264.

[102] Becker B E, Huselid M A. High Performance Work Systems and Firm performance: A synthesis of research and managerial applications [J]. Research in Personnel and Human Resources Management, 1998 (16): 53-101.

[103] 妖艳虹, 龚一云. 高管人员薪酬结构对企业绩效的影响研究 [J]. 湖南大学学报 (社会科学版), 2010 (5): 53-57.

[104] 范之安. 中国海洋渔业风险管理研究 [D]. 青岛: 中国海洋大学, 2007.

[105] Das T K, Teng B H. Resource and Risk Management in Strategic Alliance Making Process [J]. Journal of Management, 1998, 24 (1): 21-42.

[106] Hamel G. Competition for Competence and Inter-Partner Learning Within International Strategic Alliances [J]. Strategic Management Journal, 1991 (12): 83-103.

[107] 曲开社, 成文丽, 王俊红. ID3算法的一种改进算法 [J]. 计算机工

程与应用, 2003 (25): 104-107.

[108] 周春生. 企业风险管理与危机管理 [M]. 北京: 北京大学出版社, 2007 (6).

[109] 友联时骏企业管理顾问公司. 风险管理 [M]. 上海: 复旦大学出版社, 2005.

[110] Foster I, Kesselman C. *The Grid: Blueprint for a New Computing Infrastructure* [M]. San Francisco: Morgan Kaufmann Publishers, Inc, 1999.

[111] Boehm B W. *Software Risk Management: Principles and Practices* [J]. *IEEE Software*, 1991, 8 (1): 32-41.

[112] 方德英, 李敏强. IT项目风险管理理论体系构建 [J]. 合肥工业大学学报 (自然科学版), 2003 (8): 907-911.

[113] Barney J. *Firm Resource and Sustained Competitive Advantage* [J]. *Journal of Manangement*, 1991, 17 (1): 99-120.

[114] 顾桥, 喻良涛, 梁东. 中小企业创业资源的形成机制研究 [J]. 武汉理工大学学报 (信息与管理工程版), 2005, 27 (6): 96-98.

[115] 姚晓芳, 张宏. 科技型创业企业资源需求曲线的案例分析 [J]. 科技进步与对策, 2008 (11): 132-135.

[116] 尹志军, 陈立文. 项目投资风险管理体系模型研究 [J]. 河北工业大学学报, 2009 (2): 17-24.

[117] Ross J F, Beath C M, Goodhue D L. *Develop long-term competitiveness through IT assets* [J]. *Sloan Management Review*, 1996, 38 (1): 31-33.

[118] Parsons G L. *Information technology: A new competitive weapon* [J]. *Sloan Management Review*, 1983, 25 (1): 3-15.

[119] Davenport T H, Short J E. *The new industrial engineering: Information Technology and business process redesign* [J]. *Sloan Management Review*, 1990, 31 (4): 11-28.

[120] Tippins M J, Sohi R S. *IT Competency and Firm Performance: Is Organizational Leaning A Missing Link* [J]. *Strategic Management Joural*, 2003 (24): 745-761.

[121] 彭军, 初红. 略论我国大中型企业信息管理 [J]. 统计与决策, 1999 (6): 45-46.

[122] 张战球, 王树恩. 浅谈知识经济时代的企业信息管理和信息安全管理 [J]. 科学学与科学技术管理, 2002 (8): 108-110.

[123] Huseby A B, Skogen S. *Dynamic risk analysis: The Dyn – Risk Concept* [J]. *International Journal of Project Management*, 1992, 10 (3): 160 – 164.

[124] Lussier R N. Pfeifer S. *A Crossnational Prediction Model for Business Success* [J]. *Journal of Small Business Management*, 2001, 39 (3): 228 – 229.

[125] Yusuf A. *Critical Success Factors for Small Business: Perceptions of South Pacific* [J]. *Journal of Small Business Management*, 1995 (4): 68 – 72.

[126] Siegel D. Waldman D. Lnk A. *Assessing the Impact of Organizational Practices on the Productivity of University Technology Transfer Offices: An Exploratory Study* [J]. *Research Policy*, 2003 (32): 27 – 48.

[127] Lee S S, Osteryoung J S. *A Comparison of Determinants for Business Venture in the U. S. and Korea* [J]. *Journal of Small Business Management*, 2001 (4): 192 – 200.

[128] Hellmann T. *The Role of Patents for Bridging the Science to Market Gap* [J]. *Journal of Economic Behavior & Organization*, 2007 (63): 624 – 674.

[129] 蔺丰奇, 刘益. 影响中外企业间技术转移效果的因素及对策 [J]. 科学学与科学技术管理, 2007 (3): 31 – 36.

[130] 唐烈. 高科技创业企业发展环境分析 [J]. 科学学与科学技术管理, 2001 (1): 41 – 45.

[131] 简兆权, 占孙福. 吸收能力、知识整合与组织知识及技术转移绩效的关系研究 [J]. 科学学与科学技术管理, 2009 (6): 81 – 86.

[132] 侯合银, 王浣尘. 高新技术创业企业可持续发展能力评价研究 [J]. 系统工程理论与实践, 2003 (8): 69 – 75.

[133] 廖述梅, 徐升华. 我国校企技术转移效率及影响因素分析 [J]. 科学学与科学技术管理, 2009 (11): 52 – 56.

[134] 唐炎钊. 我国高科技创业企业失败诊断 [J]. 现代企业, 2004 (3): 40 – 41.

[135] 蒋国瑞, 高丽霞. 面向技术受方的技术转移影响因素指标评价体系分析 [J]. 科学学与科学技术管理, 2009 (9): 16 – 20.

[136] 章琰. 大学技术转移影响因素模型研究 [J]. 科学学与科学技术管理, 2007 (11): 43 – 47.

[137] 叶宝忠. 关于对技术转移服务组织的研究综述 [J]. 技术经济与管理研究, 2010 (3): 24 – 29.

[138] Andrews K. *The Concept of Corporate Strategy* [M]. Homewood, IL: Ir-

win, 1971.

[139] Janos Aes. *A Comparison of Models for Strategic Planning. Risk Analysis and Risk Management* [J]. *Theory and Decision*, 1985, 19 (3): 205 - 248.

[140] Sayan Chatterjee, Michael H Lubatkin, Wiliam S Sehu1ze. *Toward a Strategic Theory of Risk Premium: Moving beyond CAPM* [J]. *The Academy of Management Review*, 1999, 24 (3): 556 - 567.

[141] David Matheson. *Get smart about big risk* [J]. *Risk Management*. 1998, 45 (9): 73 - 75.

[142] 祝志明, 杨乃定, 姜继娇, 贾晓霞. 企业战略风险识别研究 [J]. 科研管理, 2005 (11): 1 - 6.

[143] 杨爱群. 基于企业视角的中小企业技术创新风险管理对策研究 [J]. 江苏科技大学学报 (社会科学版), 2009 (12): 46 - 50.

[144] Pfeffe, Salanciil. *The Extemal Control Organizations* [M]. New York: Harper and Row, 1978.

[145] 陈晓炜, 赵世强. 土地利用规划的风险管理 [J]. 中国土地科学, 2004 (2): 9 - 13.

[146] 杨雷. 民营企业管理机制运作实效研究——对美的集团管理机制的调查案例 [J]. 南开管理评论, 2005 (8): 93 - 98, 109.

[147] David A Whetten, Kim S Cameron. *Developing Management Skills* [M]. 5th ed. New Jersey: Prentice Hall, 2002.

[148] 郑文力. 不同经济模式下技术创新与企业文化配置分析 [J]. 科学学与科学技术管理, 2007 (10): 47 - 51.

[149] 龙建辉. 论企业管理决策的科学化 [J]. 江西社会科学, 2001 (8): 160 - 161.

[150] Lee J, Bae Z T, Choi D K. *Technology Development Process: A model for A Developing Country with A Global Perspective* [J]. *R&D Management*, 1988, 18 (3): 235 - 250.

[151] 王淼, 吴义春. 建立我国技术中介的全方位服务模式 [J]. 科学学研究, 1998 (3): 80 - 84.

[152] 王先庆. 产业发展能力与市场营销能力的相关分析 [J]. 广州商学院商报, 2005 (6): 12 - 15.

[153] Neville Turbit. *Basics of Managing Risks* [R]. The Project Perfect White Paper Collection, 2005 (6): 1 - 3.

[154] Miao Fan, Neng – Pailin, Chwen Sheu. *Choosing a Project Risk-handling Strategy*: *An Analytical Model* [J]. *Int. J. Production Economies*, 2008 (112): 700 – 713.

[155] 谢科范,袁明朋,彭华涛. 企业风险管理 [M]. 武汉:武汉理工大学出版社,2004 (10).

[156] 张海峰,王政. 基于风险矩阵方法的领导者对高新技术企业创新风险研究 [J]. 经济技术协作信息,2009 (12):92.

[157] 邓秀英. 谈金融危机下企业财务风险的控制 [J]. 商业时代,2010 (17):65 –65,77.

[158] 孙永风,李垣. 企业绩效评价的理论综述及存在的问题分析 [J]. 预测,2004 (2):42 –47,60.

[159] 王菲. 企业绩效评价理论综述及实践应用 [J]. 商业时代,2010 (7):70,75.

[160] 王江丽,张建初. 高校财务绩效评价的效能分析 [J]. 苏州大学学报 (哲学社会科学版),2010 (3):121 –124.

[161] Chang Y & Thomas H. *The Impact of Diversification Strategy on Risk-return Performance* [J]. *Strategic Management Journal*, 1989, 10 (3): 271 –284.

[162] Miller K D, Bromiley P. *Strategic Risk and Corporate Performance*: *An Analysis of Alternative Risk Measures* [J]. *Academy of Management Journal*, 1990, 33 (4): 756 –779.

[163] Wright, Tu, Helms. *Generic Strategies and Business Performance*: *An Empirical Study of the Screw Machine Products Industry* [J]. *British Journal of Management*, 1991 (2): 57 –65.

[164] Parnell J A, Hershey L. *The Strategy-performance Relationship revisited* [J]. *International Journal of Commerce & Management*, 2005.

[165] Parkhe A. *Strategic alliance structuring*: *A Game Theory and Transaction Cost Examination of Interfirm Cooperation* [J]. *Acad. of Management Studies*, 1996 (33): 827 –844.

[166] 蒋毅一,聂兴国. 企业竞争力与企业战略风险的关系 [J]. 商业研究,2006 (13):79 –81.

[167] 祝志明,杨乃定,高婧. 战略风险与收益:中国上市公司的实证研究 [J]. 财经研究,2008 (5):133 –143.

[168] Ernst H. *Patenting Strategies in the German Mechanical Engineering Indus-

try and Their Relationship to Company Performance [J]. Technovation, 1995, 15 (4): 225-240.

[169] Phaal R, Paterson C J, Probert D R. *Technology Management in Manufacturing Business: Process and Practical Assessment* [J]. Technovation, 1998, 18 (8/9): 541-553.

[170] Bosworth D, Rogers M. *Market Value, R&D and Intellectual Property: An Empirical Analysis of Large Australian Firms* [J]. Economic Record, 2001, 77 (239): 323-337.

[171] 郑梅莲,宝贡敏.技术战略影响企业绩效的机理研究——以浙江省制造业企业为例 [J].科学学研究,2007 (8):691-696.

[172] 王慧,蔡春凤.技术创新能力与企业经营绩效关系的实证研究——基于中部六省上市高新技术企业数据分析 [J].科技管理研究,2009 (12):358-360.

[173] 苑泽明,严鸿雁,吕素敏.中国高新技术企业专利权对未来经营绩效影响的实证研究 [J].科学学与科学技术管理,2010 (6):166-170.

[174] Li T, Cavusgil S T. *Measuring the Dimensions of Market Knowledge Competence in New Product Development* [J]. European Journal of Innovation Management, 1999, 2 (3): 129-145.

[175] Nickell S. *Competition and Corporate Performance* [J]. Journal of Political Economy, 1996 (104): 724-746.

[176] Young G, Smith K, Grimm C. "Austrian" and Industrial Organization Perspectives On Firm-level Competitive Activity and Performance [J]. Organization Science, 1994, 7 (3): 243-254.

[177] 陈金先,马莹莹.市场导向与组织绩效间的关系研究 [J].商业时代,2009 (27):37-38.

[178] Boyer C A. *Communities of Practice and the Support of Core Competency Knowledge in the Information Technology Consulting Firm* [D]. Minneapolis: Capella University, 2003.

[179] 吴树畅.融资结构、资产结构对绩效的影响 [J].财经论坛,2003 (8):60-61.

[180] [美] 詹姆斯·A.奈特.基于价值的经营 [M].郑迎旭,译.昆明:云南人民出版社,2002.

[181] 徐国柱.基于价值经营的企业绩效财务测评 [J].贵州财经学院学

报，2004（6）：32 - 35.

［182］长城战略咨询.2006 企业研究报告——创新驿站与区域技术转移［J］.企业研究报告，2006（11）：1 - 31.

［183］王保进．英文视窗版 SPSS 与行为科学研究［M］．北京：北京大学出版社，2007，8．

［184］Garvey P R, Lansdowne Z F. *Risk Matrix: an Approach for Identifying, Assessing, and Ranking Program Risks* [J]. *Air Force Journal of Logistics*, 1998, 22 (1): 16 - 23.

［185］Lansdowne Z F. *Risk Matrix: An Approach for Prioritizing Risks and Tracking Risk Mitigation Progress* [A]. Proceedings of the 30th Annual Project Management Institute 1999 Seminars and Symposium [C]. Philadelphia, USA, 1999.

［186］陈建华．风险投资项目中风险的识别、评估与防范研究［D］．广州：暨南大学，2007．

［187］党兴华，黄正超，赵巧艳．基于风险矩阵的风险投资项目风险评估［J］．科技进步与对策，2006（1）：140 - 143．

［188］张林．基于风险矩阵的创业投资项目风险评估［J］．工业技术经济，2005（2）：123 - 125．

［189］朱启超，匡兴华，沈永平．风险矩阵方法与应用述评［J］．中国工程科学，2003（1）：89 - 94．

［190］汪勇，魏巍．电子商务网站的层次分析法评价模型构建［J］．湖北大学学报（自然科学版），2010（3）：50 - 53，61．

［191］王莲芬，许树柏．层次分析法引论［M］．北京：中国人民大学出版社，1990（6）．

［192］刘新宪，朱道立．选择与判断——AHP（层次分析法）决策［M］．上海：上海科学普及出版社，1990（2）．

［193］陈学清．信息控制在网络信息资源中的应用［J］．情报科学，2006（4）：558 - 560，602．

［194］李洪彦．高科技创业企业风险管理研究［D］．武汉：武汉理工大学，2007．

［195］张中华，谢进城．投资学［M］．北京：中国统计出版社，1996．